IFCD092PO

DESARROLLO DE APLICACIONES BASADAS EN DEEP LEARNING USANDO TENSORFLOW/KERAS

IFCD092PO

DESARROLLO DE APLICACIONES BASADAS EN DEEP LEARNING USANDO TENSORFLOW/KERAS

Jesús Bobadilla

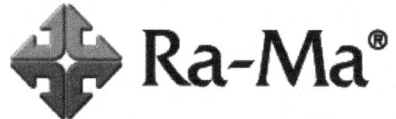

La ley prohíbe
fotocopiar este libro

IFCD092PO - DESARROLLO DE APLICACIONES BASADAS EN DEEP LEARNING USANDO TENSORFLOW/KERAS
© Jesús Bobadilla
© De la edición: Ra-Ma 2025

Editado por:
RA-MA Editorial
Calle Jarama, 3A, Polígono Industrial Igarsa
28860 PARACUELLOS DE JARAMA, Madrid
Teléfono: 91 658 42 80
Fax: 91 662 81 39
Correo electrónico: *editorial@ra-ma.com*
Internet: *www.ra-ma.es* y *www.ra-ma.com*
ISBN: 979-13-8764-262-4
Depósito legal: M-5119-2025
Maquetación: Antonio García Tomé
Diseño de portada: Antonio García Tomé
Filmación e impresión: Safekat
Impreso en España en febrero de 2025

*A mis compañeros de trabajo, que me han apoyado
en docencia y en investigación: a Santiago Alonso,
por sus correcciones técnicas a esta publicación;
a Fernando Ortega por su continuo apoyo en las tareas de investigación;
a Abraham Gutiérrez por su ayuda en todos los ámbitos
y por su envidiable sentido del humor;
por último, a Antonio Hernando por compartir con nosotros
sus amplios conocimientos matemáticos
en el área de la Inteligencia Artificial*

Jesús Bobadilla

ÍNDICE

ACERCA DEL AUTOR 11

CAPÍTULO 1. INTRODUCCIÓN 13

    1.1   TIPOS DE MACHINE LEARNING 14

    1.2   TRATANDO CON DATOS 20

    1.3   MEDICIÓN DE LA CALIDAD 23

    1.4   MEJORA DEL MODELO 27

CAPÍTULO 2. DATASETS 29

    2.1   DATASET DE DIABETES (REGRESIÓN) 30

    2.2   DATASET BOSTON (REGRESIÓN) 32

    2.3   DATASET DE LIRIOS (CLASIFICACIÓN) 35

    2.4   DATASET DE CÁNCER DE PECHO (CLASIFICACIÓN) 36

    2.5   DATASET DE VINOS (CLASIFICACIÓN) 38

    2.6   DATASET GENERADO MAKE_BLOBS (CLASIFICACIÓN) 39

    2.7   DATASET GENERADO MAKE_REGRESSION (REGRESSION) 40

    2.8   DATASET GENERADO MAKE_MOONS (CLASIFICACIÓN Y
            CLUSTERING) 41

    2.9   DATASET MNIST (CLASIFICACIÓN) 42

    2.10 CARAS DE OLIVETTI (CLASIFICACIÓN) 44

           2.10.1   Caras etiquetadas "in the wild": LFW (clasificación) 45

CAPÍTULO 3. REGRESIÓN 47

    3.1   MODELOS DE REGRESIÓN 48

           3.1.1   Regresión lineal (desde cero) 48

           3.1.2   Regresión lineal usando SciKit 54

           3.1.3   Regresión Polinómica (desde cero) 58

           3.1.4   Regresión polinómial desde cero (enfoque de gradiente descendente)..61

3.1.5   Regresión de los K vecinos más cercanos (K-Nearest Neighbors o KNN) desde cero 64

3.1.6   Regresión por K vecinos más cercanos (KNN) usando librerías SciKit..66

3.1.7   Regresión Kernel Gaussiana (Gaussian Kernel Regression) desde cero 67

3.1.8   Regresión Kernel Gaussiana usando librerías SciKit.............................70

3.1.9   Regresión Ridge (forma cerrada) 71

3.1.10 Ridge Regression usando librerías de SciKit 73

3.1.11 Regresión Lasso usando librerías de SciKit..75

3.1.12 Regresión Elastic Net usando librerías de SciKit.................................76

3.2   ANÁLISIS DE CALIDAD EN LA REGRESIÓN LINEAL 78

CAPÍTULO 4. CLASIFICACIÓN 87

4.1   MODELOS DE CLASIFICACIÓN 88

4.1.1   Regresión Logística (Logistic Regression) desde cero 88

4.1.2   Regresión Logística (clasificación) usando librerías SciKit.................93

4.1.3   Clasificación K vecinos más cercanos (K Nearest Neighbours)...........98

4.1.4   Support Vector Machines (SVM) using *SciKit* libraries 101

4.1.5   Árboles de Decisión usando librerías de SciKit.................................112

4.1.6   Random Forest usando librerías de SciKit..118

4.2   ANÁLISIS DE CALIDAD DE LOS MÉTODOS DE CLASIFICACIÓN 119

CAPÍTULO 5. CLUSTERING 127

5.1   ALGORITMOS DE CLUSTERING 127

5.1.1   K-Means (K-medias) desde cero...128

5.1.2   K means usando las librerías de SciKit 130

5.1.3   DBSCAN basado en densidad, desde cero..132

5.1.4   DBSCAN basado en densidad, usando SCiKit 135

5.1.5   Clustering Acumulativo (Agglomerative clustering), usando SciKit...136

5.2   MEDIDA DE CALIDAD DEL CLUSTERING 137

CAPÍTULO 6. REDUCCIÓN DE DIMENSIONES 141

6.1   FACTORIZACIÓN MATRICIAL USANDO SCIKIT...................................142

6.2   ANÁLISIS DE COMPONENTES PRINCIPALES (PCA), USANDO SCIKIT 145

CAPÍTULO 7. REDES NEURONALES 157

7.1   LA NEURONA BIOLÓGICA 157

7.2   LA NEURONA ARTIFICIAL 159

7.3   APRENDIZAJE HEBBIANO 161

7.4   EL PERCEPTRÓN 163

7.5   REDES MULTICAPA Y EL ALGORITMO BACK PROPAGATION 164

7.6   DEMOSTRACIÓN DEL ALGORITMO BACK PROPAGATION.................169

CAPÍTULO 8. CLASIFICACIÓN USANDO REDES NEURONALES.....................173
    8.1   CLASIFICACIÓN DEL DATASET MNIST......................................173
    8.2   CLASIFICACIÓN DEL DATASET FASHION MNIST.....................182
    8.3   CLASIFICACIÓN DEL DATASET CIFAR 100...............................188

**CAPÍTULO 9. REDES CONVOLUCIONALES.
CONCEPTOS BÁSICOS**...195

**CAPÍTULO 10. CLASIFICACIÓN USANDO REDES CONVOLUCIONALES
EN DATASETS SENCILLOS**...205
    10.1   CLASIFICACIÓN DEL DATASET MNIST......................................205
    10.2   CLASIFICACIÓN DEL DATASET CIFAR 100...............................211
    10.3   CLASIFICACIÓN DEL DATASET FASHION MNIST.....................216

CAPÍTULO 11. GENERADORES DE DATOS...223
    11.1   CLASIFICACIÓN USANDO EL DATASET: DOGS AND CATS.................223
    11.2   DATA GENERATORS 229

CAPÍTULO 12. ENRIQUECIMIENTO DE DATOS (DATA AUGMENTATION)...233
    12.1   ENRIQUECIMIENTO DE DATOS. ENFOQUE I 233
    12.2   ENRIQUECIMIENTO DE DATOS. ENFOQUE II 241

CAPÍTULO 13. VISUALIZACIÓN DE LAS CAPAS OCULTAS.............................245
    13.1   MAPAS DE ACTIVACIÓN EN EL DATASET 'DOGS AND CATS'.............245
    13.2   MAPAS DE ACTIVACIÓN EN EL DATASET MNIST.................251

**CAPÍTULO 14. APRENDIZAJE POR TRANSFERENCIA (TRANSFER
LEARNING)**..255
    14.1   REUTILIZACIÓN DEL MODELO VGG16....................................255
    14.2   REFINADO DEL MODELO VGG16 261
    14.3   TRANSFER LEARNING EN DOS ETAPAS.................................263

CAPÍTULO 15. AUTOENCODERS...267
    15.1   AUTOENCODER DE UNA SOLA CAPA.....................................267
    15.2   AUTOENCODER EN VARIAS CAPAS 273
    15.3   AUTOENCODERS CONVOLUCIONALES 276
    15.4   VISUALIZACIÓN DEL ESPACIO MULTIDIMENSIONAL.........................279

CAPÍTULO 16. APRENDIZAJE GENERATIVO 285

MATERIAL ADICIONAL...293

ACERCA DEL AUTOR

JESÚS BOBADILLA SANCHO

Doctor y Licenciado en Informática por la Universidad Politécnica de Madrid. Catedrático de Escuela en la Escuela Técnica Superior de Ingeniería de Sistemas Informáticos (ETSISI) de la Universidad Politécnica de Madrid (UPM). Ha impartido docencia en los campos de Arquitectura de Computadores, Sistemas Operativos, Telemática, Reconocimiento de Voz, Inteligencia Artificial y Programación Orientada a Objetos. Ha sido autor de diez libros publicados en el ámbito de la Informática. Su trayectoria de investigación incluye estancias en la Universidad de Berkeley y en la Universidad de Sheffield. Es autor de numerosas publicaciones técnicas en revistas internacionales de alto impacto, y que suman una gran cantidad de citas. Una de estas publicaciones se encuentra entre el 1% de las más relevantes a nivel mundial en el área de Informática (fuente: Web of Science). Su investigación principal se centra en el Filtrado Colaborativo que fundamenta los modernos Sistemas de Recomendación (Amazon, Netflix, Spotify, etc.): un campo importante en el área del Aprendizaje Automático.

1

INTRODUCCIÓN

En este capítulo se explican diversos conceptos importantes de machine learning (aprendizaje automático). Estos conceptos nos ayudarán a comprender los siguientes apartados, donde se verán modelos de regresión y clasificación, así como las técnicas de clustering (agrupamiento) y de reducción de dimensiones. Mientras que los siguientes capítulos incluirán algunos formalismos matemáticos y desarrollos en Python, aquí se explicarán los conceptos de la manera más simple posible. En resumen, este capítulo pretende ofrecer un marco que facilite la comprensión de los principales conceptos asociados a machine learning.

Machine learning es la ciencia que hace que los ordenadores "aprendan" a partir de los datos. En vez de programar, paso a paso, cada solución específica para cada necesidad planteada, tal y como se realiza en el enfoque de la programación convencional, el área de machine learning está dedicada al desarrollo de algoritmos genéricos que pueden extraer patrones de diferentes tipos de datos. De esta manera, un programa de machine learning destinado, por ejemplo, a clasificar números escritos a mano, no va a diferir sustancialmente de un programa destinado a la clasificación de las imágenes de señales de tráfico: ambos se basarán en la existencia de algún tipo de algoritmo de machine learning que clasifique datos etiquetados. En este punto se podría pensar que el proceso completo de machine learning es fácilmente automatizable, cuando realmente no es el caso: un ingeniero de datos (*data scientist*) debe llevar a cabo numerosas tareas específicas tales como la identificación de la fuente de datos, su limpieza, la eliminación de información que esté fuertemente correlacionada, la búsqueda de información sesgada, la realización de las normalizaciones necesarias, la identificación de los tipos de soluciones de machine learning cuya aplicación resulte apropiada, la elección del algoritmo más adecuado, el ajuste fino de los hiper-parámetros del método elegido, el análisis de los resultados, la identificación de comportamientos incorrectos, la vuelta a procesos anteriores con el fin de cambiar lo que resulte necesario para mejorar los resultados, etc.

1.1 TIPOS DE MACHINE LEARNING

Con el objetivo de poder abordar cualquier tarea específica, el ingeniero de datos debe conocer algunos conceptos importantes de machine learning, así como las diferentes opciones existentes, las medidas de calidad más utilizadas, etc. Los conocimientos básicos incluyen la identificación de las tareas, empezando por la clasificación de los problemas de machine learning en alguno de los siguientes tipos:

- ▼ Aprendizaje supervisado
  - regresión
  - clasificación
- ▼ Aprendizaje no supervisado
  - clustering (agrupamiento)
  - reducción de dimensiones
- ▼ Aprendizaje semi-supervisado
- ▼ Aprendizaje por refuerzo

El aprendizaje supervisado en machine learning se aplica cuando cada dato, o conjunto de datos de entrada (muestra) tiene asociada una etiqueta. Pongamos un ejemplo: un conjunto de imágenes en las que cada una de ellas contiene algún tipo de metadato (habitualmente una etiqueta o conjunto de etiquetas): ((pict0001.bmp, "perro"), (pict0002.bmp, "pájaro"), (pct0003.bmp, "gato"). Partiendo de este conjunto de datos se pueden usar diferentes algoritmos de clasificación de machine learning con el objetivo de "entrenar" un modelo y poder, al acabar el entrenamiento, predecir la etiqueta correspondiente a una nueva imagen (no incluida en el conjunto de datos original); éste es un problema de clasificación. De igual manera, podemos hacer uso de un conjunto de datos que contenga muestras con valores numéricos asociados: por ejemplo, un conjunto de muestras de terremotos cuyos datos contienen la intensidad de la vibración previa tomada de sensores y cuyo objetivo es determinar la intensidad oficial del terremoto ([7.1, 6.3, ...], 5.4), ([3.2, 9.7, ...], 7.1). Este es un problema de regresión y su utilidad podría ser la de generar información acerca de la intensidad predicha por el modelo de regresión cuando se le aporta una nueva muestra (valores sísmicos recogidos en tiempo real).

Los siguientes números escritos a mano pueden ayudar a entender las posibilidades de los algoritmos de clasificación. Como veremos más tarde, hemos conseguido reconocerlos todos con la excepción del 'cinco' situado en medio de los dos 'nueves'.

7 2 1 0 4 1 4 9 5 9 0 6 9 0 1

En el siguiente gráfico tridimensional podemos ver los datos correspondientes a un problema de regresión. El objetivo es predecir el precio de una propiedad inmobiliaria en Boston atendiendo a diferentes tipos de información. En el gráfico solo se muestra el "número de habitaciones" y la "distancia a la autopista" como tipos de información. El término utilizado en machine learning para los "tipos de datos de información" es "característica" ("*feature*"). Así, en el ejemplo, tanto "número de habitaciones" como "distancia a la autopista" son características. Los ejes horizontales x e y representan, cada uno, una característica. El eje vertical z muestra los valores objetivos para cada precio de venta de las propiedades inmobiliarias de Boston. En este caso, los valores objetivos no son etiquetas o nombres de categorías: son valores numéricos. Aquí afrontamos un problema de regresión, donde al suministrar un nuevo dato (habitaciones, distancia) lo que se obtiene es la predicción esperada: el precio de la propiedad inmobiliaria.

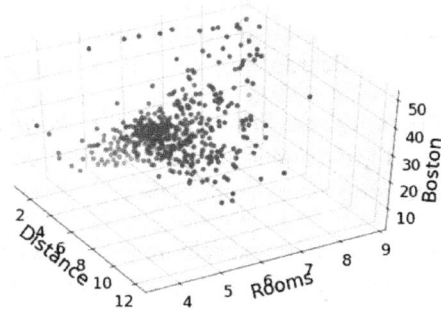

De los párrafos anteriores podemos entresacar un concepto importante: el modelo de machine learning. Este es un elemento clave, ya que la mayoría de los algoritmos de machine learning crean un modelo a partir de los datos. El modelo puede ser tan simple como la solución lineal que mejor ajuste las muestras de origen a los valores objetivo, o mucho más complejo, como la búsqueda de factores ocultos que representen la información más importante que esta contenida en los datos. La siguiente figura muestra una regresión lineal (gráfico de la izquierda) y una clasificación lineal (gráfico de la derecha). En el primer caso, los precios en Boston se obtienen usando un modelo de regresión simple que solamente usa la información más representativa de estos datos: el número de habitaciones. Para predecir el precio de una nueva propiedad inmobiliaria simplemente debemos conocer su número de habitaciones, y el modelo predecirá, linealmente, su valor. El gráfico de la derecha muestra dos clases generadas (clase 0 y clase 1), cada una de las cuales está definida por dos características (característica 1 y característica 2). El modelo de clasificación lineal ha resultado ser capaz de separar ambas clases. Para conocer la clase a la que pertenece una nueva muestra usamos el modelo lineal: indica si la muestra está a un lado o a otro de la recta que separa ambas clases. Aquí, el algoritmo de clasificación ha deducido ("entrenado") un modelo a partir de los datos: la recta de color negro es el modelo aprendido.

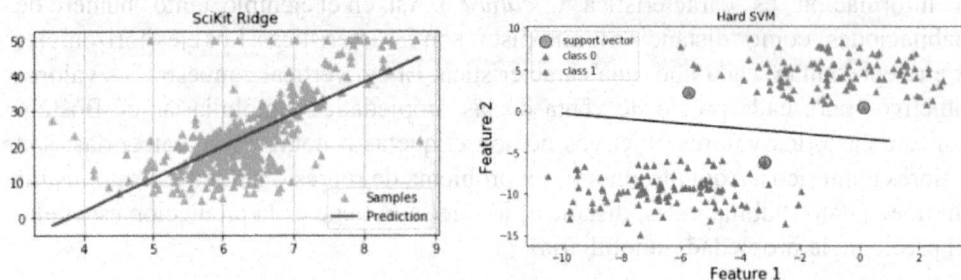

La importancia del aprendizaje supervisado en machine learning está aumentando muy rápidamente debido a:

1. Las nuevas oportunidades brindadas por el *Internet de las Cosas* (Internet of Things o IoT), de donde se pueden obtener cantidades masivas de datos etiquetados de manera automática.

2. Las redes sociales, en cuyos servidores se almacena una enorme cantidad de interacciones y cuyo número de aplicaciones, como las destinadas al mercado digital, no para de crecer.

3. Los nuevos algoritmos, destinados a resolver diferentes tipos de aprendizaje supervisado, que hacen posible obtener resultados comerciales significativos: conducción automática, reconocimiento facial, sistemas de recomendación, etc.

4. Las crecientes capacidades de procesamiento, particularmente las supercomputadoras paralelas y las unidades de procesamiento gráfico (GPUs).

5. La "democratización" del machine learning, por la que todos podemos trabajar con recursos altamente tecnológicos como Tensorflow o granjas de GPUs, así como con potentes APIs, entornos, IDEs, etc., tales como las tecnologías proporcionadas por *Scikit, Keras y Jupiter*.

El aprendizaje no supervisado utiliza información no etiquetada. La aplicación más conocida del aprendizaje no supervisado es la de clustering (agrupamiento). El objetivo de la técnica de clustering es agrupar muestras: p. ej.: para obtener los diferentes tipos de clientes en un servicio online, para agrupar productos en un comercio electrónico, para identificar comportamientos en la conducción, etc. El siguiente gráfico muestra un esquema típico de clustering. Contiene tres clusters (grupos o clases) correspondientes a tres diferentes tipos de lirios. Podemos observar que es fácil diferenciar el tipo *"setosa"* de los otros dos, mientras que se podrían presentar dificultades para precisar los grupos de los tipos *versicolor* y *virginica*.

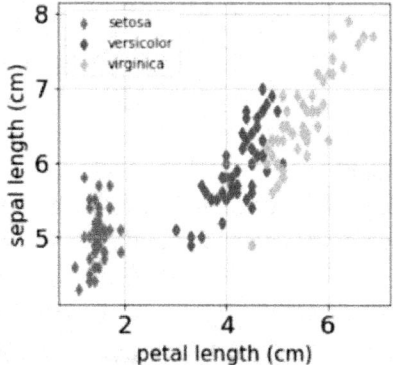

Un modelo de clustering podría proporcionar varios hiperplanos lineales de separación (en el caso anterior: dos rectas), mientras que un modelo de clustering diferente podría proporcionar algunos elementos virtuales representativos: *centroides* cuya "área de influencia" determina a qué cluster pertenece cada una de las muestras. Hay más tipos de modelos de clustering, pero los que se han indicado pueden ayudar a entender el concepto de modelo y el hecho de que diferentes algoritmos de machine learning pueden estar basados en diferentes tipos de modelos. El siguiente gráfico muestra un ejemplo de la evolución de los centroides (estrellas rojas) de cara a ajustar los cuatro clusters existentes en los datos de ejemplo.

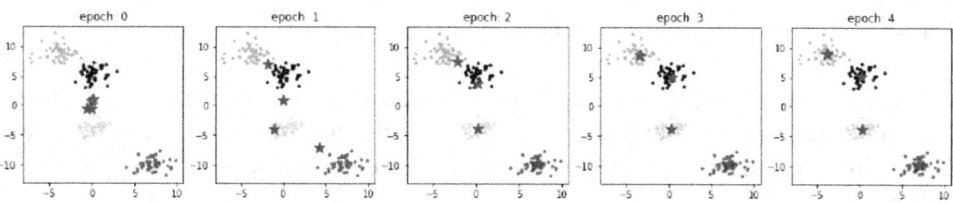

La reducción de dimensionalidad se usa habitualmente como una etapa de pre-procesamiento en algún otro tipo de labores de machine learning, principalmente en clasificación o regresión. Muchos escenarios reales aportan datos dispersos o datos que en su mayoría proporcionan muy poca información. Un ejemplo de datos dispersos es la información que se maneja en un sistema de recomendación: los usuarios solamente compran, hacen clic, consumen o votan una proporción muy pequeña de los productos, canciones, películas, etc., disponibles. Si colocamos esta información en forma de matriz (usuarios x ítems), la matriz contendrá una gran proporción de elementos sin información: normalmente más del 97% de los datos en sistemas de recomendación son así. Siendo capaces de comprimir los datos, tal y como se hace con las imágenes o con los ficheros de texto, los datos comprimidos contendrían casi toda la información, pero de una manera "condensada". Trabajar con esta información comprimida es mucho más eficiente y produce resultados más precisos. Lo que hacemos aquí es convertir datos multidimensionales (una dimensión para cada una de las características: para cada ítem), que son altamente dispersos, en información multidimensional mucho más concentrada y densa. La siguiente figura muestra una imagen fuente y varias versiones de la imagen obtenida a base de aplicar diferentes niveles de reducción de dimensionalidad.

El aprendizaje semisupervisado trata con conjuntos de datos en los que una porción de los datos está etiquetada y el resto no. Normalmente, la cantidad de muestras etiquetadas es mucho más pequeña que las no etiquetadas. La mayoría de los algoritmos de aprendizaje semisupervisado son una mezcla de métodos supervisados y no supervisados. El aprendizaje por refuerzo es un área innovadora y con un gran futuro, ya que está inspirada en mecanismos naturales. En este caso, el algoritmo de aprendizaje recibe información de un entorno real o simulado. Cuando el sistema realiza una acción es recompensado o penalizado, tal y como pasa con los seres vivos. Tales algoritmos de aprendizaje se denominan agentes y pueden aprender siguiendo los principios de la evolución natural. Los agentes aprenden estrategias, denominadas "políticas", que maximizan las recompensas y minimizan las penalizaciones. La mayoría de los sistemas de inteligencia artificial actuales, que están especializados en juegos, están basados en el enfoque de aprendizaje por refuerzo.

Los métodos de machine learning también pueden ser clasificados como:

▼ Basado en modelos o basados en memoria.

▼ Aprendizaje incremental o aprendizaje por lotes.

▼ Aprendizaje superficial (shallow learning) o aprendizaje profundo (deep learning).

Los algoritmos basados en memoria (basados en instancias) toman las muestras de datos como entrada y procesan directamente la predicción o la clasificación. Si se necesita una nueva predicción se procesa de nuevo, partiendo de las muestras de datos. Por el contrario, los algoritmos basados en modelos necesitan actualizar el modelo periódicamente, aunque el proceso de predicción es mucho más rápido que en el enfoque basado en memoria. La separación lineal que hemos visto previamente es un modelo simple: puede llevar algún tiempo calcular la pendiente y el punto de corte de la recta, pero la predicción del valor de y partiendo de una nueva muestra x es muy rápido. Si se aportan nuevas muestras de manera periódica, el modelo debe ser actualizado para poder calcular la nueva recta que se ajusta mediante clasificación o regresión.

Los algoritmos de aprendizaje por lotes (batch learning) siempre calculan el modelo desde el principio. Si disponemos de 2000 muestras, el proceso por lotes las usa todas para crear el modelo. Cuando se aporten 300 nuevas muestras al sistema, el proceso por lotes crea el modelo desde el principio, usando las 2300 muestras y así sucesivamente.

Los algoritmos de aprendizaje incremental no crean sucesivos modelos desde el principio: actualizan el modelo existente. En nuestro ejemplo lineal, los algoritmos de proceso por lotes obtendrían el modelo procesando, desde cero, las 2300 muestras existentes. Sin embargo, los algoritmos de aprendizaje incremental usarían las 300 nuevas muestras para cambiar los valores de la pendiente existente y el punto de corte (en muchas situaciones se usan más muestras de datos que las 300 nuevas). Los algoritmos incrementales presentan una importante ventaja: pueden ser usados como el núcleo de sistemas de machine learning escalables.

En el aprendizaje superficial (shallow learning), los parámetros (pendiente, punto de corte, etc.) se aprenden directamente de las características de las muestras de datos. En el aprendizaje profundo (deep learning) siempre existe una arquitectura con más de un nivel (capa). En el segundo nivel (y sucesivos), los parámetros "aprenden" de los resultados de las capas precedentes. No aprenden directamente de las características de las muestras de datos, que están situadas en la primera capa. Las arquitecturas deep learning (aprendizaje profundo) pueden conformarse a base de varias capas con métodos de machine learning iguales o diferentes, aunque de manera habitual están basadas en redes neuronales multi-capa.

1.2 TRATANDO CON DATOS

En machine learning, los datos son la base de todo; no habrá aprendizaje si no hay suficientes datos, o éstos no son representativos o presentan información sesgada. Cuando la cantidad de datos es insuficiente, los algoritmos de machine learning no pueden generalizar los resultados: simplemente aprenden los patrones específicos de las muestras existentes. Si un niño solo ha visto cinco vehículos a motor, podrá reconocerlos, pero probablemente no podrá generalizarlo y clasificar como vehículo a motor los diferentes tipos de coches, camiones, motos, etc. Este concepto es muy importante en machine learning: se denomina *sobreajuste* (*overfitting*) y los ingenieros de datos deben prevenirlo.

Incluso si disponemos de suficiente cantidad de datos, éstos podrían no ser aceptables para algunos propósitos específicos de machine learning si no son representativos o están sesgados. Como ejemplo: no podremos predecir qué canción le gustará escuchar a una mujer de edad avanzada que acabe de conectarse a un servicio de música online, sobre todo si este servicio es usado normalmente por personas jóvenes: simplemente, los datos están sesgados por las preferencias musicales de los jóvenes. Sin embargo, en este contexto, machine learning puede hacer un gran trabajo recomendando música a usuarios jóvenes. De la misma manera, si ajustamos un modelo para clasificar imágenes de perros y gatos, probablemente funcionará adecuadamente clasificando perros y gatos, pero no podemos esperar que clasifique correctamente leones o tigres: es más, si casi todas las imágenes son de perros pastores alemanes, será muy difícil que clasifique de manera adecuada a los perros chihuahua. Esto es debido a que los datos están sesgados hacia los perros pastores alemanes.

Incluso si vamos a usar algún conjunto de datos que contiene información representativa y no sesgada, machine learning podría presentar fallos si la información no es de calidad. Ejemplos de información de mala calidad son:

▶ Cuando hay muchas muestras con valores vacíos en alguna característica (*feature*): por ejemplo, personas que no rellenan su edad, o falta el código postal en los formularios, etc.

▶ Valores atípicos (*outliers*): datos incorrectos provenientes de errores humanos, sensores de IoT que funcionan incorrectamente, errores en los programas: p. ej. Mezcla de medidas entre sistema métrico internacional y sistema métrico anglosajón.

▶ Datos incorrectos e inconsistentes: direcciones de correo sin el símbolo @, direcciones postales sin el número del portal, nombres de calles que no se corresponden con el código postal, etc.

También las características irrelevantes pueden estropear un proceso de machine learning. Para poder obtener resultados adecuados necesitamos datos relevantes. Si solo se recogen datos basados en características psicológicas será muy difícil predecir la existencia de un tumor cancerígeno. Lo mismo puede ocurrir si se predice la venta de pañales en base a información del tiempo atmosférico.

Cuando se trabaja en el campo de machine learning debemos diferenciar entre características de tipo continuo y características de tipo categórico (*categorical*) (características discretas). Habitualmente resulta equivalente a la división previamente presentada: clasificación vs. regresión, pero aplicado a los datos de entrada. Ejemplos de características de entrada continuas son: la intensidad de color en un pixel, la presión en un sensor, el tiempo de ejecución, precios, etc. Las características categóricas clasifican muestras en grupos: sexo, color (negro, rojo,...), departamento (música, deportes, etc.), país.

Para representar valores categóricos se usa, normalmente, el proceso denominado *codificación one-hot* (one-hot encoding). Básicamente, la codificación one-hot representa una variable categórica mediante el uso de varias características binarias nuevas (una nueva característica por cada valor categórico existente). Imaginemos un sistema de control de incendios en el que tenemos una característica categórica denominada 'riesgo' que solamente admite los valores discretos: riesgo = {'rojo', 'naranja', 'amarillo', 'verde'}. Podríamos tener miles de muestras de edificios con, probablemente, docenas de características, una de las cuales sería 'riesgo'. El ingeniero de datos sabe que la mayoría de los algoritmos de machine learning no admiten valores de entrada categóricos, así que podría transformar los colores que indican el riesgo en valores numéricos que pudiesen alimentar al algoritmo: riesgo = {1,2,3,4}. Puede funcionar, pero resultará mucho más difícil para los algoritmos relacionar los niveles de riesgo con otras características importantes o representativas tales como 'instalaciones de acceso'. La codificación one-hot hace más fácil para los métodos de machine learning la extracción de patrones y la relación entre características, con el objeto de predecir objetivos (tales como 'probabilidad de éxito en una acción de rescate'). En este ejemplo, la característica de riesgo estará codificada one-hot en las siguientes nuevas características binarias: 'riesgoRojo', riesgoNaranja', 'riesgoAmarillo', 'riesgoVerde'.

El proceso denominado *binning (bucketing)* convierte una característica numérica en varias características binarias. Considérese, por ejemplo, una situación en la que la edad de cada uno de los trabajadores determina, en algún grado, la productividad de la empresa: consideremos, en este ejemplo, que los trabajadores más jóvenes y los más mayores serán menos productivos, mientras que la productividad alcanzará su máximo nivel en las edades intermedias. En este escenario, la característica 'edad' no se ajustará a la productividad objetivo; resultaría mucho más fácil para los algoritmos de machine learning procesar la edad si estuviese codificada de manera categórica (enumerada). Podríamos reemplazar la característica numérica 'edad' por los valores binarios enumerados: 'muyJoven', 'joven', 'edadMedia', 'senior'.

Muchos de los algoritmos de machine learning funcionan mejor cuando todas las características y el valor numérico objetivo están en el mismo rango. Además, evitando que los valores de entrada sean muy grandes se ayuda a los algoritmos a encontrar la solución y a encontrarla de manera más rápida. Por esta razón, de manera habitual, es necesario llevar a cabo un proceso de *Normalización* sobre las muestras. La normalización más simple consiste en dividir cada muestra por el valor máximo de dichas muestras. En este caso, el rango de datos presenta como límite el valor uno. -128, 0, 128, 240, 255 = -0.5, 0.0, 0.5, 0.94, 1. Para obtener un rango que vaya de 0 a 1, la ecuación de normalización es:

$$x_i = \frac{x_i - min(X)}{max(X) - min(X)}$$

La normalización puede fallar cuando hay información sesgada o existen valores atípicos (outliers). Si un valor atípico se cuela entre los datos de entrada, el efecto de la normalización se deteriorará: -128, 0, 128, 2000, 240, 255 -> -0.064, 0.0, 0.064, 1, 0.12, 0.127. Por este motivo, la *estandarización* (*normalización z-score o standardization*) es, muy a menudo, la mejor opción. La estandarización centra los datos en su media y los distribuye de acuerdo con el valor de la desviación típica. Un valor estandarizado puede ser interpretado como el número de desviaciones típicas que lo separa de la media.

$$x_i = \frac{x_i - \mu(X)}{\sigma(X)}$$

Para tratar con los valores vacíos en las características, los enfoques típicos son:

▶ Eliminar las muestras que contengan valores vacíos.

▶ Insertar los valores correctos cuando sea posible: p.ej.: código postal o dirección postal.

▶ Utilización de la técnica de *data imputation*.

La técnica de *data imputation* consiste en reemplazar los valores vacíos en una característica por alguna predicción. El sistema más simple para predecir es la media de los valores de la característica: p.ej.: insertar la edad media en cada valor de edad que esté vacío. Un enfoque muy diferente es insertar un valor fuera del rango: p.ej.: una edad de 500. De esta manera, el método de machine learning puede aprender que las muestras con este valor no contribuyen al modelo. De manera similar, se puede añadir una característica nueva para marcar los valores vacíos con el número uno y los no vacíos con el número cero. Finalmente, se puede usar una regresión para predecir los valores.

1.3 MEDICIÓN DE LA CALIDAD

Los ingenieros de datos emplean una gran cantidad de tiempo mejorando la calidad de los resultados de los modelos obtenidos. Normalmente no es posible saber visualmente si un resultado es mejor que otro; resulta necesario procesar algunas medidas de calidad para conocer la exactitud de los resultados. Dependiendo del enfoque de machine learning que estemos usando, podemos emplear diferentes medidas de calidad: algunas son aplicables a resultados de clasificación, otras pueden ser aplicadas a regresión, etc. Vamos a explicar cada una de las medidas de calidad más importantes, pero primero expondremos la metodología.

La regla de oro en metodología de la validación es: no medir la calidad con el mismo conjunto de datos empleado para obtener el modelo. Queremos evitar situaciones en las que el modelo aprende cada una de las muestras de datos, pero es incapaz de tratar datos nuevos. Esta es la situación de sobreajuste (overfitting) que hemos presentado anteriormente, al principio de la sección precedente (pastores alemanes y gatos). Es necesario dividir las muestras de datos y los valores objetivo en varios conjuntos:

- Entrenamiento
- Validación
- Test

El conjunto de datos de entrenamiento es el mayor: un valor típico es que sea el 80% del conjunto total de muestras. Se usa para entrenar el modelo. El conjunto de validación contiene las muestras usadas para mejorar el modelo a base de realizar un ajuste fino en los híper-parámetros (valores que controlan diferentes variaciones en el funcionamiento de los algoritmos). Por último, el conjunto de test (o pruebas) nos permitirá medir la calidad del modelo utilizando las muestras que no hayan sido usadas para entrenar el modelo o para mejorarlo. Debemos asegurarnos de que los tres conjuntos tienen una distribución similar de los datos, que contienen datos representativos y que su intersección es nula. Una vez que hayamos entrenado el modelo con el conjunto de muestras de entrenamiento y lo hayamos mejorado usando el conjunto de muestras de validación, podremos usar las muestras de test para hacer predicciones con estos datos, que no han sido previamente procesados. Los valores indicadores de la calidad serán tanto mayores cuanto más se asemejen las predicciones obtenidas a los valores objetivo existentes.

Dos medidas de calidad bien conocidas son el *Error Medio Absoluto (Mean Absolute Error o MAE)* y el *Error Cuadrático Medio (Mean Squared Differences o MSD)*. Ambas medidas de calidad penalizan la distancia que hay entre cada valor de una predicción y el valor objetivo. Sus ecuaciones son:

$$MSD(X,y) \;=\; \frac{1}{N}\sum_{i=1}^{N}\left(\hat{y}_i - p(X_i)\right)^2$$

$$MAE(X,y) \;=\; \frac{1}{N}\sum_{i=1}^{N}\left|\hat{y}_i - p(X_i)\right|$$

Ambas ecuaciones devuelven el error medio cometido en las N muestras de test. El error en ambas ecuaciones es la diferencia entre el valor objetivo real y el valor predicho para la muestra X. MSD penaliza los errores con valores grandes (los eleva al cuadrado) mucho más de lo que lo hace el MAE. La siguiente imagen muestra los errores en un modelo de regresión lineal: las líneas verticales que unen los valores reales con los predichos.

Mientras que las medidas anteriores devuelven valores absolutos, la ecuación del coeficiente R^2 (*R^2 score*) devuelve valores relativos. Esta medida de calidad proporciona un valor entre 0 y 1, donde el 1 significa una predicción perfecta, y 0 se corresponde al modelo de regresión más simple: predecir la media del conjunto de muestras de test. Asumiremos que el regresor de prueba no será peor que el regresor más simple. Al coeficiente R^2 se le denomina también *Coeficiente de Determinación*. La ecuación de R^2 es:

$$R^2 = 1 - \frac{\sum_{i=0}^{n-1}(y_i - f(x_i))^2}{\sum_{i=0}^{n-1}(y_i - \overline{y})^2}$$

Donde $f(x)_i$ es la predicción del regresor para la muestra x_i

Los algoritmos de clasificación también hacen predicciones: "esta muestra pertenece a este grupo o a este otro grupo". Las medidas de calidad de regresión podrían utilizarse también en clasificación: asignando ceros a los errores de las muestras clasificadas correctamente y asignando unos a los errores de las muestras clasificadas erróneamente. Existe un enfoque diferente que hace posible diseñar medidas de calidad más específicas para la clasificación. Si centramos nuestra atención en la clasificación binaria, en la matriz de confusión solamente pueden existir dos clases (grupos):

Predicción	clase 0 (positivo)	clase 1 (negativo)
clase 0	verdadero positivo (TP)	falso negativo (FN)
clase1	falso positivo (FP)	verdadero negativo (TN)

Para mostrar un ejemplo ilustrativo, supongamos que tenemos 100 imágenes de test de radiografías etiquetadas: ('tumor maligno', 'tumor benigno'). 35 de ellas han sido predichas correctamente como tumores benignos, 45 han sido predichas correctamente como malignos, 5 han sido predichas incorrectamente como benignos y 15 han sido incorrectamente predichas como malignos

Predicción Tumor	Benigno (+)	Maligno (-)
Benigno	35	15
Maligno	5	45

La medida de calidad denominada *Precision* nos muestra la proporción de aciertos en la predicción: ¿Cuántas de sus predicciones son correctas? La medida de calidad *Recall* centra su atención en el número relativo de muestras positivas (en nuestro ejemplo, tumores benignos): ¿Cuántas de sus predicciones son correctas de manera relativa al número total de muestras positivas? Mientras que *Precision* nos proporciona un valor de calidad relativo al número total de predicciones realizadas, *Recall* nos proporciona un valor de calidad relativo al número total de muestras positivas. Merece la pena mantener niveles altos de *Precision* cuando el número de predicciones crece. Merece la pena mantener niveles altos de *Recall* cuando el número de muestras positivas es bajo. Dependiendo de la semántica de cada problema de inteligencia artificial, los valores de la matriz de confusión cobran mayor o menor importancia. En nuestro ejemplo es vital mantener el número de falsos positivos (tumores malignos no detectados) tan bajo como sea posible y resulta muy importante predecir de manera correcta los negativos verdaderos (tumores malignos detectados).

$$Precision = \frac{TP}{TP + FP}$$

$$Recall = \frac{TP}{TP + FN}$$

Existe una medida de calidad de clasificación que une Precision y Recall; es la *F1*:

$$F1 = 2\frac{Precision \times Recall}{Precision + recall}$$

En el caso de que todas las clases sean igualmente importantes se puede usar la siguiente medida de calidad de exactitud (accuracy):

$$Accuracy = \frac{TP + TN}{TP + TN + FP + FN}$$

Para medir la calidad de la clasificación también se usa la curva ROC: combina los valores verdaderos positivos con los falsos positivos, definida como:

$$TPR = \frac{TP}{TP + FN}, \qquad FPR = \frac{FP}{FP + TN}$$

Cuanto mayor sea el área bajo la curva ROC, mejor será el modelo. Los valores obtenidos deben ser mayores de 0.5, ya que 0.5 se corresponde con un clasificador aleatorio.

1.4 MEJORA DEL MODELO

Para mejorar un modelo de machine learning se debe medir la calidad que obtiene al actuar sobre el conjunto de muestras de test (pruebas). En esta sección nos centramos en los conjuntos de datos de entrenamiento y de pruebas (test), pero debemos recordar que los proyectos profesionales de machine learning deben usar también el conjunto de datos de validación. Primero se usa el conjunto de datos de entrenamiento para crear el modelo, y podemos, entonces, obtener sus medidas de calidad (aplicadas a las muestras de entrenamiento). Si las predicciones del modelo presentan muchos errores, las medidas de calidad devolverán valores muy bajos. Esto significa que los datos no son suficientemente numerosos, o presentan muchos valores atípicos, o las características no son relevantes, o que el algoritmo de aprendizaje utilizado no está indicado para la presente tarea (normalmente por ser muy simple), o los híper-parámetros de aprendizaje elegidos no son correctos. En estos casos, el modelo sufre *subajuste* (*underfitting*). Para ilustrar el caso, reproducimos la siguiente figura, obtenida de datos generados. Se puede ver que el modelo lineal es demasiado simple para ajustar la distribución no lineal de los datos.

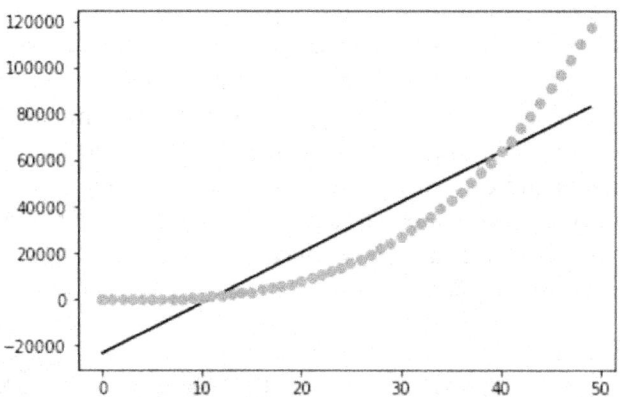

La situación opuesta al subajuste es la del sobreajuste (overfitting). Un modelo presenta sobreajuste cuando predice con suficiente exactitud el conjunto de datos de entrenamiento y, sin embargo, no puede predecir adecuadamente las muestras de test: no generaliza. La siguiente figura visualiza varios modelos obtenidos a partir de entrenamientos que utilizan el mismo conjunto de muestras. Los dos gráficos de la izquierda representan modelos más simples, que son capaces de generalizar para predecir de manera adecuada nuevas muestras. Los dos gráficos de la derecha representan modelos más complejos, que no son capaces de generalizar: presentan situaciones de sobreajuste.

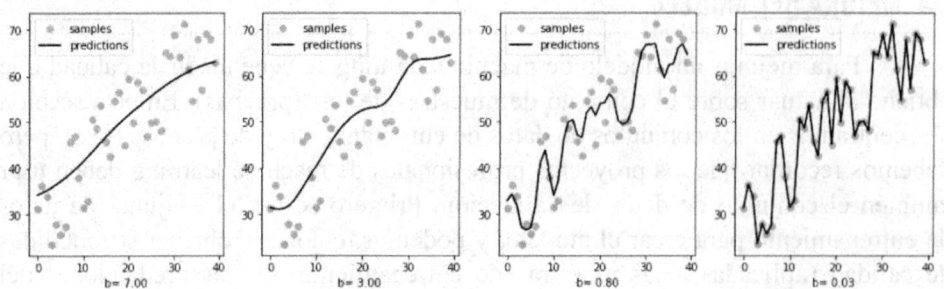

Para evitar el sobreajuste podemos entrenar el modelo usando más datos: en este caso será más difícil para el algoritmo ajustar todos los datos. Por supuesto, normalmente no disponemos de más datos. Otra posibilidad es usar un modelo más simple (quizás un modelo lineal). Reducir la dimensionalidad de las muestras también puede funcionar: puede ser llevado a cabo usando técnicas de reducción de dimensiones. Por último, *regularizar* el modelo es, normalmente, la solución más simple y más eficiente. La *regularización* se puede llevar a cabo de diferentes maneras, dependiendo de cada algoritmo de machine learning que se esté usando, pero su concepto subyacente es siempre simplificar el modelo. A menudo, la regularización significa mantener los pesos de aprendizaje tan pequeños como sea posible: limita la importancia de algunas características, simplificando el modelo. En algunos casos, la regularización reduce en algún grado el ámbito de aprendizaje: p.ej.: el número máximo de niveles que va a tener un árbol de decisión. La siguiente figura muestra los efectos de la regularización; en este caso, el parámetro C determina la flexibilidad permitida para crear el modelo. Cuando el valor de C es alto, el modelo es complicado y sufre sobreajuste. Los valores bajos de C limitan la flexibilidad del aprendizaje y simplifican el modelo: contribuyen a generalizar y a obtener mayor exactitud.

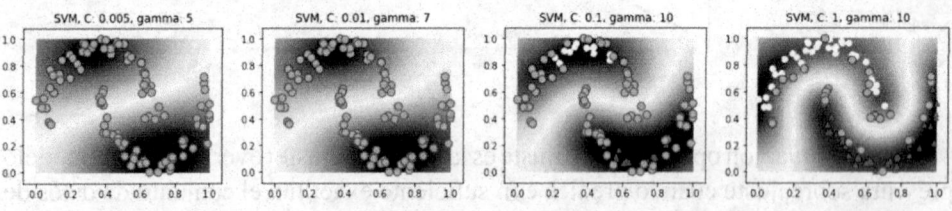

Otra técnica específica de regularización es la denominada *data augmentation* (enriquecimiento de datos). Ya que incrementar el número de muestras de entrenamiento reduce el sobreajuste, podemos generar nuevas muestras de entrenamiento a base de combinar las existentes. Aunque la técnica de *data augmentation* puede ser usada, teóricamente, en cualquier ámbito, se aplica especialmente en clasificación de imágenes. Se pueden crear nuevas imágenes simplemente rotando, escalando, combinando, etc. las muestras de entrenamiento existentes.

2

DATASETS

Scikit-learn es un framework que nos permite realizar con facilidad procesos de machine learning. *Scikit-learn* aporta tres maneras diferentes de proporcionar muestras susceptibles de ser usadas en experimentos de aprendizaje automático:

▼ Cargadores de conjuntos de datos (*dataset loaders*): proporcionan conjuntos de datos pequeños, de prueba, especialmente indicados para fines académicos.

▼ Recolectores de datos (*dataset fetchers*): se usan para la obtención y carga de conjuntos de datos más grandes.

▼ Conjuntos de datos generados (*generated dataset*): son generadores aleatorios de muestras que pueden ser usados para crear conjuntos de datos artificiales con un tamaño y complejidad controlada.

Tanto los cargadores como los recolectores obtienen un diccionario de objetos que contiene al menos dos ítems: un array de dimensión *n_muestras_ * n_ características* (excepto *20newsgroups*) y un numpy array de longitud *n_muestras*, que contiene los valores objetivo. También existe la posibilidad de que se restrinja la salida a una tupla que contiene solamente los datos y el objetivo, estableciendo el parámetro *return_X_y* a *true*. Los conjuntos de datos contienen también una descripción completa en el atributo *DESCR*. Adicionalmente, algunos contienen *features_names* (nombres de las características) y *target_names* (nombres de los objetivos).

En este capítulo proporcionamos ejemplos de algunos conjuntos de datos representativos de *sklearn* que pueden ser usados en ejemplos didácticos: principalmente varios cargadores de datos y algunos conjuntos de datos generados. Los cargadores *sklearn* se pueden usar para ejemplos de regresión o de clasificación. Los *sklearn* generados los usaremos para clasificación o para clustering (agrupamiento).

En este capítulo se muestra un ejemplo de cada uno de los conjuntos de datos más representativos, incluyendo gráficos que ayudarán a entender la estructura y el uso de la biblioteca *matplotlib*.

2.1 DATASET DE DIABETES (REGRESIÓN)

Este es un conjunto de datos con un total de 442 muestras, dispuesto para ser usado en ejemplos de regresión. Su dimensionalidad es 10 (diez características). Puede ser cargado usando la función *load_diabetes()*, tal y como se puede ver al inicio del siguiente código. Podemos separar fácilmente el conjunto de datos *diabetes.data* del conjunto de datos objetivo *diabetes.target*. En la descripción del conjunto de datos *diabetes.DESCR* se explica cada una de las características: edad (*age*), sexo (*sex*), índice de masa corporal (*mass index*), etc. La dimensión de los conjuntos de datos se puede obtener usando la propiedad *shape*. Al principio del siguiente código se pueden ver algunas funciones de impresión (*print*), que ilustran la manera de seleccionar subconjuntos de las muestras (filas) y de las características (columnas). Usando este tipo de filtros hemos implementado tres gráficos bidimensionales: un gráfico que representa las características de índice de masa corporal (*mass index*) y la presión arterial (*blood pressure*), y dos diagramas de dispersión (*scatter*): índice de masa corporal vs presión arterial, y edad vs presión arterial.

```python
from sklearn.datasets import load_diabetes
import matplotlib.pyplot as plt

diabetes = load_diabetes()

X = diabetes.data
y = diabetes.target

AGE = 0; SEX = 1; MASS_INDEX = 2; BLOOD_PRESSURE = 3;
# print (diabetes.DESCR) #Text information about this dataset
print(X.shape)   # Contains 442 samples (rows) and 10 features (columns)
print(y.shape)   # Adequate for Regression. The target are numbers.
print(X[0:5,:]) # print rows of data, starting from row 0 to row 5-1
print(y[0:5])    # Rows of target data, starting from row 0 to row 5-1
print(X[1,MASS_INDEX]) # print the feature MASS_INDEX from the third row
print(X[1:3,AGE]) # print the feature AGE for rows 1 and 2
print(diabetes.data.shape[0])

x = range(0, diabetes.data.shape[0],1)  # same as x = range(0, len(y),1)
# Plot of several features
plt.figure(figsize=(30,8))
plt.plot(x, X[:,MASS_INDEX], 'y-', label = 'Mass Index')
```

```
plt.plot(x, X[:,BLOOD_PRESSURE], 'b-', label = 'Blood Pressure')
plt.rcParams.update({'font.size':22});
plt.legend(prop={'size':25}); plt.grid(); plt.show()


fig, axs = plt.subplots(1,2, figsize=(12,4))

# Scatterplots of several features
for fig, feature, label in zip(range(2),[MASS_INDEX,AGE],
                                        ['Mass Index', 'Age']):
    axs[fig].scatter(X[:,feature],X[:,BLOOD_PRESSURE],c='g', marker="o")
    axs[fig].set_xlabel(label); axs[fig].set_ylabel('Blood Pressure')
    axs[fig].grid();


plt.show()
```

```
(442, 10)
(442,)
[[ 0.03807591  0.05068012  0.06169621  0.02187235 -0.0442235  -0.03482076
  -0.04340085 -0.00259226  0.01990842 -0.01764613]
 [-0.00188202 -0.04464164 -0.05147406 -0.02632783 -0.00844872 -0.01916334
   0.07441156 -0.03949338 -0.06832974 -0.09220405]
 [ 0.08529891  0.05068012  0.04445121 -0.00567061 -0.04559945 -0.03419447
  -0.03235593 -0.00259226  0.00286377 -0.02593034]
 [-0.08906294 -0.04464164 -0.01159501 -0.03665645  0.01219057  0.02499059
  -0.03603757  0.03430886  0.02269202 -0.00936191]
 [ 0.00538306 -0.04464164 -0.03638469  0.02187235  0.00393485  0.01559614
   0.00814208 -0.00259226 -0.03199144 -0.04664087]]
[151.  75. 141. 206. 135.]
-0.0514740612388061
[-0.00188202  0.08529891]
442
```

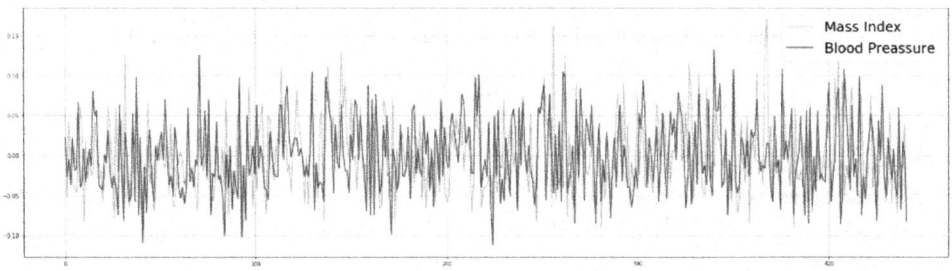

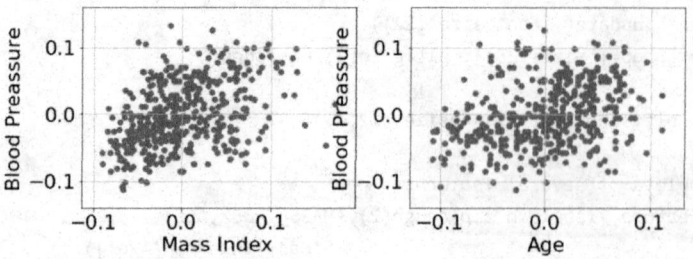

2.2 DATASET BOSTON (REGRESIÓN)

Este conjunto de datos es similar al de diabetes: ambos son susceptibles de ser procesados mediante regresión y contienen un número (*dimensión*) de muestras y características similares. En esta sección proporcionamos un código implementado en Python que, básicamente, prueba los mismos aspectos que se testearon en el programa anterior de diabetes. Además, mostramos la media y la varianza de cada característica del conjunto de datos haciendo uso de la clase *statistics*. Nótese como *Boston.data.shape[0]* devuelve el número de muestras (filas) mientras que *Boston.data.shape[1]* devuelve el número de características (columnas): 506 y 13 respectivamente. Finalmente, usamos un gráfico 3D para mostrar los valores objetivo del conjunto de datos para las características distancia (*distance*) y habitaciones (*rooms*).

```python
from sklearn.datasets import load_boston
import matplotlib.pyplot as plt
from mpl_toolkits.mplot3d import Axes3D
import statistics


boston = load_boston()
X = boston.data
y = boston.target


x = range(0, boston.data.shape[0],1)  # same as x = range(0, len(y),1)


CRIME = 0; ZN = 1; INDUSTRIAL = 2; ROOMS = 5; DISTANCE = 7;


# Plot of several features
plt.figure(figsize=(30,8))
plt.plot(x, X[:,INDUSTRIAL], 'y-', label = 'Industrial')
plt.plot(x, X[:,DISTANCE], 'b-', label = 'Distance')
plt.plot(x, X[:,ROOMS], 'c-', label = 'Rooms')
```

```
plt.rcParams.update({'font.size':18});
plt.legend(prop={'size':22}); plt.grid();
#  print (boston.DESCR) Text information about this dataset
# This dataset data contains 506 samples (rows) and 13 features (columns)
print(X.shape)
# This dataset is adequate for Regression. The target are numbers.
print(y.shape)
print(X[0:3,:]) # print rows of data, starting from row 0 to row 3-1
print(y[0:5])   # rows of target data, starting from row 0 to row 5-1
print(X[1,ZN]) # print the feature ZN from the third row
print(X[1:3,CRIME]) # print the feature CRIME for rows 1 and 2
print(boston.data.shape[0])
print(boston.data.shape[1])


# Obtains the mean and the variance of each feature
mean = []; variance = []
for i in range(boston.data.shape[1]):
    mean.append(statistics.mean(X[:,i]))
    variance.append(statistics.variance(X[:,i]))


# Prints each feature mean and variance
for i in range(boston.data.shape[1]):
    print(format(i) + " mean: {:.2f}".format(mean[i]) + ", variance:
          {:.2f}".format(variance[i]))


fig, axs = plt.subplots(1,2, figsize=(7,4))


# 3D Scatter of two figures
axs[1] = Axes3D(fig, elev=40, azim=-30)
axs[1].scatter(X[:,DISTANCE], X[:,ROOMS], y, c='b', marker='o')
axs[1].set_xlabel('Distance', fontsize=22)
axs[1].set_ylabel('Rooms', fontsize=22)
axs[1].set_zlabel('Boston', fontsize=22)


plt.show()
```

```
(506, 13)
(506,)
[[6.3200e-03 1.8000e+01 2.3100e+00 0.0000e+00 5.3800e-01 6.5750e+00
  6.5200e+01 4.0900e+00 1.0000e+00 2.9600e+02 1.5300e+01 3.9690e+02
  4.9800e+00]
 [2.7310e-02 0.0000e+00 7.0700e+00 0.0000e+00 4.6900e-01 6.4210e+00
  7.8900e+01 4.9671e+00 2.0000e+00 2.4200e+02 1.7800e+01 3.9690e+02
```

```
   9.1400e+00]
 [2.7290e-02 0.0000e+00 7.0700e+00 0.0000e+00 4.6900e-01 7.1850e+00
  6.1100e+01 4.9671e+00 2.0000e+00 2.4200e+02 1.7800e+01 3.9283e+02
  4.0300e+00]]
[24.  21.6 34.7 33.4 36.2]
0.0
[0.02731 0.02729]
506
0 mean: 3.61, variance: 73.99
1 mean: 11.36, variance: 543.94
2 mean: 11.14, variance: 47.06
3 mean: 0.07, variance: 0.06
4 mean: 0.55, variance: 0.01
5 mean: 6.28, variance: 0.49
6 mean: 68.57, variance: 792.36
7 mean: 3.80, variance: 4.43
8 mean: 9.55, variance: 75.82
9 mean: 408.24, variance: 28404.76
10 mean: 18.46, variance: 4.69
11 mean: 356.67, variance: 8334.75
ean: 12.65, variance: 50.99
```

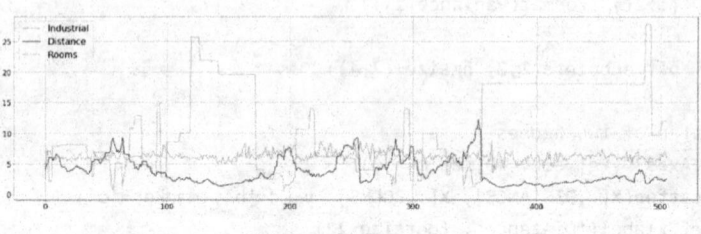

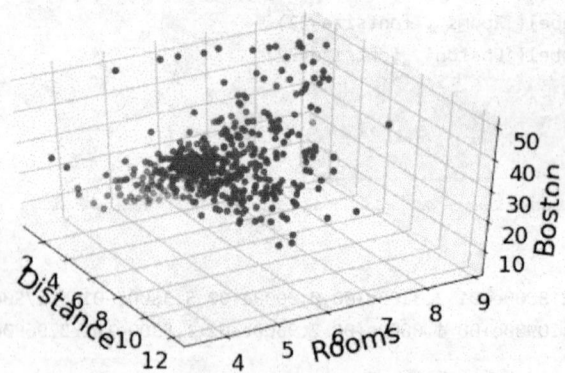

2.3 DATASET DE LIRIOS (CLASIFICACIÓN)

Este es un conjunto de datos muy conocido y utilizado para clasificación. Sus características más importantes son: número de muestras: 150 (tres clases con 50 muestras cada una), número de atributos: 4, información de atributos: longitud del sépalo en cm., anchura del sépalo en cm., longitud del pétalo en cm., anchura del pétalo en cm. Clases objetivo: lirio-setosa, lirio-versicolour, lirio-virginica. Valores de atributos faltantes: ninguno. El siguiente código carga el conjunto de datos de lirios, imprime sus principales características y dibuja tres gráficos de dispersión bidimensionales que muestran diferentes distribuciones de sus tres clases de acuerdo con sus cuatro características.

```python
import matplotlib.pyplot as plt
from sklearn.datasets import load_iris

iris = load_iris()

target_names = iris.target_names
feature_names = iris.feature_names

print(target_names)
print(feature_names)
print(iris.target)
#print (iris.DESCR)
print(iris.data.shape)

SEPAL_LENGTH = 0

fig, axs = plt.subplots(1,3, figsize=(15,4))

for ax,feature in zip(axs,[1,2,3]):
    for target,color in zip(range(3),['g','k','c']):
        ax.scatter(iris.data[iris.target==target,feature], iris.data[iris.
target==target,SEPAL_LENGTH], color=color, marker="d", label=iris.target_
names[target])
    ax.set_xlabel(iris.feature_names[feature], fontsize=15)
    ax.set_ylabel(iris.feature_names[SEPAL_LENGTH], fontsize=15)
    ax.legend(prop={'size':10})
    ax.grid(True)
plt.show()
```

```
['setosa' 'versicolor' 'virginica']
['sepal length (cm)', 'sepal width (cm)', 'petal length (cm)', 'petal width
(cm)']
[0 0 0 0 0 0 0 0 0 0 0 0 0 0 0 0 0 0 0 0 0 0 0 0 0 0 0 0 0 0 0 0 0 0 0 0 0
 0 0 0 0 0 0 0 0 0 0 0 0 1 1 1 1 1 1 1 1 1 1 1 1 1 1 1 1 1 1 1 1 1 1 1 1 1
 1 1 1 1 1 1 1 1 1 1 1 1 1 1 1 1 1 1 1 1 1 1 1 1 1 1 1 2 2 2 2 2 2 2 2 2 2
 2 2 2 2 2 2 2 2 2 2 2 2 2 2 2 2 2 2 2 2 2 2 2 2 2 2 2 2 2 2 2 2 2 2 2 2 2
 2 2]
(150, 4)
```

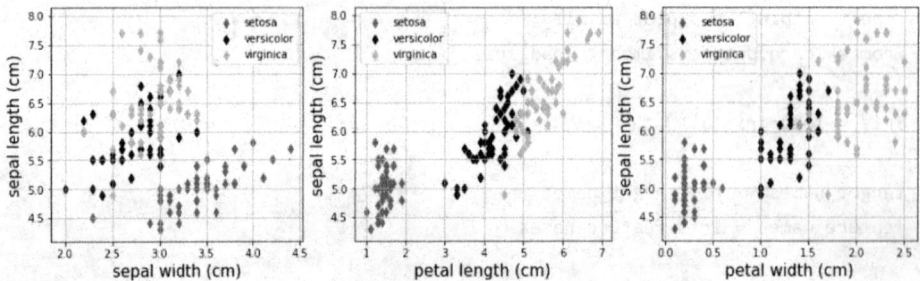

2.4 DATASET DE CÁNCER DE PECHO (CLASIFICACIÓN)

Este es un conjunto de datos binario, destinado a la clasificación, que contiene 569 muestras, 30 características y dos clases objetivo: cáncer maligno y benigno. Contiene las secciones habituales de 'data' (datos), 'target_names' (nombres objetivos), 'feature_names' (nombres de las características) y 'DESCR' (descripción). El siguiente código carga el conjunto de datos e imprime sus principales campos. También dibuja un gráfico de barras horizontal que contiene las medias de cada una de sus 30 características. Nótese que los valores de las características presentan escalas muy diferentes, así que el programa usa la librería de *sklearn MinMaxScaler* para ajustarlos en el intervalo [0...1].

```
import matplotlib.pyplot as plt
from sklearn.datasets import load_breast_cancer
import statistics
from sklearn.preprocessing import MinMaxScaler


cancer = load_breast_cancer()
target_names = cancer.target_names
feature_names = cancer.feature_names
```

```
print(target_names)
print(feature_names)
print(cancer.target[15:40]) # we just print a subset of the whole target
#print (cancer.DESCR)
print(cancer.data.shape)

vertical_pos = range(len(feature_names))
featureAverage = []; featureVariation = [];
scaler = MinMaxScaler()
scaler.fit(cancer.data)
cancer_scaled = scaler.transform(cancer.data)
for i in range(len(feature_names)):
    featureAverage.append(statistics.mean(cancer_scaled[:,i]))
    featureVariation.append(statistics.variance(cancer_scaled[:,i]))

fig, ax = plt.subplots(figsize=(9,9))
ax.barh(vertical_pos, featureAverage, xerr=featureVariation, color='orange',
ecolor='green')
ax.set_yticks(vertical_pos)
ax.set_yticklabels(feature_names)
ax.set_xlabel('Normalized feature value')
ax.set_title('Cancer dataset')
plt.rcParams.update({'font.size':7});
ax.grid()
plt.show()
```

```
['malignant' 'benign']
['mean radius' 'mean texture' 'mean perimeter' 'mean area'
 'mean smoothness' 'mean compactness' 'mean concavity'
 'mean concave points' 'mean symmetry' 'mean fractal dimension'
 'radius error' 'texture error' 'perimeter error' 'area error'
 'smoothness error' 'compactness error' 'concavity error'
 'concave points error' 'symmetry error' 'fractal dimension error'
 'worst radius' 'worst texture' 'worst perimeter' 'worst area'
 'worst smoothness' 'worst compactness' 'worst concavity'
 'worst concave points' 'worst symmetry' 'worst fractal dimension']
[0 0 0 0 1 1 1 0 0 0 0 0 0 0 0 0 0 0 0 0 0 0 0 1 0 0]
(569, 30)
```

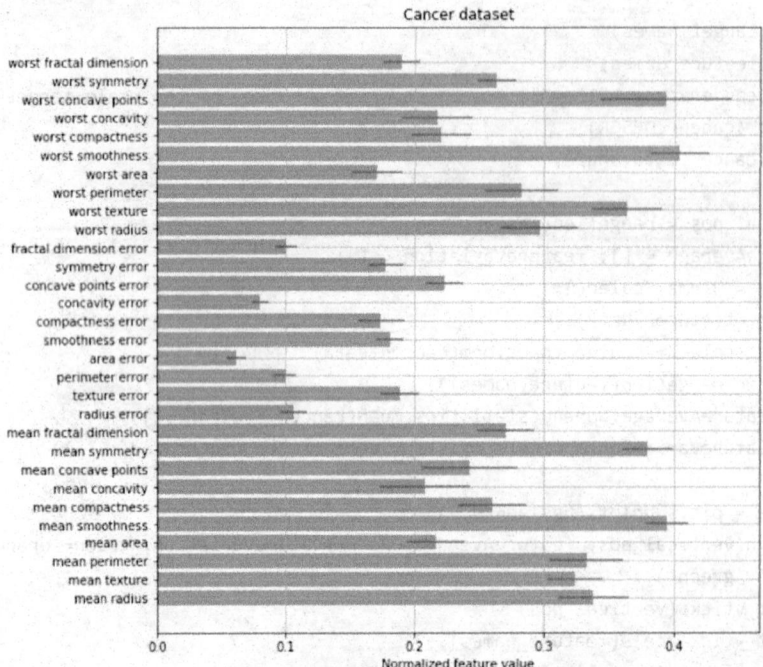

2.5 DATASET DE VINOS (CLASIFICACIÓN)

Es un conjunto de datos destinado a clasificación. Tiene tres clases objetivo, 178 muestras y 13 características. Mostramos los gráficos de cada una de las 13 características. Previamente se han normalizado los valores de dichas características al rango [0…1].

```python
import matplotlib.pyplot as plt
from sklearn.datasets import load_wine
from sklearn.preprocessing import MinMaxScaler

wine = load_wine()

x = range(0, wine.data.shape[0],1)  # same as x = range(0, len(y),1)

scaler = MinMaxScaler()
scaler.fit(wine.data)
wine_scaled = scaler.transform(wine.data)

def plot(init_feature, end_feature, mark):
```

```
    plt.figure(figsize=(30,5))
    for i in range(init_feature,end_feature,1):
        plt.plot(x, wine_scaled[:,i], mark, label = wine.feature_names[i])
    plt.rcParams.update({'font.size':18});
    plt.legend(prop={'size':22}); plt.grid();
    plt.show()

# Plot all the features
plot(0,4,'-')
plot(4,8,'o')
plot(8,12,'^')
```

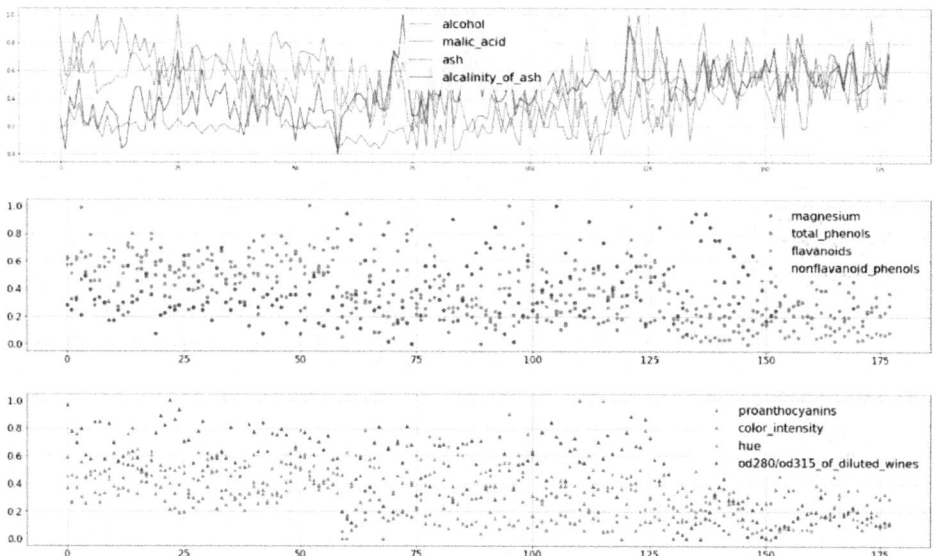

2.6 DATASET GENERADO MAKE_BLOBS (CLASIFICACIÓN)

Permite generar conjuntos de datos gaussianos, habitualmente para tareas de *clustering*. Podemos elegir el número total de muestras *n_samples*, el número de características, *n_features* y el número de objetivos. Si insertamos un valor numérico en *random_state*, la salida será reproducible en múltiples ejecuciones. El siguiente código ejecuta *make_blobs* seleccionando 200 muestras, 2 características, 3 objetivos y un comportamiento reproducible. El resultado se muestra mediante un gráfico de dispersión bidimensional.

```python
import matplotlib.pyplot as plt
from sklearn.datasets import make_blobs

X,y = make_blobs(n_samples=200,n_features=2,centers=3,random_state=10)

plt.figure(figsize=(4,4))

for target, color, marker in zip(range(3),['y','g','b'],['o','^','+']):
    plt.scatter(X[y==target,0], X[y==target,1],c=color, marker=marker,
label='class '+format(target))

plt.xlabel('Feature 1', fontsize=15)
plt.ylabel('Feature 2', fontsize=15)
plt.title('Three classes Scatter Plot')

plt.legend(prop={'size':14}); plt.grid();
plt.grid(True)
plt.show()
```

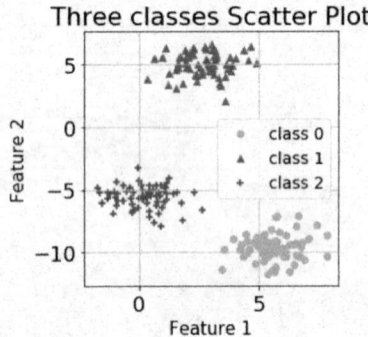

2.7 DATASET GENERADO MAKE_REGRESSION (REGRESSION)

Genera, de manera aleatoria, un conjunto de datos para regresión. Sus principales parámetros son: número de muestras, número de características, sesgo (*bias*) y estado de aleatoriedad (*random_state*).

```python
import matplotlib.pyplot as plt
from sklearn.datasets import make_regression

X,y = make_regression(n_samples=100,n_features=2,bias=0.2,random_state=10)

plt.figure(figsize=(8,3))
```

```
plt.plot(X, y, 'go', label = 'feture')
plt.xlabel('x', fontsize=20)
plt.ylabel('y', fontsize=20)
plt.title('make_regression output')
plt.grid()
plt.show()
```

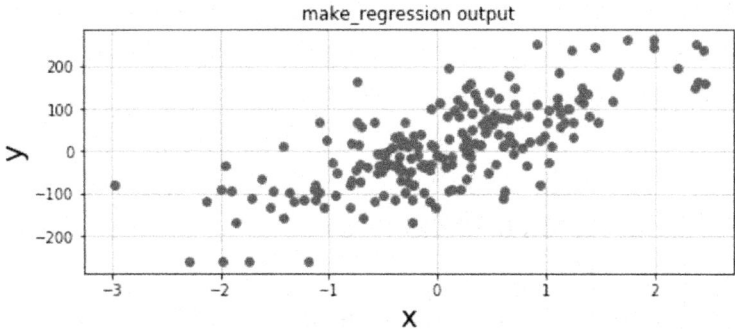

2.8 DATASET GENERADO MAKE_MOONS (CLASIFICACIÓN Y CLUSTERING)

Genera conjuntos de datos destinados a probar las técnicas de clustering y clasificación. Sus parámetros principales son: número de muestras, mezcla (*shuffle*), ruido, y parámetro de aleatoriedad. El siguiente ejemplo genera cinco datasets con diferentes valores de ruido.

```
import matplotlib.pyplot as plt
from sklearn.datasets import make_moons

X,y = make_moons(n_samples=100,noise=0.1, random_state=10)
print(X.shape)

fig, axs = plt.subplots(1,5, figsize=(18,3))
for i,ax in zip(range(5), axs):
    X,y = make_moons(n_samples=100,noise=i*0.04, random_state=10)
    for target, color, marker in zip(range(2),['y','k'],['o','^']):
        ax.scatter(X[y==target,0], X[y==target,1],c=color, marker=marker,
                   label='class '+format(target))
    ax.set_xlabel('feature 1', fontsize=20)
    if (i==0):
        ax.set_ylabel('feature 2', fontsize=20)
    ax.set_title('Moons, noise: ' + format(i*0.04))
    ax.grid()
plt.show()
```

```
(100, 2)
```

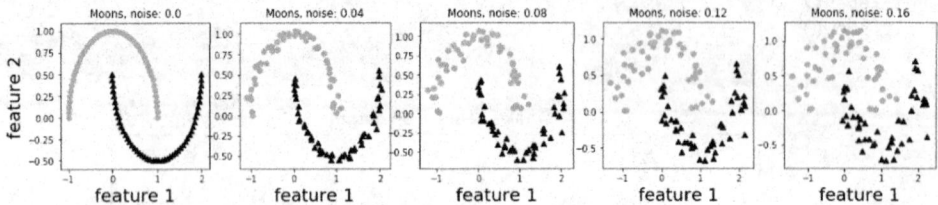

2.9 DATASET MNIST (CLASIFICACIÓN)

El conjunto de datos MNIST nos permite llevar a cabo clasificación de imágenes. Este dataset contiene 70.000 dígitos escritos a mano. Las imágenes en blanco y negro de MNIST han sido suavizadas (*anti-aliased*), normalizadas y ajustadas a una caja de 28x28 pixeles, empleando 255 niveles en la escala de grises. El conjunto de datos ha sido preparado para usar las primeras 60.000 muestras en el entrenamiento y para usar el resto de las muestras con fines de prueba.

El siguiente script Python indica como cargar el dataset, dividir en datos y objetivo, reformatear los datos y dibujar los números. Tomamos los primeros 10 ceros del conjunto de datos, los primeros 10 unos, y así sucesivamente; finalmente los dibujamos todos. El resultado se visualiza en la figura que aparece debajo del código. El dataset MNIST se puede descargar fácilmente de Internet como un fichero en formato csv. El fichero se puede leer con la función pandas: *read_csv*. La dimensión (*shape*) de MNIST es (70000, 785); las primeras 784 columnas representan cada una un píxel (28x28=784). La columna 785 representa la clave 'clase' ('class') y contienen el número objetivo, 0, 1 … 9 de cada fila. Para obtener el objetivo usamos la sentencia de Python $y = mnist['class']$, mientras que para obtener los datos hacemos uso de *numpy X=X[:,0:784]*.

El código que se aporta a continuación inserta en la matriz de dígitos (*digit*) las posiciones de las muestras de los 10 primeros 'ceros' (fila 0), las posiciones de las muestras de los 10 primeros 'unos', etc. Nótese que cada componente de la matriz de dígitos contiene la posición del dígito en el dataset MNIST (no contiene sus píxeles). El último bloque de código es el encargado de dibujar la imagen de cada número. Primero es necesario reformatear el vector de 784 características de píxeles en una matriz de 28x28, y posteriormente dibujarlos usando el método *imshow*. El parámetro *cmap = mpl.cm.binary* adecúa el nivel de grisese de los pixeles.

```
import numpy as np
import pandas as pd
import matplotlib as mpl
import matplotlib.pyplot as plt

mnist = pd.read_csv('./datasets/mnist_784.csv')
X = np.array(mnist)
X = X[:,0:784]
y = mnist['class']
digit = np.zeros((10,10))

for i in range(10):
    number_index=0; dataset_index=0
    while number_index<10:
        if y[dataset_index] == i:
            digit[i,number_index] = dataset_index
            number_index = number_index + 1
        dataset_index = dataset_index + 1

fig, axs = plt.subplots(10,10,figsize=(10,10))
for i in range(10):
    for j in range(10):
        pos = int(digit[i,j])
        buffer = X[pos].reshape(28,28)
        axs[i,j].imshow(buffer, cmap = mpl.cm.binary, interpolation =
                        'nearest')
        axs[i,j].axis("off")

plt.show()
```

2.10 CARAS DE OLIVETTI (CLASIFICACIÓN)

Este conjunto de datos contiene diez fotografías diferentes de cada una de las 40 personas existentes en el dataset (400 fotografías en total). En algunos casos las fotos de estas personas fueron obtenidas en diferentes momentos, cambiando la iluminación, las expresiones faciales (ojos abiertos/cerrados, sonriendo/no sonriendo) y los detalles faciales (llevando gafas o no). Todas las fotos fueron obtenidas contra un fondo oscuro homogéneo con los sujetos en una posición vertical y frontal (con tolerancia a un pequeño movimiento lateral). La imagen se cuantificó a 256 niveles de gris y se almacenó como enteros de 8 bits sin signo; el cargador los convertirá a valores en punto flotante en el intervalo [0,1], con los que para algunos algoritmos es más fácil trabajar.

```python
from sklearn.datasets import fetch_olivetti_faces
from numpy.random import RandomState
import matplotlib.pyplot as plt

dataset = fetch_olivetti_faces(shuffle=True, random_state=RandomState(0))
faces = dataset.data
print(faces.shape)

n_row, n_col = 5, 12; n_images = n_row * n_col

def plot_gallery(title, images, n_col=n_col, n_row=n_row, cmap=plt.cm.gray):
    fig, axs = plt.subplots(n_row,n_col, figsize=(18,7),
                            subplot_kw={'xticks':(), 'yticks':()})
    for i, image in zip(range(n_images), images):
        r = int(i/n_col); c = i%n_col
        axs[r,c].imshow(image.reshape((64, 64)), cmap=cmap)

plot_gallery("Olivetti faces", faces[:n_components])

plt.show()
```

```
(400, 4096)
```

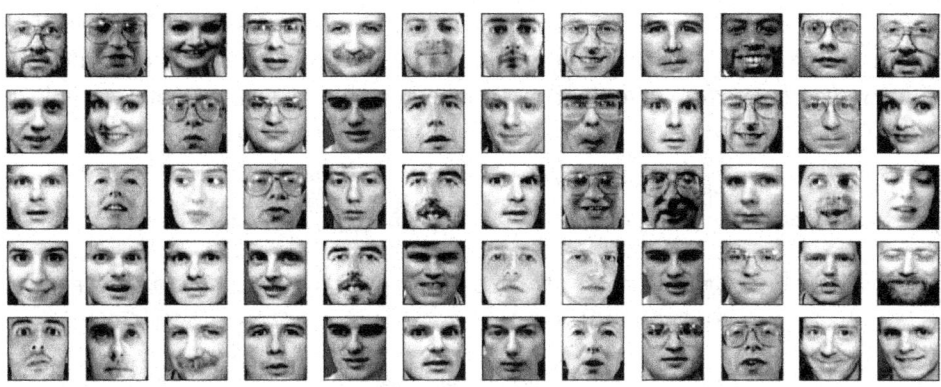

2.10.1 Caras etiquetadas "in the wild": LFW (clasificación)

Este es un conjunto de datos de caras que contiene etiquetas de información. Resulta accesible mediante el uso del *fetch_lfw_people loader,* del paquete *sklearn. datasets*. Los parámetros más importantes para cargarlo son:

▼ *resize*: *float*, opcional, por defecto 0.5; factor usado para redimensionar cada imagen.

▼ *min_faces_per_person*: *int*, opcional, por defecto ningún valor; el dataset extraído solamente contendrá imágenes de aquellas personas de las que se tengan, por lo menos, el número de fotografías diferentes indicado por *min_faces_per_person*.

▼ *color*: *boolean*, opcional, por defecto *False*; almacena los tres canales RGB en vez de promediarlos a un solo canal de grises. Si color está a *True*, la dimensión de los datos será mayor que con *color=False*.

▼ *slice_*: opcional; muestra una visión 2D (altura, anchura) para poder extraer la parte "interesante" de los ficheros *jpeg*.

Las características más importantes del dataset son:

Atributo	Valor
Clases	5.749
Total de muestras	13.233
Dimensión	5.828
Anchura de imagen	47
Altura de imagen	62
Características	[0.0 .. 22.0]

El siguiente programa carga el dataset, recupera sus datos: *lfw.data*, sus referencias objetivo: *lfw.target*, algunos valores de parámetros importantes: *n_ samples, height, width, n_features* y, finalmente dibuja las imágenes usando el método *imshow*.

```python
from sklearn.datasets import fetch_lfw_people
import matplotlib.pyplot as plt

def plot_gallery(images, names, height, width, n_col, n_row, cmap=plt.cm.gray):
    fig, axs = plt.subplots(n_row,n_col, figsize=(22,9), subplot_kw={'xticks':(),
'yticks':()})
    for i, image in zip(range(n_row*n_col), images):
        r = int(i/n_col); c = i%n_col
        axs[r,c].imshow(image.reshape((h, w)), cmap=cmap)
        axs[r,c].set_title(names[y[i]])

lfw = fetch_lfw_people()
X = lfw.data
y = lfw.target

n_samples, height, width = lfw.images.shape
n_features = X.shape[1]
names = lfw.target_names

plot_gallery(X, names, height, width, 8, 3)
```

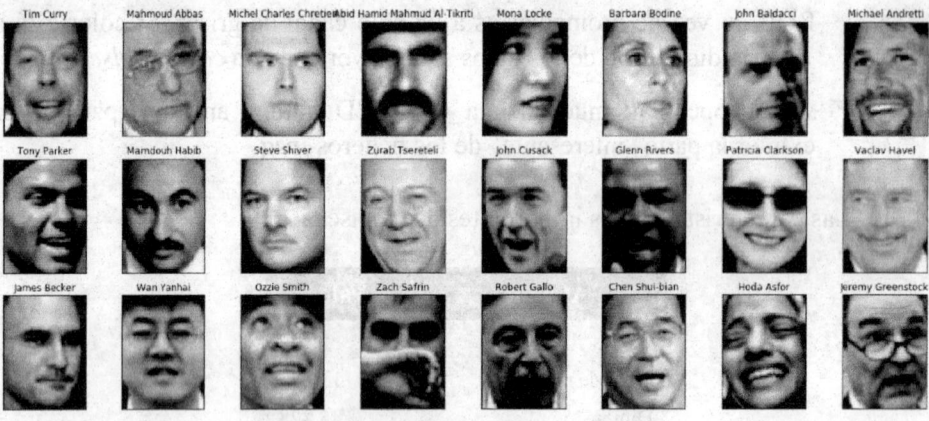

3

REGRESIÓN

Los modelos de regresión lineal realizan predicciones numéricas sobre un objetivo basadas en un conjunto de datos clasificados según una o más características. Los conjuntos de datos de *Boston* y de *diabetes* son ejemplos de datos donde el proceso de regresión es adecuado. En este capítulo explicaremos los métodos de regresión que más se utilizan. Algunos de estos métodos se implementarán desde cero, mostrando su formalismo y su diseño. El primer bloque de cada una de nuestras cuatro principales secciones (regresión, clasificación, clustering y reducción de dimensiones) muestra en profundidad el funcionamiento de los algoritmos. Esto facilitará la comprensión de los principios de machine learning y sus detalles.

Una vez que se han entendido los conceptos que fundamentan cada algoritmo de regresión, usando implementaciones desarrolladas por nosotros mismos, complementaremos la enseñanza de los algoritmos con ejemplos que usan la biblioteca de machine learning *SciKit*. Nótese que el código desarrollado desde cero tiene simplemente un propósito académico; se explica paso a paso, pero no resulta profesional: *Scikit* ha sido ampliamente testeado y su rendimiento ha sido optimizado. Animamos a hacer uso de bibliotecas existentes, de propósito académico o profesional, para realizar experimentos y para abordar proyectos reales.

En el módulo *sklearn.linear_model* están disponibles los modelos lineales de *SciKit*. Este módulo desarrolla modelos generalistas, e incluye: regresión *Ridge*, regresión bayesiana y los estimadores *Lasso* y *Elastic Net*. También implementa algoritmos relacionados con el gradiente descendente estocástico (*Stochastic Gradient Descent*). En este capítulo mostramos un conjunto de secciones que implementan, cada una, desde cero, un ejemplo de utilización de *SciKit*.

Este capítulo está dividido en dos secciones principales: la primera explica los métodos de regresión más importantes; algunos se presentan desarrollados desde cero, para poder observar sus fundamentos, y otros están codificados usando la librería *SciKit;* a veces se incluyen ambos desarrollos. Para mantener los programas tan simples como sea posible no se incorpora el análisis de los resultados. La segunda sección muestra como realizar el análisis de calidad en algunos escenarios en los que se utiliza regresión.

3.1 MODELOS DE REGRESIÓN

En esta sección se explica, mediante ejemplos, los modelos de regresión más comunes y útiles. Algunos se implementan desde cero para proporcionar:

▼ Los detalles de su implementación
▼ Los algoritmos de programación de machine learning
▼ Un entendimiento más profundo de las bibliotecas existentes
▼ La flexibilidad para presentar gráficamente los resultados
▼ El análisis de la evolución del modelo de aprendizaje

Además del subconjunto de algoritmos desarrollados desde cero, todos los algoritmos seleccionados han sido utilizados usando las librerías de *SciKit*. Cuando es conveniente se exponen los principios matemáticos necesarios para el entendimiento del diseño de cada uno de los algoritmos y el significado de cada híper-parámetro.

3.1.1 Regresión lineal (desde cero)

La regresión lineal desarrolla un modelo que ajusta las muestras usando una recta. Matemáticamente, la regresión lineal se representa mediante la ecuación $y = wx + b$. Los híper-parámetros aquí son (w, b). La pendiente está determinada por w, mientras que b establece el desplazamiento (offset): distancia vertical al eje x. El siguiente código muestra cuatro rectas diferentes con offset que va desde 20 a 5 (ver eje y) y pendientes crecientes desde 0.2 a 0.8

```
import matplotlib.pyplot as plt
import numpy as np
fig, axs = plt.subplots(1,4, figsize=(15,4))
X = np.array(range(40))
for fig,b,w in zip([0,1,2,3],[20,15,10,5],[0.2,0.4,0.6,0.8]):
    y = b + w*X
    axs[fig].plot(X, y, 'b-', label = 'b='+format(b)+'; w='+format(w))
    axs[fig].set_ylim(bottom=0,top=50),axs[fig].legend();
    axs[fig].legend(prop={'size':14}); axs[fig].grid();
plt.show()
```

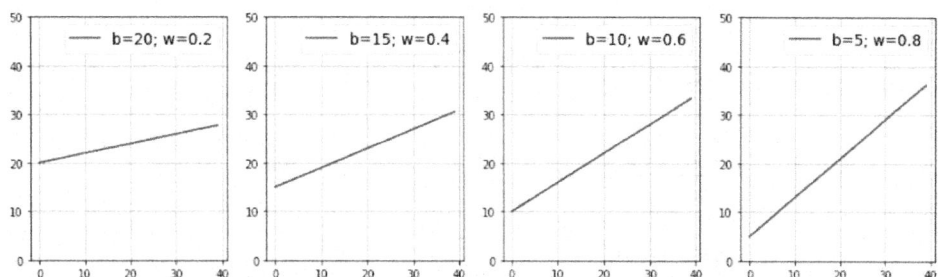

La regresión lineal se puede llevar a cabo usando diferentes métodos (implementaciones). En esta ocasión vamos a usar el conocido método del gradiente descendente. Este algoritmo busca un mínimo en el híper-espacio de errores; esto es: busca los errores más bajos que le sea posible encontrar. Se habrá encontrado una solución adecuada si se alcanza un mínimo global en un espacio cóncavo de errores o un mínimo local razonable en un espacio convexo de errores. La siguiente figura muestra el concepto.

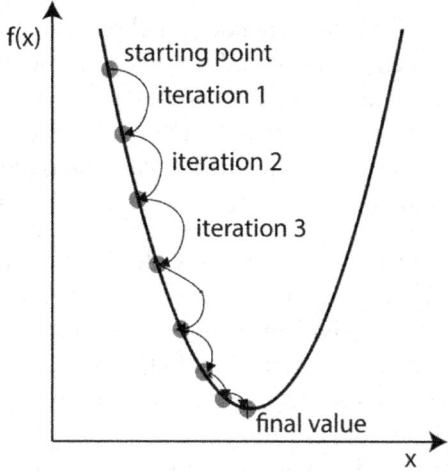

A continuación, se muestran las ecuaciones básicas que dan soporte al método de regresión lineal de gradiente descendente. La ecuación 1 muestra la función de coste, o función de pérdida (*loss*) que deseamos minimizar: el error existente en la predicción se calcula restando el valor de la muestra y_i menos la predicción del modelo wx_i+b. En vez de usar el valor absoluto, se utiliza el cuadrado para: a) que sea posible derivar la ecuación, y b) penalizar errores grandes. Las ecuaciones 2 y 3 muestran, respectivamente, las derivadas parciales de la función de coste respecto de b y w. Ambas derivadas muestran la manera de alcanzar el mínimo de la función de error en su espacio tridimensional.

$$loss(W,b) = \frac{1}{N} \sum_{i=1}^{N} \left(y_i - b - wx_i \right)^2 \quad (1)$$

$$\frac{\partial loss(w,b)}{\partial b} = -2\frac{1}{N} \sum_{i=1}^{N} (y_i - b - wx_i) \quad (2)$$

$$\frac{\partial loss(w,b)}{\partial w} = -2\frac{1}{N} \sum_{i=1}^{N} x_i(y_i - b - wx_i) \quad (3)$$

Las ecuaciones anteriores se implementan en el código mostrado a continuación, con *gradient_regression(X, y, alpha, b, w)*. Nótese el uso del parámetro *alpha*; es importante debido a que determina el tamaño de los pasos realizados para alcanzar el mínimo en la función de error (ver figura precedente): si *alpha* es muy pequeño, el algoritmo necesitará demasiado tiempo para alcanzar el mínimo; si *alpha* es demasiado grande, podría 'pasarse' el mínimo y oscilar a su alrededor. La función del modelo *model(X, y, alpha, b, w, epochs)* muestra el concepto de "*epoch*" (ciclo, época): cada "epoch" se corresponde con el proceso de todas las muestras de datos; el modelo progresa en cada epoch. En este código se han usado 9000 *epochs* con el objetivo de encontrar una solución adecuada. La función *prediction(x, b, w)* devuelve la predicción para *y* procesando el modelo (*b*, *w*). La última función en el código: *loss(X, y, b, w)* devuelve las diferencias cuadráticas medias (MSD) como una medida de calidad del modelo obtenido aplicado a las muestras correspondientes.

El programa muestra cuatro grupos de información. El primer grupo visualiza los resultados de la regresión lineal correspondientes al modelo existente al inicio (cero ciclos o epochs), el siguiente cuando se alcanza el proceso de 3000 ciclos (epochs) y posteriormente al alcanzar 6000 y 9000 ciclos. Se puede observar que el algoritmo iterativo mejora el modelo a medida que el número de ciclos crece. Cada leyenda de los gráficos incorpora el valor de la función de coste (pérdida) MSD, que mejora progresivamente con el número de iteraciones. El segundo grupo de gráficos repite el mismo experimento, pero en este caso se ha elegido un valor del parámetro *alpha* excesivamente pequeño. Se puede observar que el algoritmo también itera hacia la solución, pero muy despacio debido al valor incorrecto de *alpha*. El tercer grupo de gráficos contiene el conjunto de muestras de datos que no pueden ser clasificadas correctamente mediante un enfoque de regresión lineal. Esto se puede comprobar visualmente y se puede también establecer a partir de los grandes valores de error que muestran los resultados de coste (*loss*). Finalmente, el cuarto grupo de información muestra los valores de predicción para las muestras de *x* con valores 10 y 20. Viendo el gráfico cuatro en el grupo uno (primera fila de gráficos), podemos observar que los valores de predicción son consistentes con el rango esperado.

Este programa muestra dos implementaciones diferentes de la función *gradient_regression*. La primera no hace uso de las facilidades que Python nos brinda para operar con matrices y vectores. Incluimos la versión no vectorial porque se ajusta mejor a la forma de las ecuaciones que hemos formulado; además, los lectores que no estén familiarizados con las operaciones de matrices y vectores de Python entenderán mejor el código. En este programa mostramos también un segundo bloque que hace uso de las operaciones con vectores y evita los bucles explícitos de inserción. Su implementación se realiza a través de las funciones *create_samples* y *create_samples2*.

```python
import matplotlib.pyplot as plt
import random
import numpy as np

def gradient_regression(X, y, alpha, b, w):
    dw = 0.0; db = 0.0
    # We make the model by using all the samples
    for i in range(len(X)):
        aux = -2.0*(y[i]-(w*X[i]+b))
        db = db + aux              # this solver can easily overflow
        dw = dw + X[i]*aux         # this solver can easily overflow
    aux = 1.0/float(len(X))
    b = b - aux*db*alpha
    w = w - aux*dw*alpha
    return b,w

def gradient_regression2(X, y, alpha, b, w):
    aux = -2*(y-(w*X+b)).sum()
    b = b - alpha*aux/float(len(X))
    w = w - alpha*aux/float(len(X))
    return b,w

def plot(fig, X, y, b, w, epochs):
    axs[fig].plot(X, y, 'yo', label = 'Samples')
    X = np.array(X)
    axs[fig].plot(X,w*X+b, 'k-', label = 'Regression loss: '
                    '+'{:9.2f}'.format(loss(X,y,b,w)))
    axs[fig].set_xlabel('{:5.0f}'.format(epochs) + ' epochs')
    axs[fig].legend(); axs[fig].grid();
    return

def model(X, y, alpha, b, w, epochs):
    fig = 0
    for e in range(epochs):
```

```python
        b, w = gradient_regression(X, y, alpha, b, w)
        if e % 3000 == 0:
            plot(fig, X, y, b, w, e)
            fig += 1
    return b, w;

def prediction(x, b, w):
    return (x*w+b)

def loss(X, y, b, w):
    sum = 0
    for i in range(len(X)):
        sum += (y[i]-prediction(X[i], b, w)) ** 2
    return sum/len(X)

def create_samples(n):
    y = []; X = list(range(40))
    for i in range(len(X)):
        y.append(20+X[i]+random.random()*20)
    return X, y

def create_samples2(n):
    X = np.array(list(range(40)))
    y = 20+X+np.random.rand(40)*20
    return X, y

X, y = create_samples2(40)

# in this example, we do not change epochs' value, since we just show #plots for
the values (0, 3000, 6000, 9000)
EPOCHS = 9001;

# linear regression evolution
fig, axs = plt.subplots(1,4, figsize=(15,4))
# b and w parameters can be better initialized
b, w = model(X, y, 0.001, random.random(), random.random(), EPOCHS)

# linear regression using a wrong alpha value
fig, axs = plt.subplots(1,4, figsize=(15,4))
# b and w parameters can be better initialized
model(X, y, 0.0001, random.random(), random.random(), EPOCHS)
y = []
for i in range(len(X)):
    y.append((X[i]-10)**2+random.random()*20*abs(len(X)/2-i))
```

```
# loss evolution
fig, axs = plt.subplots(1,4, figsize=(15,4))
# b and w parameters can be better initialized
model(X, y, 0.001, random.random(), random.random(), EPOCHS)


plt.show()


print(prediction(10, b, w))
print(prediction(20, b, w))
```

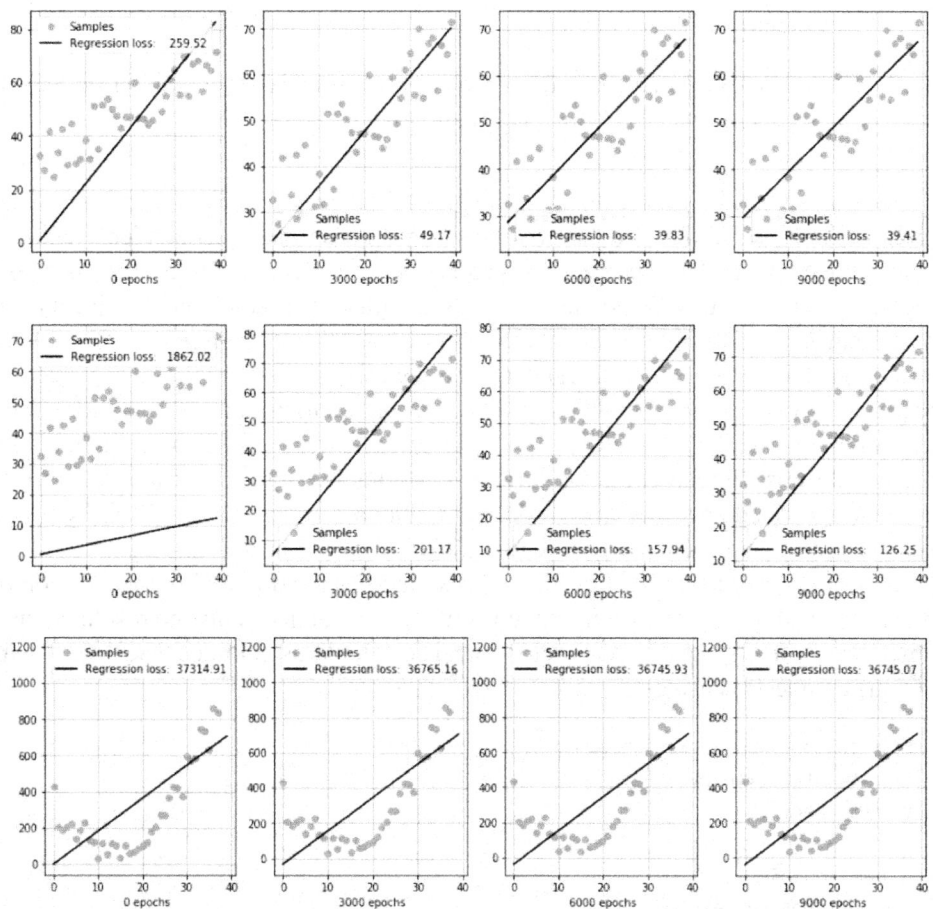

```
39.33286017829371
48.9970152111386
```

3.1.2 Regresión lineal usando SciKit

Para ilustrar este primer ejemplo de regresión lineal usando las librerías de *SciKit*, usaremos el dataset *Boston* y el modelo lineal *linear_model. LinearRegression*. Los principales parámetros de su constructor son:

▼ *Normalize*: para normalizar los datos de entrada. Su valor por defecto es *True* ya que la regresión lineal es muy sensible al hecho de que haya diferentes escalas en los datos de entrada.

▼ *Copy_X*: si es *True*, *X* se copiará; si no, puede ser rescrito. Su valor por defecto es *True.*

▼ Atributos: los coeficientes *w* y *b* explicados en la sección anterior. *SciKit* los denomina *coef_* (*w*) e *intercept_* (*b*).

Los métodos que realizan el ajuste (*fit*) y la predicción (*predict*) en la regresión lineal de *SciKit* reciben matrices como argumentos. El siguiente código genera muestras lineales aleatorias y las empaqueta en matrices de dos dimensiones, preparadas para ser usadas por los métodos de ajuste y predicción. Al ejecutar el constructor *LinearRegression()* se obtiene la instancia *linear_regresssion*. El modelo se crea con el uso del método *fit(X,y)*. Una vez que el modelo ha sido creado, podemos acceder a los valores de la pendiente y del desplazamiento usando los atributos *coef_* (*w*) e *intercept_* (*b*). Dado que tanto los datos de entrada como los de salida son matrices de dos dimensiones, los atributos resultantes son codificados en forma vectorial y se puede acceder a los valores individuales a través de *w[0][0]* y *b[0]*. Los resultados muestran una pendiente de 0.94 y un punto de corte de 14.62. Por último, el método *predict(X)* devuelve el resultado esperado de la regresión, como podemos observar en la figura. El código comentado produce el mismo resultado que el método *predict,* ya que la predicción lineal se calcula usando la ecuación $y = wX + b$; que en nuestro caso es $y = X[i, 0]*w[0] + b$.

```
from sklearn import linear_model
import matplotlib.pyplot as plt
import numpy as np


n_samples = 50
X = np.zeros((n_samples,2))
y = np.zeros((n_samples,2))
X[:,0] = np.array(list(range(n_samples)))
y[:,0] = 5+X[:,0]+np.random.rand(n_samples)*20


# this is our chosen model
```

```
linear_regression = linear_model.LinearRegression()
linear_regression.fit(X, y) # train the model
w = linear_regression.coef_
b = linear_regression.intercept_
print(w[0][0])
print(b[0])

# y_predicted = []
# for i in range(len(X)):
#     y_predicted.append(X[i,0]*w[0]+b)

y_predicted = linear_regression.predict(X)

plt.plot(X, y_predicted, 'k-')
plt.plot(X, y, 'yo')
plt.show()
```

```
0.9458308328057163
14.625240638309428
```

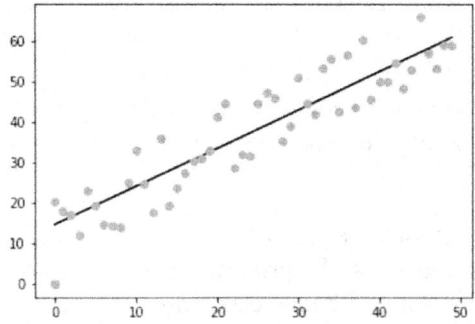

En el siguiente programa, los valores de *y* se generan usando la función X^3. Se puede observar que el modelo lineal no es capaz de ajustar la distribución de las muestras. Más adelante veremos los diferentes enfoques para procesar distribuciones no lineales.

```
y[:,0] = X[:,0]**3+np.random.rand(n_samples)*20
linear_regression.fit(X, y) # train the model
y_predicted = linear_regression.predict(X)

plt.plot(X, y_predicted, 'k-')
plt.plot(X, y, 'yo')
plt.show()
```

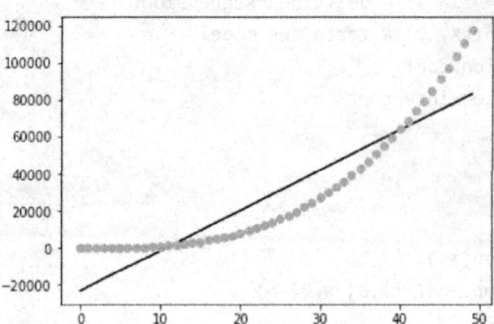

Nuestro último ejemplo de regresión lineal incorpora datos del conjunto de datos (dataset) de diabetes de *SciKit* (*SciKit Diabetes*). Primero cargamos el conjunto de datos y después extraemos los datos y la información objetivo. Se crea una nueva dimensión para los datos *X*. Los valores impresos muestran la dimensión original del dataset (10 características), la transformación incorrecta a vector (442,) y la transformación correcta a matriz (442, 1). El método *train_test_split* crea los cuatro conjuntos necesarios para llevar a cabo la validación cruzada partiendo de los datos *X* y del objetivo *y*. Después se llama al método *LinearRegression()* para crear la instancia *linear_regression*. El modelo se crea ajustando los conjuntos de entrenamiento: datos y objetivo. Esto es importante, ya que usamos un conjunto de muestras (las muestras de entrenamiento) para crear (entrenar, ajustar) el modelo y un conjunto diferente de muestras para probar el modelo: las muestras de pruebas (muestras de test).

Una vez que el modelo ha sido entrenado, probamos la calidad prediciendo los resultados de las muestras de pruebas: *predict(X_test)* y comparando los resultados predichos con los resultados esperados: *mean_squared_error(y_test, y_test_predicted)*. En este ejemplo también llevamos a cabo el proceso para el conjunto de datos de entrenamiento. Los resultados muestran visualmente que el modelo lineal ajusta correctamente el conjunto de pruebas (figura de la derecha) y que generaliza adecuadamente: sus diferencias cuadráticas medias son solamente un poco peores que las del conjunto de entrenamiento (figura de la izquierda). Como recordatorio escribimos la ecuación de la diferencia cuadrática media, que en nuestro caso consta de solamente una característica.

$$MSD(X,y) = \frac{1}{n}\sum_{i=1}^{n}\left(y_i - prediction(x_i)\right) = \frac{1}{n}\sum_{i=1}^{n}\left(y_i - (wx_i - b)\right)^2$$

```
import matplotlib.pyplot as plt
import numpy as np
from sklearn import datasets, linear_model
from sklearn.metrics import mean_squared_error
from sklearn.model_selection import train_test_split

diabetes = datasets.load_diabetes()

# inserts a new dimension and selects thirdth column
y = diabetes.target
X = diabetes.data[:,np.newaxis,2]
print(diabetes.data.shape)
print(diabetes.data[:,2].shape)
print(diabetes.data[:,np.newaxis,2].shape)

X_train, X_test, y_train, y_test = train_test_split(X, y,
                                        random_state = 10)

# obtains an instance of LinearRegression
linear_regression = linear_model.LinearRegression()
# creates the model using the training data
linear_regression.fit(X_train, y_train)

y_train_predicted = linear_regression.predict(X_train) # train predictions
y_test_predicted = linear_regression.predict(X_test)   #  test predictions

# quality obtained in the training set
train_MSD = mean_squared_error(y_train, y_train_predicted)
# quality obtained in the testing set
test_MSD = mean_squared_error(y_test, y_test_predicted)

# Draw training and testing results
fig, axs = plt.subplots(1,2, figsize=(15,4))
axs[0].scatter(X_train, y_train,  color='orange')
axs[0].plot(X_train, y_train_predicted, color='black')
axs[0].set_title('Training set, MSD:{:.0f}'.format(train_MSD))

axs[1].scatter(X_test, y_test,  color='gray')
axs[1].plot(X_test, y_test_predicted, color='black')
axs[1].set_title('Testing set, MSD:{:.0f}'.format(test_MSD))

plt.show()
```

```
(442, 10)
(442,)
(442, 1)
```

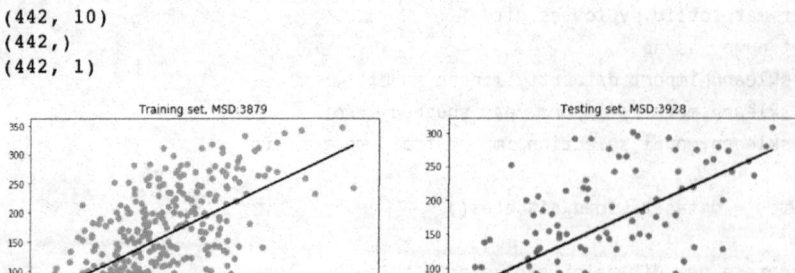

3.1.3 Regresión Polinómica (desde cero)

Como hemos visto, la regresión lineal nos permite crear un modelo lineal utilizando un polinomio de grado uno: $y = ax + b$. Algunos datos no pueden ser entrenados de esta manera y necesitan un tipo de regresión más complejo. En esta sección generamos un conjunto de datos que requiere una solución basada en un polinomio de grado 2. La regresión polinómica puede ser definida como: $y=a_0+a_1x+a_2x^2+a_3x^3...$ A continuación, vamos a implementar un algoritmo que utiliza regresión polinómica de grado 2: $y=a_0+a_1x+a_2x^2$. Usando el algoritmo del gradiente descendente, primero establecemos la función de coste (ecuación 1).

$$loss(a_0,a_1,a_2) = \sum_{i=1}^{N} \left(y_i - a_0 - a_1x_i - a_2x_i^2 \right)^2 \quad (1)$$

$$\frac{\partial loss(a_0,a_1,a_2)}{\partial a_0} = -2\sum_{i=1}^{N}(y_i - a_0 - a_1x_i - a_2x_i^2) \quad (2)$$

$$\frac{\partial loss(a_0,a_1,a_2)}{\partial a_1} = -2\sum_{i=1}^{N}x_i(y_i - a_0 - a_1x_i - a_2x_i^2) \quad (3)$$

$$\frac{\partial loss(a_0,a_1,a_2)}{\partial a_2} = -2\sum_{i=1}^{N}x_i^2(y_i - a_0 - a_1x_i - a_2x_i^2) \quad (4)$$

$$\alpha_{11}a_0 + \alpha_{12}a_1 + \alpha_{13}a_2 = \alpha_{14} \quad (5)$$

$$\alpha_{21}a_0 + \alpha_{22}a_1 + \alpha_{23}a_2 = \alpha_{24} \quad (6)$$

$$\alpha_{31}a_0 + \alpha_{32}a_1 + \alpha_{33}a_2 = \alpha_{34} \quad (7)$$

$$\alpha_{11} = N; \quad \alpha_{12} = \sum x_i; \quad \alpha_{13} = \sum x_i^2; \quad \alpha_{14} = \sum y_i \quad (8)$$

$$\alpha_{21} = \sum x_i; \quad \alpha_{22} = \sum x_i^2; \quad \alpha_{23} = \sum x_i^3; \quad \alpha_{24} = \sum x_i y_i \quad (9)$$

$$\alpha_{31} = \sum x_i^2; \ \alpha_{32} = \sum x_i^3; \ \alpha_{33} = \sum x_i^4; \ \alpha_{34} = \sum x_i^2 y_i \quad (10)$$

$$\beta_{11} a_0 + \beta_{12} a_1 = \beta_{13} \quad (11)$$

$$\beta_{21} a_0 + \beta_{22} a_1 = \beta_{23} \quad (12)$$

$$a_0 = \frac{\left(\beta_{22} / \beta_{12}\right)\beta_{13} - \beta_{23}}{\left(\beta_{22} / \beta_{12}\right)\beta_{11} - \beta_{21}} \quad (13)$$

$$a_1 = \left(\beta_{23} - \beta_{21} a_0\right) / \beta_{22} \quad (14)$$

$$a_2 = \left(\alpha_{24} - \alpha_{21} a_0 - \alpha_{22} a_1\right) / \alpha_{23} \quad (15)$$

Posteriormente, con el objetivo de minimizar el error y poder encontrar la solución, derivamos la función de coste para cada uno de los híper-parámetros de regresión polinómica; en nuestro caso: a_0, a_1 y a_2. Los resultados de las derivaciones se muestran en las ecuaciones 2 a 4. A partir de aquí se define un sistema de tres ecuaciones (ecuaciones 5 a 10). La solución analítica del sistema nos lleva a los resultados de a_0, a_1 y a_2 mostrados en las ecuaciones 13 a 15.

Las ecuaciones obtenidas se implementan directamente en la función *polynomial_regression(X,y)* del siguiente código. Las predicciones se obtienen ejecutando el método *prediction(a0,a1,a2,x)*. Las muestras se generan usando la ecuación no lineal *(X[i]-10)²* y utilizando una función aleatoria para evitar una función cuadrática perfecta. Los resultados visualizan la curva que ajusta y generaliza a los datos de entrada, representados mediante círculos.

```python
import matplotlib.pyplot as plt
import random

# return the prediction of x data, by using kernel function
def polynomial_regression (X, y):
    a12=0;a13=0;a14=0;a23=0;a24=0;a33=0;a34=0
    for i in range(len(X)):
        x_e2 = X[i]*X[i]; x_e3 = x_e2*X[i]; x_e4 = x_e3*X[i]
        a12 += X[i]; a13 += x_e2; a14 += y[i]
        a23 += x_e3; a24 += X[i]*y[i]
        a33 += x_e4; a34 += x_e2*y[i]
    a11 = len(X); a21 = a12; a22 = a13; a31 = a13; a32 = a23;

    aux1 = a23/a13; aux2 = a33/a13;
    b11 = aux1*a11-a21; b12 = aux1*a12-a22; b13 = aux1*a14-a24
    b21 = aux2*a11-a31; b22 = aux2*a12-a32; b23 = aux2*a14-a34
```

```python
    a0 = ((b22/b12)*b13-b23)/((b22/b12)*b11-b21)
    a1 = (b23-b21*a0)/b22
    a2 = (a24-a21*a0-a22*a1)/a23
    return a0, a1, a2

def prediction(a0, a1, a2, x):
    return a0+a1*x+a2*x*x

# linear regression evolution
fig, axs = plt.subplots(figsize=(7,4))

# Create the samples
X = list(range(40))
y = []
for i in range(len(X)):
    y.append((X[i]-10)**2+random.random()*20*abs(len(X)/2-i))

y_prediction = []
a0, a1, a2 = polynomial_regression(X,y)

for i in range(len(X)):
    y_prediction.append(prediction(a0, a1, a2, X[i]))

axs.plot(X, y, 'yo', label='samples')                  # it plots samples
axs.plot(X, y_prediction,'k-', label='predictions') # it plots predictions
axs.set_xlabel('polynomial regression')
axs.legend(); axs.grid();
plt.show()
```

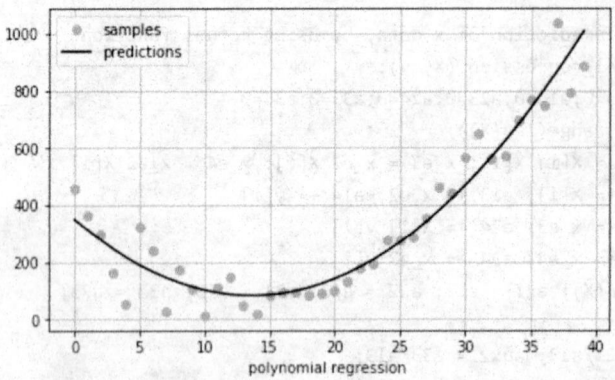

3.1.4 Regresión polinómial desde cero (enfoque de gradiente descendente)

Hay un enfoque en machine learning para resolver la regresión polinómica que es más simple y general que la forma cerrada (closed form). En vez de ajustar a una curva polinómica, el enfoque usa una regresión lineal simple. El truco está basado en la inserción de algunas características nuevas que se pueden ajustar a la naturaleza no lineal de la distribución de las muestras. En nuestro ejemplo resultaría suficiente insertar una característica generada X^2, que dejaría la tarea de regresión lineal con las características de la X original y la nueva X^2. Naturalmente, ahora usamos la regresión lineal $y=w_0+w_1x_1+w_2x_2$ en vez de la establecida previamente: $y=w_0+w_1x_1$. De este modo asignaremos un peso w a cada una de las características. Esta manera de operar puede ser generalizada a polinomios de mayor grado, añadiendo nuevas características no lineales. De hecho, la regresión con polinomios de alto grado funciona muy bien al añadir, no solamente las nuevas características básicas: X^2, X^3, X^4, etc. sino al insertar combinaciones de ellas: a^2b, b^2a, etc.

El código mostrado más abajo contiene una implementación de la regresión por gradiente (Gradient Regression) para dos dimensiones. Ha sido codificado de dos maneras: *gradient_regression* y, en su forma condensada, usando operaciones de vectores y matrices: *gradient_regression2*. El lector podrá comprobar que ambas implementaciones producen el mismo resultado. Además, se aporta una función de normalización ya que las regresiones no funcionan bien cuando los rangos de los datos y de los objetivos no son similares. Después preparamos los datos lineales en *X[0]* y los datos cuadráticos para *y*. Para crear un modelo que prediga correctamente el objetivo no lineal *y*, añadimos una nueva dimensión de datos *X[1]* con forma cuadrática. Los resultados se presentan en las tres figuras siguientes, donde dos proyecciones en 2D y un gráfico en 3D muestran que el "truco" de regresión polinómica funciona correctamente para ajustar la función objetivo no lineal.

```python
import matplotlib.pyplot as plt
from mpl_toolkits.mplot3d import Axes3D
import random
import numpy as np

def gradient_regression(X, y, alpha, b, w):
    dw1 = 0.0; dw2 = 0.0; db = 0.0
    for i in range(len(X[0])):
        aux = -2.0*(y[i]-(w[0]*X[0][i]+w[1]*X[1][i]+b))
        db = db + aux                    # this solver can easily overflow
        dw1 = dw1 + X[0][i]*aux          # this solver can easily overflow
        dw2 = dw2 + X[1][i]*aux          # this solver can easily overflow
    aux = 1.0/float(len(X[0]))
    b = b - aux*db*alpha
```

```python
    w[0] = w[0] - aux*dw1*alpha
    w[1] = w[1] - aux*dw2*alpha
    return b,w

def gradient_regression2(X, y, alpha, b, w):
    aux = -2*(y-(w*X+b)).sum()
    b = b - alpha*aux/float(len(X[0]))
    w = w - alpha*aux/float(len(X[0]))
    return b,w

def normalize(x):
    # it can also be done by using the scypy (stats) zscore
    mean = np.mean(x)
    sdeviation = np.std(x)
    y = (x-mean)/sdeviation
    return y

np.random.seed(10)
# Create the samples
X = [[],[]]
y = []
result = []
for i in range(30):
    X[0].append(i+random.random()*5)
    X[1].append(i**2+random.random()*5)
    #y.append((X[0][i]+20 + random.random()*10)+(X[1][i]-10 +
                random.random()*10))
    y.append((i**2+random.random()+50))

X[0] = normalize(X[0])
X[1] = normalize(X[1])
y = normalize(y)


alpha = 0.1
b = random.random()
w = np.random.rand(2,1);
w = np.array(w)
epochs = 4

for e in range(epochs):
    b, w = gradient_regression(X, y, alpha, b, w)

result = w.T@X+b

fig, axs = plt.subplots(1,2, figsize=(12,4))
```

```
for i in [0,1]:
    axs[i].scatter(X[i], y, c='y', marker='o')
    axs[i].scatter(X[i], result, c='k', marker='^')
    axs[i].set_xlabel('Feature ' + str(i), fontsize=18)
    axs[i].set_ylabel('Prediction', fontsize=18)
    axs[i].grid();

fig = plt.figure(figsize=(8, 4))
axs = Axes3D(fig, elev=20, azim=-40)
axs.scatter(X[0], X[1], y, c='y', marker='o')
axs.scatter(X[0], X[1], result, c='k', marker='^')
axs.set_xlabel('feature 1', fontsize=18)
axs.set_ylabel('feature 2', fontsize=18)
axs.set_zlabel('y', fontsize=18)
axs.grid();
plt.show()
```

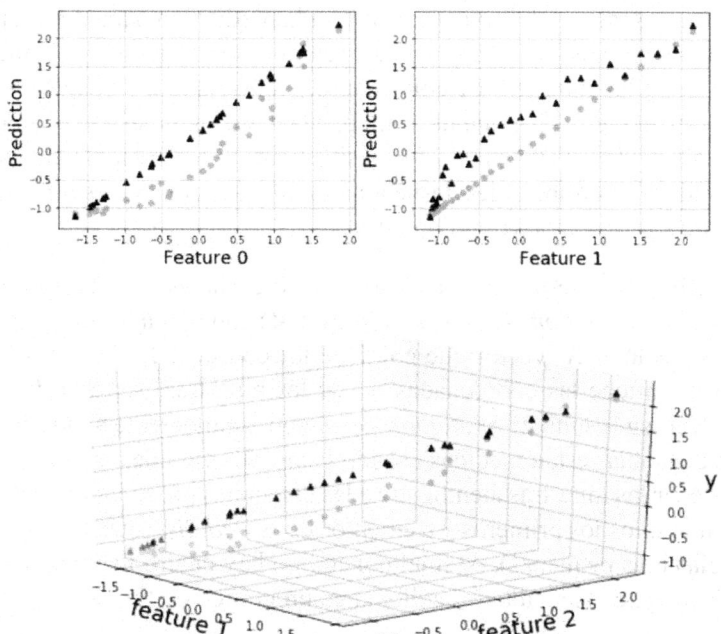

3.1.5 Regresión de los K vecinos más cercanos (K-Nearest Neighbors o KNN) desde cero

KNN es un algoritmo que puede ser usado para abordar diferentes enfoques de machine learning, tales como la regresión o la clasificación. La operativa de la regresión es simple: hacemos predicciones basadas en las muestras más cercanas a la que pretendemos predecir; p. ej. si tenemos una lista (x, y) de muestras ordenadas $(1.5, 6), (2.3, 4.5), (3, 8), (4.2, 9), (5.7, 10)$, y deseamos predecir la muestra $x = 3.1$, el algoritmo KNN realizará lo siguiente:

▼ Si k=1, entonces su único vecino es $(3, 8)$, y la predicción es $y = 8$.
▼ Si k=2, los dos vecinos son: $(3,8)$, $(2.3, 4.5)$ y la predicción es $y = (4.5+8)/2 = 6.25$.
▼ Si k=3, los tres vecinos son: $(3,8)$, $(2.3, 4.5)$, $(4.2, 9)$ y la predicción es $y = (4.5+8+9)/3 = 7.16$.
▼ etc.

Este concepto se muestra gráficamente a partir de los resultados del siguiente código. El primer gráfico a la izquierda muestra la predicción para la muestra $x = 7.6$ usando 2 vecinos. El valor predicho aparece representado con una cruz, mientras que sus 2 vecinos son las muestras de color negro. Nótese que los dos vecinos son los más cercanos en el eje x. El siguiente gráfico, a la derecha, muestra el valor predicho para $x = 20.5$ usando 4 vecinos, y así sucesivamente. La principal ventaja de KNN es su simplicidad. Sus principales desventajas son: las predicciones resultan lentas y la precisión de sus resultados es moderada.

El código que se presenta a continuación desarrolla el algoritmo KNN en su función *KNN_prediction (k, X, y, x, figure)*. Esta función admite los parámetros: k: número de vecinos, X: vector que contiene las coordenadas 'x' de las muestras, y: vector que contiene las coordenadas 'y' de las muestras, x: valor de la muestra 'x' para predecir su resultado 'y', *figure*: destinado simplemente a la representación gráfica. Las distancias están medidas usando la métrica euclídea: $(x - X[i])^2$; por eso debemos ordenar las muestras atendiendo a las distancias procesadas: *sort(distance)*. Por último, tomamos los primeros k elementos de *sorted_list* (que se corresponden a las k distancias más pequeñas). Al final del código hay cuatro llamadas a la función *KNN_prediction* y, cada resultado se dibuja en un gráfico de forma ordenada.

```
import matplotlib.pyplot as plt
import random

# Create the samples
X = list(range(40))
```

```
y = []
for i in range(len(X)):
    y.append(20+X[i]+random.random()*20)


# linear regression evolution
fig, axs = plt.subplots(1,4, figsize=(15,4))

# return the prediction of x data, by using k neighbours
def KNN_prediction(k, X, y, x, figure):
    distance = []
    for i in range(len(X)):
        distance.append((X[i],y[i],(x-X[i])**2))  # create pairs (X[i],
                        y[i], distance from x to X[i])
  # sorts distance vector attending to the set of distances from x to X[i]
    sorted_list = sort(distance)

    x_neighbourhood, y_neighbourhood = [], [];
    y_prediction = 0.0
    for i in range(k):  # k-neighbours
        y_prediction += sorted_list[i][1]
        x_neighbourhood.append(sorted_list[i][0])
        y_neighbourhood.append(sorted_list[i][1])
    y_prediction /= k

    plot(figure,X,y,'y.', "samples")     # plot samples
    # plot the k neighbours
    plot(figure,x_neighbourhood,y_neighbourhood,'k.', "neighbourhood")
    # plot the (x,y_prediction) prediction
    plot(figure,x,y_prediction,"k+", 'prediction')
    axs[figure].set_xlabel('{:1.0f}'.format(k) + ' neighbors')
    return y_prediction

def sort(unsorted_list):
    return (sorted(unsorted_list, key = lambda x: x[2]))

def plot(fig, X, y, parameters, label):
    axs[fig].plot(X, y, parameters, label = label)
    axs[fig].legend(); axs[fig].grid();
    return

KNN_prediction(2,X, y, 7.6, 0)
KNN_prediction(4,X, y, 20.5, 1)
KNN_prediction(7,X, y, 36.2, 2)
KNN_prediction(15,X, y, 24.3, 3)

plt.show()
```

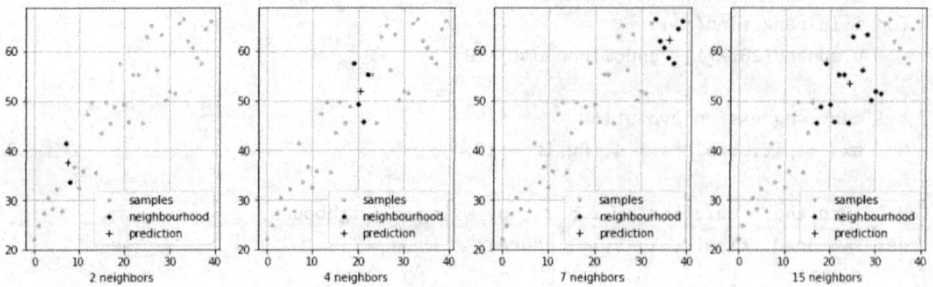

3.1.6 Regresión por K vecinos más cercanos (KNN) usando librerías SciKit

La regresión KNN en *SciKit* está implementada en el paquete *neighbors* del módulo *KNeighborsRegressor*. El siguiente código genera los datos de entrada y el objetivo de salida; nótese la inclusión de una nueva dimensión en los datos X: es necesario usar una matriz como argumento para el método de ajuste (*fit*). Creamos una instancia del regresor *knn_regressor*, aportando el tamaño de la vecindad seleccionada: *n_neighbors*. Después ajustamos nuestro modelo usando la instancia *knn_regressor*, los datos X y el objetivo y. Usando el modelo es posible obtener la predicción para diferentes muestras: *predict(X)*. En el ejemplo mostrado podemos ver los diferentes resultados obtenidos al variar el número de vecinos considerados; como se puede observar, cuanto mayor sea el tamaño de la vecindad, más generalista resulta el modelo. De hecho, si elegimos tantos vecinos como "número de muestras", obtendremos una línea horizontal que siempre predice la media de las muestras: este es el regresor más simple. Por otra parte, elegir un número demasiado pequeño de vecinos nos lleva a un modelo sobreajustado.

```python
import numpy as np
import matplotlib.pyplot as plt
from sklearn import neighbors
import random

X = np.array(list(range(100)))[:, np.newaxis]
y = []
for i in range(len(X)):
    y.append(20+X[i]+random.random()*60)

fig, axs = plt.subplots(2,2, figsize=(15,7))
for i,n_neighbors in zip([0,1,2,3], [2,10,18,26]):
    knn_regressor = neighbors.KNeighborsRegressor(n_neighbors)
    knn_model = knn_regressor.fit(X, y)
```

```
y_prediction = knn_model.predict(X)

axs[int(i/2),i%2].scatter(X, y, c='y')
axs[int(i/2),i%2].plot(X, y_prediction, c='k')
axs[int(i/2),i%2].set_title('SciKit KNeighborsRegressor, k = '+
                            str(n_neighbors) )

plt.show()
```

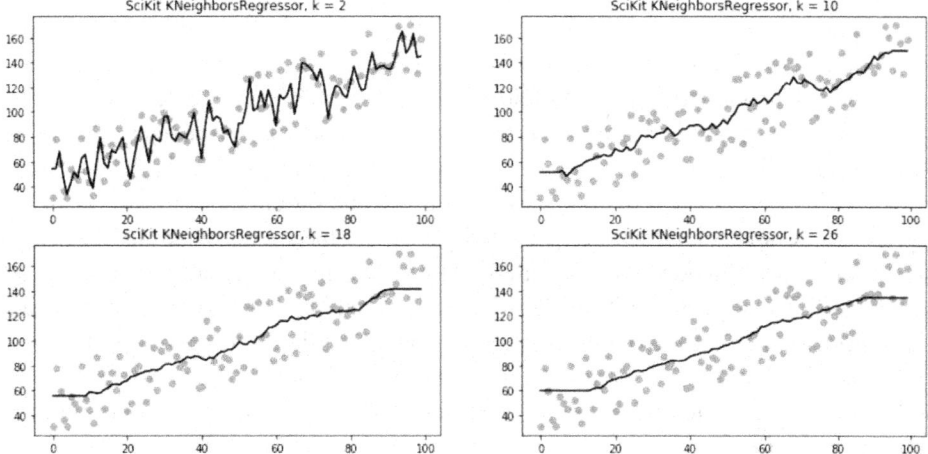

3.1.7 Regresión Kernel Gaussiana (Gaussian Kernel Regression) desde cero

La *regresión kernel* estima la expectativa condicionada de una variable aleatoria. Permite encontrar relaciones no lineales entre variables aleatorias *X* e *Y*. La técnica de *regresión kernel gaussiana* es una regresión no lineal. Este tipo de regresión no requiere de ningún aprendizaje iterativo: usa el concepto KNN de utilización de los vecinos cercanos a la muestra predicha. Hay dos diferencias principales entre regresión kernel y los *k* vecinos más cercanos: 1) La regresión kernel toma una media ponderada de las muestras cercanas, y 2) La regresión kernel usa todas las muestras como vecinos. Para ponderar las muestras cercanas usamos la conocida distribución gaussiana, y esta es la razón de que se denomine Regresión Kernel Gaussiana. En la siguiente figura se representa una función gaussiana; si deseamos realizar una predicción para la muestra x=30 se puede ver que las muestras de los vecinos más cercanos tomarán valores de pesos (ponderación) grandes, mientras que los que estén a mayor distancia tomarán valores de pesos pequeños. Podemos cambiar fácilmente los pesos asignando diferentes varianzas a la función gaussiana.

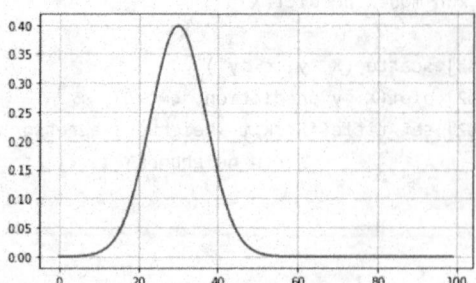

La Regresión Kernel Gaussiana puede ser modelada usando las ecuaciones 2 a 5 mostradas a continuación. La función gaussiana se define en la ecuación 3, donde z_i contiene la media y la varianza seleccionadas (ecuación 1). La regresión kernel gaussiana usa el valor x de la muestra de predicción como la media de la función gaussiana, ya que lo que queremos es centrar la función en esta muestra ($x=30$ en el gráfico anterior). El algoritmo de kernel gaussiano hace uso del parámetro b para establecer la varianza de la función gaussiana y su distribución resultante de los pesos (ecuación 2). Cada peso se obtiene aplicando la ecuación 4, donde el peso asignado a la predicción i (numerador) es ponderado con la media de los pesos de todas las muestras (denominador). Por último, la predicción (ecuación 5) se obtiene como la media ponderada de los objetivos (en este ejemplo, la vecindad es el conjunto de todas las muestras).

$$z_i = \frac{(x_i - \mu)}{\sigma} \quad (1)$$

$$z_i = \frac{(x_i - x)}{b} \quad (2)$$

$$Gaussian(z_i) = \frac{1}{\sqrt{2\pi}} e^{(-z_i^2/2)} \quad (3)$$

$$w_i = \frac{Gaussian(z_i)}{\frac{1}{N} \sum_{j=1}^{N} Gaussian(z_j)} \quad (4)$$

$$y = \frac{\sum_{i=1}^{N} (w_i y_i)}{\sum_{i=1}^{N} w_i} \quad (5)$$

El siguiente código desarrolla la regresión kernel gaussiana. Su función *kernel(z)* devuelve el valor gaussiano de *z* (ecuación 3). La función *w(b, i, X, x)* implementa la ecuación 4; usa la función *kernel*, aportando la muestra a predecir *x* como media gaussiana y el parámetro *b* como la varianza gaussiana (ecuación 2). Por último, la función *kernel_function(b, X, y, x, figure)* implementa la ecuación 5. Al final del código se prueba la función *kernel_function* usando diferentes valores de varianza: (7, 3, 0.8, 0.03). Los gráficos resultantes muestran una buena generalización cuando la varianza es 7 y 3. También muestran sobreajuste para los valores bajos de varianza. Esto es debido a la forma de la función gaussiana: cuanto más alta sea la varianza mayor es el número de pesos relevantes en las muestras vecinas.

```python
import matplotlib.pyplot as plt
import random
import math

# Create the samples
X = list(range(40))
y = []
for i in range(len(X)):
    y.append(20+X[i]+random.random()*20)

# linear regression evolution
fig, axs = plt.subplots(1,4, figsize=(15,4))

# return the prediction of x data, by using kernel function
def kernel_function(b, X, y, x, figure):
    y_prediction = 0
    for i in range(len(X)):
        y_prediction += w(b, i, X, x)*y[i]
    y_prediction /= len(X)
    return y_prediction

def w(b, i, X, x):
    denom = 0;
    for j in range(len(X)):
        denom += kernel((X[j]-x)/b)
    return (len(X)*kernel((X[i]-x)/b))/denom

def kernel(z):
    return math.exp(-(z*z)/2)/math.sqrt(2*math.pi)

def plot(fig, X, y, parameters, label):
    axs[fig].plot(X, y, parameters, label = label)
    axs[fig].legend(); axs[fig].grid();
```

```
    return

for b, fig in zip([7, 3, 0.8, 0.03],range(4)):
    y_prediction = []
    for x in range(len(X)):
        y_prediction.append(kernel_function(b, X, y, x, 0))
    plot(fig, X, y, 'yo', "samples")   # plot samples in figure
    # plot the (x,y_prediction) prediction
    plot(fig, X, y_prediction,"k-", 'predictions')
    axs[fig].set_xlabel('b= ' + '{:4.2f}'.format(b))

plt.show()
```

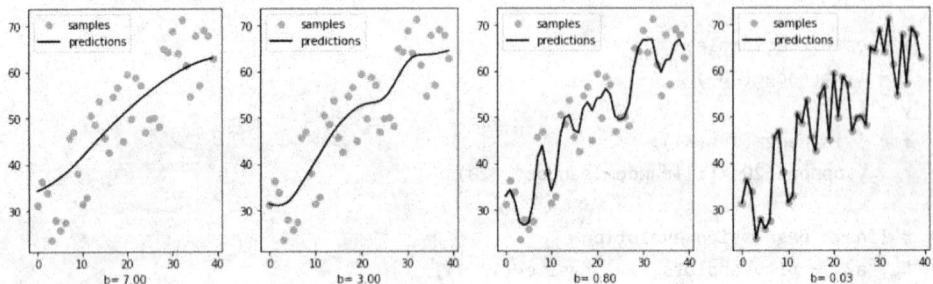

3.1.8 Regresión Kernel Gaussiana usando librerías SciKit

Para hacer una regresión kernel gaussiana usando la librería *SciKit*, seleccionamos el paquete *gaussian_process* e importamos el módulo *GaussianProcessRegressor*. Posteriormente elegimos alguno de los kernel existentes en el módulo *gaussian_process.kernel*. En este ejemplo usamos el kernel con la función de base radial (*radial basis function*: RBF). Como es habitual, primero creamos una instancia *gp* usando el constructor *GaussianProcessRegressor*. Después ajustamos los datos de entrada *X* y el objetivo *y*. Usando el modelo podemos predecir las muestras. El ejemplo visualiza los resultados del método para tres valores diferentes del híper-parámetro *alpha* del regresor. *Alpha* es la varianza de la función radial gaussiana. Como puede verse, este parámetro actúa como un término regularizador: cuanto más grande sea el valor de *alpha*, más generaliza el modelo.

```
import numpy as np
from matplotlib import pyplot as plt
import random
```

```python
from sklearn.gaussian_process import GaussianProcessRegressor
from sklearn.gaussian_process.kernels import RBF


y = []
X = np.array(list(range(80)))[:, np.newaxis]
for i in range(len(X)):
    y.append(20+X[i]+random.random()*50)


kernel = RBF(10, (0.01, 1e2))


fig, axs = plt.subplots(1,3, figsize=(17,3))
for i, alpha in zip([0,1,2], [0.01, 0.05, 0.08]):
    gp = GaussianProcessRegressor(alpha=alpha, kernel = kernel)
    gp.fit(X, y)
    y_pred, sigma = gp.predict(X, return_std=True)

    axs[i].plot(X, y, 'y.', markersize=11, label='Samples')
    axs[i].plot(X, y_pred, 'k-', label='Prediction')
    axs[i].legend()
    axs[i].set_title('Alpha = ' + str(alpha))
    axs[i].grid()
plt.show()
```

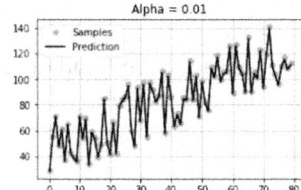 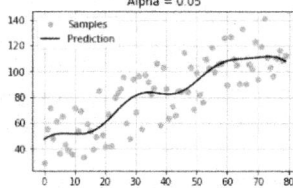 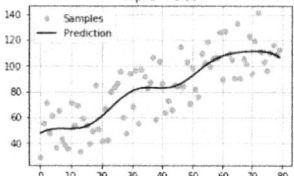

3.1.9 Regresión Ridge (forma cerrada)

La regresión *Ridge*, denominada también regresión de *Tikhonov*, es una regresión lineal regularizada usando *L2*. El término de regularización se usa para mantener los pesos del modelo tan pequeños como sea posible, al mismo tiempo que el algoritmo ajusta los datos. El término de regularización de la regresión *Ridge* tiene la forma:

$$L2 = \alpha \sum_{i=1}^{n} \theta_i^2$$

La función de coste (función de pérdida) de la regresión *Ridge* añade el término de regularización a la función de coste de la regresión lineal; en este sentido, los pesos del modelo se mantienen tan pequeños como sea posible. El híper-parámetro *alpha* determina el equilibrio entre la regularización y la relevancia de la regresión lineal. Nótese que el primer término *theta₀* no está regularizado: queremos permitir que el parámetro de desplazamiento (*intercept_*) se mueva libremente. Esta es la razón por la que el sumatorio no comienza por cero. Por el contrario, los parámetros de pendiente (*coef_*) pueden ser pequeños y mantener la necesaria pendiente del vector.

$$J(\theta) = \frac{1}{n}\sum_{i=1}^{n}\left(y^i - \theta^T x^i\right)^2 + \alpha\frac{1}{2}\sum_{i=1}^{n}\theta_i^2$$

Al usar la regularización mantenemos los pesos pequeños y así el efecto de ruido y de valores aislados se minimiza. Podemos verlo de manera gráfica en la siguiente figura, donde el efecto de los valores atípicos (outliers) es visible cuando se utiliza la regresión *Ridge* sin regularizar, mientras que la versión regularizada corrige la desviación. La regularización minimiza el sobreajuste y produce un modelo más generalizado. Los dos vectores que aparecen antes de la figura muestran los pesos resultantes para la ejecución no regularizada y la regularizada. Como era de esperar, el peso de la pendiente es significativamente menor en el caso de la versión regularizada.

La regresión Ridge puede ser resuelta en base al enfoque de gradiente descendente o usando su forma cerrada. En este caso usamos la forma cerrada:

$$\theta = (X^T X + \alpha I)^{-1} X^T y$$

El siguiente código genera un conjunto de 100 muestras, incluyendo cuatro valores atípicos (outliers). Posteriormente se añade al vector X una columna rellenada con unos; se usa para mantener el primer coeficiente no regularizado. El bucle *for* ejecuta dos regresiones *Ridge*: la primera no regularizada *(alpha=0)* y la segunda regularizada *(L2=1000)*. Se implementa toda la regresión en forma cerrada en la línea*: w = np.linalg.pinv((X.T@X+alpha*np.eye(2)))@X.T@y*. Parece complejo, pero implementa directamente la regresión *Ridge*. El término *np.eye(2)* genera una matriz identidad de dos dimensiones. Por último, las predicciones se hacen simplemente realizando el producto de los pesos y los datos de las muestras a predecir.

```
import numpy as np
import matplotlib.pyplot as plt

N = 100  # number of samples
X = np.linspace(0,10,N)
y = 0.8*X + np.random.randn(N)
for i in range(1,4):
    y[-i]+=20-i   # inserting outliners

#appending bias. The first coefficient must not been regularized
X = np.vstack([np.ones(N), X]).T

for alpha,color,label in zip([0,1000],['k','red'],['not
                          regularized','alpha = 1000']):
    # Ridge regression
    #w = np.linalg.pinv((np.dot(X.T, X)+alpha*np.eye(2)))@np.dot(X.T, y)
    w = np.linalg.pinv((X.T@X+alpha*np.eye(2)))@X.T@y
    y_result = X@w
    plt.plot(X[:,1],y_result, color=color, label=label)
    print(w)

plt.scatter(X[:,1], y, color='y')
plt.title('Ridge Regression')
plt.legend();plt.grid()
plt.show()
```

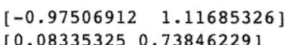

```
[-0.97506912  1.11685326]
[0.08335325 0.73846229]
```

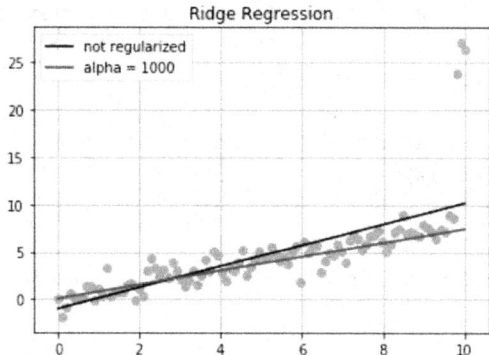

3.1.10 Ridge Regression usando librerías de SciKit

En el siguiente código aplicamos regresión *Ridge* al dataset *Boston*. Primero se carga el conjunto de datos y se selecciona su quinto atributo (número de habitaciones, "number of rooms"). Debido a que el método de ajuste necesita una matriz como argumento, añadimos una nueva dimensión a los datos *(X, [:, np.newaxis])*. Después se crea una nueva instancia *ridge* de *linear_model.Ridge* y se usa para configurar el modelo: *fit(X, y)*. Una vez que el modelo está creado, podemos acceder a los parámetros obtenidos: *coef_* e *intercept_*. Para llevar a cabo las predicciones podríamos procesar $y = X$ *coef_* $+$ *intercept_*, pero en vez de esto vamos a usar el método de predicción proporcioando por *SciKit*. En este ejemplo, los cambios en los valores de *alpha* no alteran los resultados de manera significativa, debido al tamaño del conjunto de datos y a la distribución de las muestras.

```python
import matplotlib.pyplot as plt
from sklearn.datasets import load_boston
from sklearn import linear_model
import numpy as np

def plot(data2D, target1D, predict1D):
    plt.figure(figsize=(6, 3))
    plt.plot(data2D, target1D, 'y.', markersize=6, label='Samples')
    plt.plot(data2D, predict1D, 'k-', label='Prediction')
    plt.legend()
    plt.title('SciKit Ridge')
    plt.grid()
    plt.show()
    return

boston = load_boston()
X = boston.data[:,5]       # The fifth Attribute is the number of romos
X = X[:, np.newaxis]       # Regression fit needs a data matrix as argument
y = boston.target          # Regression fit methods need a target vector
ridge = linear_model.Ridge(alpha=0.3)
ridge.fit(X, y)
print("Slope: "+str(ridge.coef_)+", intercept:"+str(ridge.intercept_))
y_pred = ridge.predict(X)
plot(X, y, y_pred)
```

Slope: [9.09116911], intercept:-34.60186769836396

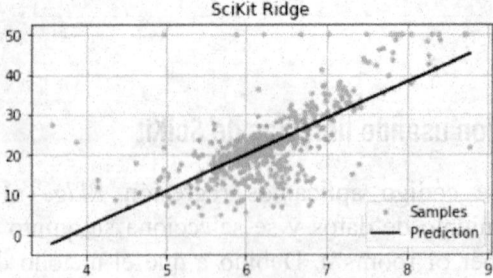

3.1.11 Regresión Lasso usando librerías de SciKit

La regresión *Lasso* ("Least Absolute Shrinkage and Selection Operator") es similar a la regresión *Ridge*; simplemente cambia el término de regularización. En vez de la regularización *L2*, *Lasso* usa la regularización *L1*. La ecuación que aparece a continuación muestra la función de coste de *Lasso*. La regresión *Lasso* tiende a eliminar las características menos importantes, asignándoles valores cercanos a cero. A diferencia de la norma *L2*, la regularización *L1* usada por *Lasso* no es derivable, pero el método del gradiente descendente funciona correctamente con ella.

$$J(\theta) = \frac{1}{n}\sum_{i=1}^{n}\left(y^i - \theta^T x^i\right)^2 + \alpha\sum_{i=1}^{n}\left|\theta_i\right|$$

El código que se muestra a continuación lleva a cabo la regresión *Lasso* en cuatro atributos diferentes en el conjunto de datos *Boston*. Como es habitual, importamos *load_boston* para insertarlo en la variable *Boston*: importamos también *linear_model* de *Lasso*. Después se crea una instancia del modelo usando un valor de *alpha* 0.3; en este caso, el valor del híper-parámetro no afecta mucho a la regresión debido a la distribución del conjunto de datos. Después de ajustar cada una de las cuatro regresiones, obtenemos las pendientes y los puntos de corte que hemos impreso y representado gráficamente. Se puede ver que, como se esperaba, existe una correlación inversa entre el "crimen per cápita" y los precios de las propiedades; lo mismo que para capas sociales de menor status. Por otra parte, el número de habitaciones presenta una alta correlación. Finalmente, el grado de propiedades residenciales parceladas presenta una pequeña correlación.

```python
import matplotlib.pyplot as plt
from sklearn.datasets import load_boston
from sklearn.linear_model import Lasso
import numpy as np

fig, axs = plt.subplots(2,2, figsize=(16,7))

def plot(data2D, target1D, predict1D, i, labels):
    axs[int(i/2),i%2].plot(data2D, target1D, 'y.', markersize=6,
                        label='Samples')
    axs[int(i/2),i%2].plot(data2D, predict1D, 'k-', label='Prediction')
    axs[int(i/2),i%2].legend()
    axs[int(i/2),i%2].set_title('Boston Dataset, '+ labels[i])
    axs[int(i/2),i%2].grid()
    return
```

```
boston = load_boston()
y = boston.target        # Regression fit methods need a target vector
CRIM = 0; ZN = 1; ROOMS = 5; LSTAT = 12
labels = ('Per capita crime','Residential land zoned','Number of
            rooms','Lower status of population')

for i, attribute in zip(range(4),[CRIM, ZN, ROOMS, LSTAT]):
    X = boston.data[:,attribute]   # Representative attributes
    # Regression fit methods need a data matrix as argument
    X = X[:, np.newaxis]
    lasso = Lasso(alpha=0.3)
    lasso.fit(X, y)
    print("Slope: "+str(lasso.coef_)+", intercept:
        "+str(lasso.intercept_))
    y_pred = lasso.predict(X)
    plot(X, y, y_pred, i, labels)
```

```
Slope: [-0.41112746], intercept: 24.018425082751754
Slope: [0.14158737], intercept: 20.923858967771817
Slope: [8.49321328], intercept: -30.843933902927343
Slope: [-0.94415475], intercept: 34.47925604595717
```

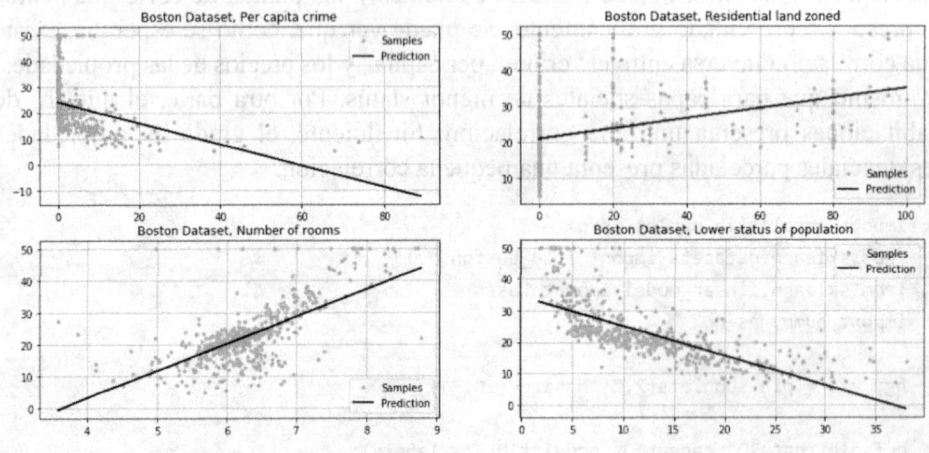

3.1.12 Regresión Elastic Net usando librerías de SciKit

La regresión denominada *Elastic Net* combina la regresión *Ridge* y la regresión *Lasso,* ponderadas mediante el híper-parámetro *r*. El término de regularización de *Elastic Net* mezcla *L2* (de la regresión *Ridge*) y *L1* (de la regresión *Lasso*). La función de coste de *Elastic Net* es:

$$J(\theta) = \frac{1}{n}\sum_{i=1}^{n}\left(y^i - \theta^T x^i\right)^2 + r\alpha\sum_{i=1}^{n}\left|\theta_i\right| + \frac{1-r}{2}\alpha\sum_{i=1}^{n}\theta_i^2$$

En el siguiente ejemplo se pone a prueba la regresión *Elastic Net* en un conjunto de datos generados que continen una gran cantidad de outliers.

```python
import numpy as np
import matplotlib.pyplot as plt
from sklearn.linear_model import ElasticNet

fig, axs = plt.subplots(3,3, figsize=(18,9))

def plot(data2D, target1D, predict1D, row, column, title):
    axs[row,column].plot(data2D, target1D, 'y.', markersize=6,
                          label='Samples')
    axs[row,column].plot(data2D, predict1D, 'k-', label='Prediction')
    axs[row,column].legend()
    axs[row,column].set_title('Elastic Net, '+title)
    axs[row,column].grid()
    return

N = 100  # number of samples
X = np.linspace(0,10,N)
y = 0.8*X + np.random.randn(N)
for i in range(1,30):
    y[-i]+=40-i   # inserting outliners
X = np.vstack([np.zeros(N), X]).T

for l1_ratio, row in zip([0.001,0.5,1.0], [0,1,2]):
    for alpha, column in zip([0.001,8,80], [0,1,2]):
        elastic = ElasticNet(alpha=alpha, l1_ratio=l1_ratio)
        elastic.fit(X, y)
        y_pred = elastic.predict(X)
        plot(X[:,1], y, y_pred, row, column, 'L1 ratio: '+str(l1_ratio)+
             ', alpha: '+str(alpha))
```

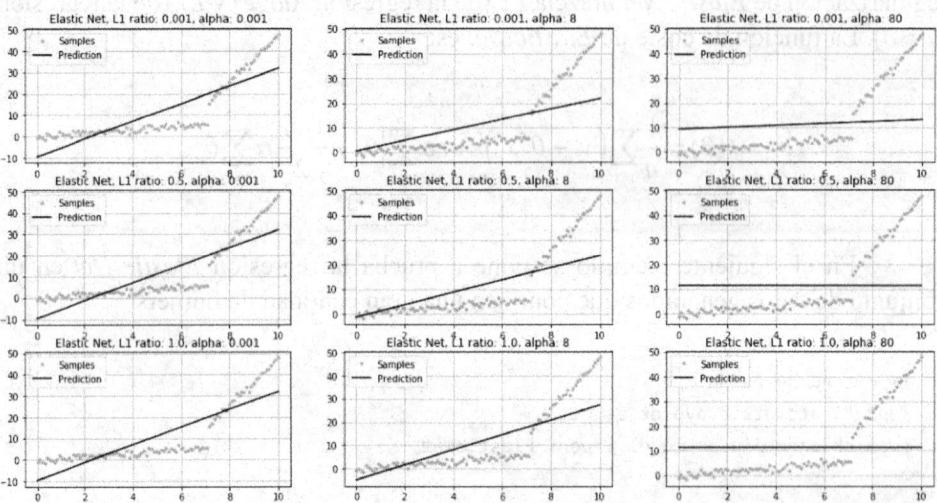

3.2 ANÁLISIS DE CALIDAD EN LA REGRESIÓN LINEAL

Como recordatorio, indicamos que la medida de calidad *score R²* devuelve un valor entre 0 y 1, donde 1 significa una predicción perfecta y 0 se corresponde con el modelo de regresión más simple: predecir la media del conjunto de muestras de prueba. Asumiremos que el regresor probado no es peor que el regresor más simple. El *score R²* se denomina también *Coeficiente de Determinación*. La ecuación del *R² score* es:

$$R^2 = 1 - \frac{\sum_{i=0}^{n-1}(y_i - f(x_i))^2}{\sum_{i=0}^{n-1}(y_i - \bar{y})^2}$$

Donde *f(xᵢ)* es la predicción del regresor para la muestra x_i.

El siguiente código representa gráficamente varios resultados de la regresión *Lasso* e imprime el coeficiente de determinación de cada uno de ellos. Se ha usado el conjunto de datos de *Diabetes* (*Diabetes* Dataset). El primer concepto importante es que tenemos que dividir las muestras existentes en los conjuntos disjuntos de entrenamiento (train) y de prueba (test). El método *train_test*, del paquete *model_ selection* lleva a cabo esta tarea. Asignamos un valor a *random_state* para mantener los mismos conjuntos de entrenamiento y pruebas a través de diferentes ejecuciones. Después de obtener los conjuntos de entrenamiento y prueba, añadimos una nueva dimensión a los conjuntos de datos *X* (pero no a los objetivos), para asegurarnos de que los métodos de ajuste (*fit*) y predicción (*predict*) recibirán una matriz como argumento. Procederemos a probar de manera separada las características *blood_pressure* y *S3* del conjunto de datos de *Diabetes*.

La función *model(X_train, y_train, X_test, y_test)* muestra los resultados para los conjuntos de entrenamiento y prueba usando tres valores diferentes de *alpha*. En el código interno de los bucles se crea una instancia *lasso* del regresor *Lasso,* para ajustar cada par de conjuntos de entrenamiento y prueba. El método *predict* devuelve los valores que predice el modelo, mientras que el método *score* muestra los valores de la puntuación (score) de calidad.

En las figuras mostradas podemos ver los gráficos correspondientes a *blood_pressure* (primer grupo de cuatro gráficos) y los gráficos correspondientes a la característica *s3* (segundo grupo de cuatro gráficos). En todos los resultados podemos observar que no hay sobreajuste, ya que existen muchas muestras y el modelo es muy simple (lineal: solamente dos coeficientes). Se puede observar, en los tres gráficos de entrenamiento de la presión arterial (los de más arriba) que los valores altos de *alpha* producen una degradación de calidad (valores más bajos en la puntuación): no es adecuado regularizar en exceso este modelo lineal, aplicado al conjunto de datos de *Diabetes*. En la siguiente fila que contiene tres gráficos de presión arterial (siguiente fila de gráficos), observamos que el modelo entrenado es adecuado para el conjunto de prueba: la distribución de las muestras de entrenamiento y prueba son similares. También se mejora la exactitud (*accuracy*) y los resultados de la puntuación (*score*) suben. El segundo grupo de gráficos, correspondientes a la característica *s3*, muestran una tendencia similar en la calidad relacionada con los valores crecientes de *alpha*. Por otra parte, las puntuaciones de prueba son menores que las de entrenamiento, y esto significan que el modelo entrenado no es adecuado para los datos existentes. Lo que muestran numéricamente los bajos valores de los resultados de *score* es lo que podemos observar en todos los gráficos: la solución lineal no es la adecuada para modelizar estas características del dataset *Diabetes*.

```python
import matplotlib.pyplot as plt
import numpy as np
from sklearn.datasets import load_diabetes
from sklearn.model_selection import train_test_split
from sklearn import linear_model

def model(X_train, y_train, X_test, y_test):
    fig, axs = plt.subplots(2,3, figsize=(16,7))
    TRAINING = 0; TESTING = 1;
```

```python
    for set_type, label in zip((TRAINING, TESTING),
                               ('Training set', 'Testing set')):
        for alpha, column in zip([0.01,0.3,1], [0,1,2]):
            lasso = linear_model.Lasso(alpha=alpha)
            lasso.fit(X_train, y_train)
            if set_type == TRAINING:
                # Training accuracy
                training_score = lasso.score(X_train, y_train)
                y_pred = lasso.predict(X_train)
                plot(axs, X_train, y_train, y_pred, alpha, set_type,
                    column, label+', score: {:3.2f}'.format(training_score))
            else:
                # Testing accuracy
                testing_score = lasso.score(X_test, y_test)
                y_pred = lasso.predict(X_test)
                plot(axs, X_test, y_test, y_pred, alpha, set_type, column,
                        label+', score: {:3.2f}'.format(testing_score))
    plt.show()
    return

def plot(axs, data2D, target1D, predict1D, alpha,
        set_type, column, label):
    axs[set_type,column].plot(data2D, target1D, 'y.', markersize=6)
    axs[set_type,column].plot(data2D, predict1D, 'k-')
    axs[set_type,column].set_title('Lasso, alpha:' + str(alpha)+', '
                                    + label)
    axs[set_type,column].grid()
    return

diabetes = load_diabetes()
X = diabetes.data
y = diabetes.target

BLOOD_PRESSURE = 3; S3 = 6;
for feature in (BLOOD_PRESSURE, S3):
    X_train, X_test, y_train, y_test = train_test_split(X[:,feature], y,
                                                    random_state = 60)
    # Regression fit methods need a data matrix as argument
    X_train = X_train[:, np.newaxis]
    # The Score method needs a data matrix as argument
    X_test = X_test[:, np.newaxis]
    model(X_train, y_train, X_test, y_test)
    print()
```

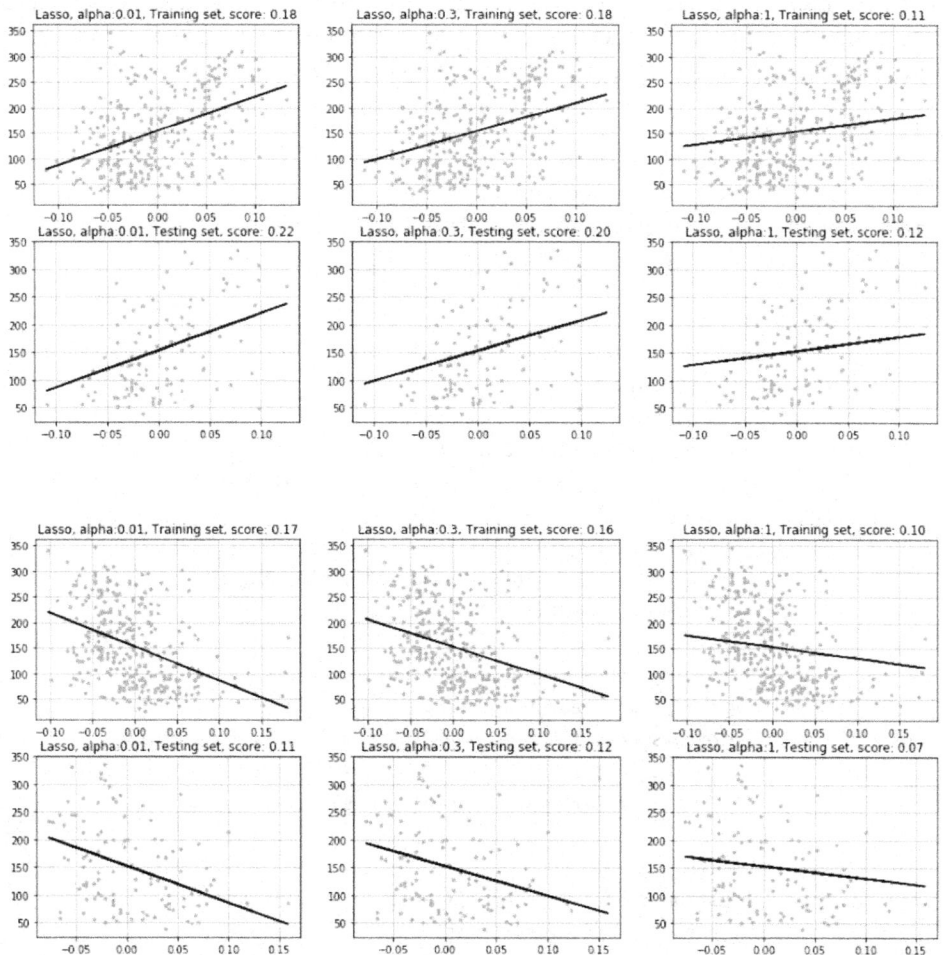

Ahora se presenta un ejemplo similar al previo. En este caso usamos una distribución lineal simple de datos generados con ruido. En vez de usar el regresor *Lasso*, hacemos uso del regresor gaussiano, que nos permite variar el valor del parámetro de regularización *alpha* para ajustar el modelo, evitando el sobreajuste y generalizando los resultados en el conjunto de prueba. Como se puede ver, se ha usado la estructura del programa del ejemplo previo y así podemos pasar directamente a comentar los resultados. La primera fila de gráficos muestra los resultados del entrenamiento, mientras que la segunda fila muestra los resultados de prueba. Cada columna devuelve los resultados obtenidos aplicando diferentes valores de *alpha*. Los resultados para *alpha=0.06* muestran sobreajuste en el conjunto de entrenamiento y una generalización baja en el conjunto de prueba. La segunda columna de resultados muestra la mejor generalización y los mejores resultados de calidad, especialmente en el conjunto de prueba, mientras que la tercera columna nos enseña una baja calidad debido a un valor de regularización excesivo (*alpha* = 5).

```python
import numpy as np
from matplotlib import pyplot as plt
from sklearn.model_selection import train_test_split
from sklearn.gaussian_process import GaussianProcessRegressor
from sklearn.gaussian_process.kernels import RBF


def model(X_train, y_train, X_test, y_test):
    fig, axs = plt.subplots(2,3, figsize=(16,7))
    kernel = RBF(10, (0.01, 1e2))
    TRAINING = 0; TESTING = 1;
    for alpha, column in zip([0.06, 0.8 , 5], range(3)):
        gp = GaussianProcessRegressor(alpha=alpha, kernel = kernel)
        gp.fit(X_train, y_train)
        for set_type, label in zip((TRAINING, TESTING),
                                   ('Training set', 'Testing set')):
            if set_type == TRAINING:
                # Training accuracy
                training_score = gp.score(X_train, y_train)
                y_pred = gp.predict(X_train)
                plot(axs, fig, X_train, y_train, y_pred, set_type, column,
                    label+', alpha = '+str(alpha)+', score:
                    {:3.2f}'.format(training_score))
            else:
                # Testing accuracy
                testing_score = gp.score(X_test, y_test)
                y_pred = gp.predict(X_test)
                plot(axs, fig, X_test, y_test, y_pred, set_type, column,
                    label+', alpha = '+str(alpha)+', score:
                    {:3.2f}'.format(testing_score))
    plt.show()
    return

def plot(axs, fig, data2D, target1D, predict1D, set_type, column, label):
    axs[set_type, column].plot(data2D, target1D, 'y.', markersize=12)
    axs[set_type, column].plot(data2D, predict1D, 'k.',markersize=6)
    axs[set_type, column].set_title(label)
    axs[set_type, column].grid()
    return

N = 100  # number of samples
X = np.linspace(0,10,N)
```

```
np.random.seed(10)
y = 0.8*X + np.random.randn(N)
X = X[:, np.newaxis]
X_train, X_test, y_train, y_test = train_test_split(X, y, random_state=60)
model(X_train, y_train, X_test, y_test)
```

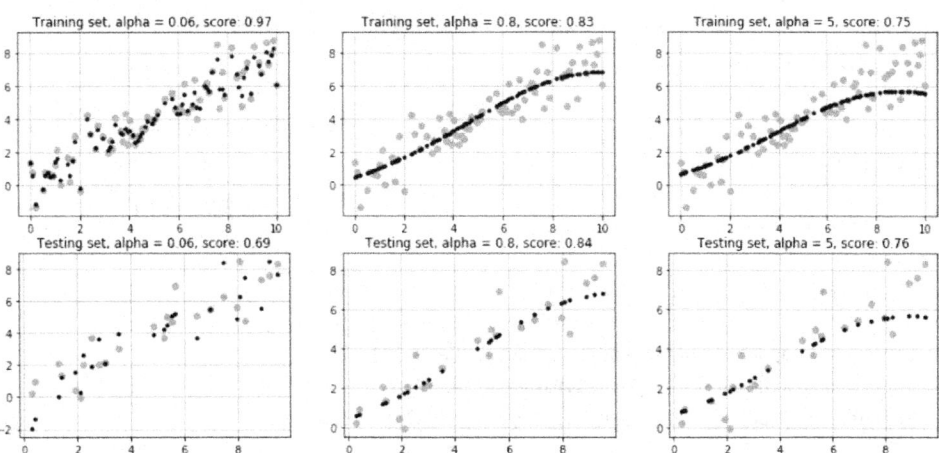

En este ejemplo final probamos varios regresores sobre el conjunto de datos de *Diabetes*. Haremos uso de la característica de presión arterial (*blood pressure*). La primera parte del código lleva a cabo todo lo necesario para importar el conjunto de datos, acondicionar sus valores y preparar los regresores. Después se carga el dataset, se obtienen los conjuntos de datos de entrenamiento y de prueba y se redimensionan para poder ser usados como argumentos en los métodos *fit* y *predict*. Se utiliza un vector de regresores para mantener las cinco instancias de regresores diferentes: *Lasso, Ridge, Gaussiano, KNN,* y lineal. Por último, se ejecuta un bucle que itera sobre los cinco regresores para ajustar cada modelo, predecir los resultados de entrenamiento y de prueba y procesar las medidas de calidad.

Hemos elegido las medidas de calidad: *R2 score, Error Absoluto Medio* (*Mean Absolute Error*) y *Diferencias Cuadráticas Medias* (*Mean Squared Differences*). Las medidas de calidad se obtienen comparando las predicciones objetivo (*train_predict* y *test_predict*) con sus correspondientes valores reales (*y_train* e *y_test*). Usamos algunos métodos de *sklearn.metrics*: *r2_score, mean_absolute_error,* y *mean_squared_error*. Nótese la diferencia con el método *score* usado en los ejemplos anteriores. Éste es un método contenido en las clases del regresor y sus parámetros son diferentes de los métodos de la clase *metrics*.

```python
from sklearn.datasets import load_diabetes
from sklearn.model_selection import train_test_split
from sklearn import metrics
import numpy as np
from sklearn import linear_model, neighbors
from sklearn.gaussian_process import GaussianProcessRegressor
from sklearn.gaussian_process.kernels import RBF

diabetes = load_diabetes(); BLOOD_PRESSURE = 3;
X = diabetes.data
y = diabetes.target
X_train, X_test, y_train, y_test = train_test_split(X[:,BLOOD_PRESSURE], y, ran-
dom_state = 60)
X_train = X_train[:, np.newaxis]
X_test = X_test[:, np.newaxis]

regressors = []; labels = ['Lasso', 'Ridge', 'Gaussian',
                           'Neighbors','Linear']
regressors.append(linear_model.Lasso(alpha=0.1))
regressors.append(linear_model.Ridge(alpha=0.01))
regressors.append(GaussianProcessRegressor(alpha=1, kernel =
                                                RBF(10, (0.01, 1e2))))
regressors.append(neighbors.KNeighborsRegressor(n_neighbors = 30))
regressors.append(linear_model.LinearRegression())

for regressor, label in zip(regressors,labels):
    regressor.fit(X_train, y_train)
    train_predict = regressor.predict(X_train)
    test_predict = regressor.predict(X_test)
    training_score = metrics.r2_score(y_train, train_predict)
    testing_score = metrics.r2_score(y_test, test_predict)
    training_MAE = metrics.mean_absolute_error(y_train,train_predict)
    testing_MAE = metrics.mean_absolute_error(y_test, test_predict)
    training_MSD = metrics.mean_squared_error(y_train,train_predict)
    testing_MSD = metrics.mean_squared_error(y_test, test_predict)
    print(label + ', R2 Score Training: {:.2f}'.format(training_score)+
                        ', Testing: {:.2f}'.format(testing_score))
    print(label + ', MAE. Training: {:.2f}'.format(training_MAE)+
                            ', Testing: {:.2f}'.format(testing_MAE))
    print(label + ', MSD. Training: {:.2f}'.format(training_MSD)+
                            ', Testing: {:.2f}'.format(testing_MSD))
    print()
```

```
Lasso, R2 Score Training: 0.18, Testing: 0.22
Lasso, MAE. Training: 57.67, Testing: 57.69
Lasso, MSD. Training: 4814.13, Testing: 4723.73

Ridge, R2 Score Training: 0.18, Testing: 0.22
Ridge, MAE. Training: 57.52, Testing: 57.31
Ridge, MSD. Training: 4810.09, Testing: 4696.12

Gaussian, R2 Score Training: 0.19, Testing: 0.22
Gaussian, MAE. Training: 56.94, Testing: 57.33
Gaussian, MSD. Training: 4750.07, Testing: 4683.97

Neighbors, R2 Score Training: 0.19, Testing: 0.21
Neighbors, MAE. Training: 57.20, Testing: 57.66
Neighbors, MSD. Training: 4790.83, Testing: 4757.69

Linear, R2 Score Training: 0.18, Testing: 0.22
Linear, MAE. Training: 57.49, Testing: 57.23
Linear, MSD. Training: 4809.92, Testing: 4689.85
```

4

CLASIFICACIÓN

La clasificación en machine learning intenta predecir con exactitud a qué grupo pertenece cada muestra de datos dada. Como ejemplo podríamos tener un dataset (conjunto de datos) que contenga correos electrónicos etiquetados: spam, no-spam. A partir de estos datos podemos ajustar un modelo que aprenda las diferencias en los patrones entre correos electrónicos que sean spam y los que no sean spam. Una vez que el modelo ha sido creado, cuando llega un nuevo correo (una nueva muestra) se usan sus datos para alimentar al modelo que devolverá a qué clase pertenece (spam, no-spam). Los algoritmos de clasificación trabajan con datos etiquetados: categóricos en muchos casos. Los métodos de clasificación no predicen un valor continuo (como hacen los algoritmos de regresión), predicen un grupo (clase) de un conjunto de grupos existentes. Los algoritmos de clasificación también pueden predecir la probabilidad que tiene una muestra de pertenecer a cada una de las clases existentes. Incluso si un algoritmo devuelve un conjunto numérico de probabilidades, su último objetivo es convertir dichas probabilidades en una etiqueta de categoría. Un segundo ejemplo de clasificación es el caso de las imágenes escritas a mano del dataset MNIST: el objetivo es clasificar nuevos números escritos a mano (muestras de datos) con sus etiquetas: $\{0, 1, 2, 3, ..., 9\}$. En este caso, cada píxel se considera una característica y la clasificación es de tipo multiclase.

Este capítulo está dividido en dos secciones: la primera explica los métodos de clasificación más representativos, algunos de los cuales se desarrollan desde cero para poder entender sus conceptos y funcionamiento, y otros se codifican usando la librería *SciKit*. A menudo se muestran ambas implementaciones. Para poder mantener las explicaciones de implementación de la primera sección tan simples como sea posible, no se incorpora el análisis de calidad de los resultados. La segunda subsección muestra algunos análisis de calidad en diferentes escenarios de clasificación en los que se usan datasets no generados.

4.1 MODELOS DE CLASIFICACIÓN

De la misma manera que se hizo en el capítulo de regresión, lo que mostramos aquí son los algoritmos de clasificación de machine learning más comunes. Algunos de estos algoritmos se desarrollan desde cero, lo que nos permitirá comprender mejor los entresijos de cada método, su diseño y el significado de los híper-parámetros. De esta manera también se entenderá mejor el funcionamiento de las APIs existentes para machine learning. Además del subconjunto de algoritmos desarrollados desde cero, todos los ejemplos se presentan también desarrollados usando las librerías de *SciKit*. Finalmente se incluye una sección completa para explicar como realizar las pruebas de calidad en varios ejemplos de clasificación.

4.1.1 Regresión Logística (Logistic Regression) desde cero

La regresión lineal está basada en la ecuación de una recta: $y=b+wx$, y la regresión logística sigue el mismo modelo. Dado que la regresión logística se usa con propósitos de clasificación, normalmente las características tienen más de una dimensión. Los grupos objetivo pueden ser binarios o multiclase. Ilustraremos las explicaciones de regresión logística usando los datos generados que se muestran en la siguiente figura. En este caso, la ecuación puede ser escrita como $y(x) = b + w_1x + w_2x$. Los valores de x_1 se toman de la característica 1 y los valores x_2 se toman de la característica 2. La pendiente está determinada por W, mientras que b establece el offset (distancia vertical al eje x). La formalización de la regresión logística normalmente se escribe como: $h(x) = theta_0 + theta_1x_1 + theta_2x_2+...$, y los parámetros b y w_i pueden ser asociados al vector *theta*.

```python
import matplotlib.pyplot as plt
from sklearn.datasets import make_blobs
X,y = make_blobs(n_samples=100,n_features=2,centers=2,random_state=10)

plt.figure(figsize=(4,4))
for target, color, marker in zip(range(2),['b','g'],['o','^']):
plt.scatter(X[y==target,0], X[y==target,1],c=color, marker=marker,
            label='class '+format(target))
plt.xlabel('Feature 1 (x1)', fontsize=15); plt.ylabel('Feature 2 (x2)',
          fontsize=15)
plt.grid()
plt.show()
```

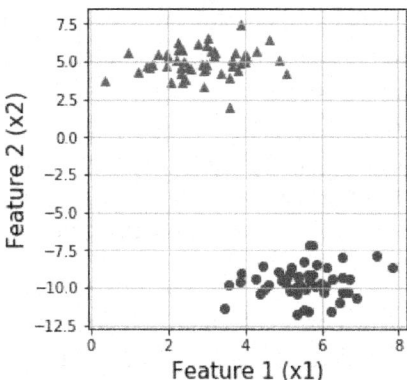

Mientras que la regresión lineal predice los valores *y* usando el modelo de regresión, la clasificación proporciona una etiqueta de clase. En nuestro ejemplo binario, la clasificación debe devolver *h(x) = 0*: primera clase (muestras de puntos) o *h(x) = 1*: segunda clase (muestras de triángulos). Para convertir los valores *y* lineales a binarios *h(x)*, la regresión logística usa alguna función tipo sigmoidal. El código Python que se muestra a continuación dibuja la función sigmoidal: básicamente, esta función no lineal devuelve 0 cuando su entrada es menor que cero, y devuelve +1 cuando su entrada es mayor que cero. La pendiente de la función sigmoidal puede ser modificada. Resulta importante darse cuenta de que la función sigmoidal es derivable.

```python
import matplotlib.pyplot as plt
import numpy as np

def sigmoid(t):
    return 1/(1+np.exp(-t))

t = np.arange(-10,10,0.5)
y = sigmoid(t)
plt.figure(figsize=(6,3))
plt.plot(t,y); plt.grid(); plt.show()
```

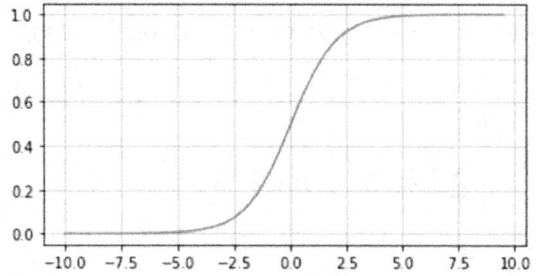

La formalización de la regresión logística se muestra más abajo. La ecuación 1 nos muestra que estamos partiendo del principio de la regresión simple. En este caso usamos una notación vectorial, asociando tres parámetros: b, w_1 y w_2 en un solo vector *theta*. Dado que el objetivo de la regresión logística es devolver una etiqueta de clase (cero o uno, en este caso), es necesario aplicar una función no lineal a la ecuación 1, dando lugar a la ecuación 2. La función no lineal elegida para la regresión logística es la función sigmoidal (ecuación 3) y las ecuaciones 1 a 3 se fusionan en la ecuación 4.

Para encontrar los valores adecuados a los parámetros del vector *theta* elegimos el algoritmo del gradiente descendente. Nuestra primera tarea es definir una función derivable de coste que pueda ser usada para minimizar los errores existentes entre las entradas x y las salidas y. En el gráfico (más abajo) se representan ambos términos de la función de coste (ecuación 5). La ecuación 5 muestra la idea que hay detrás de la función de coste: si $y=1$, entonces se procesa $-log(h(x))$. Podemos observar que a medida que $-log(h(x))$ se acerca a 1, la función de coste es cero (ya que la etiqueta esperada para $y=1$ es 1). Por otra parte, cuando $-log(h(x))$ se aproxima a cero, el coste es alto (penalizamos el modelo). La función $-log(1-h(x))$ es simétrica a la función $-log(h(x))$ (ver gráfico más abajo), y presenta el comportamiento esperado cuando $y=0$: si $-log(1-h(x))$ se aproxima a 0 el coste es 0 (que es el resultado esperado para $y=0$); si $-log(1-h(x))$ se aproxima a 1 el coste es alto, penalizando el resultado erróneo.

$$h(x) = \theta^T x = \theta_0 + \theta_1 x_1 + \theta_2 x_2 \sim b + w_1 x_1 + w_2 x_2 \quad (1)$$

$$h(x) = \sigma(\theta^T x) \quad (2)$$

$$\sigma(t) = \frac{1}{1+e^{-t}} \quad (3)$$

$$h(x) = \frac{1}{1+e^{-\theta^T x}} \quad (4)$$

$$\text{cos} t = \begin{bmatrix} -\log(h(x)) \Leftarrow y = 1 \\ -\log(1-h(x)) \Leftarrow y = 0 \end{bmatrix} \quad (5)$$

$$\text{cos} t(h(x), y) = -y \cdot \log(h(x)) - (1-y)\log(1-h(x)) \quad (6)$$

$$J(\theta) = -\frac{1}{n}\sum_{i=1}^{n}[y_i \cdot \log(h(x_i)) - (1-y_i)\log(1-h(x_i))] \quad (7)$$

$$\frac{\partial J(\theta)}{\partial \theta_j} = \frac{1}{n}\sum_{i=1}^{n}[(h(x_i) - y_i) \cdot x_j] \quad (8)$$

La ecuación 5 no es derivable, así que la transformamos en la ecuación 6. En la ecuación 6, cuando $y=1$ la función de coste es simplemente $-log(h(x))$; este coste será bajo cuando $h(x)=1$ (o cercano a uno): premiamos la predicción correcta del objetivo $y=1$. Cuando $y=0$ la función de coste es $-log(1-h(x))$; este coste será bajo cuando $h(x)=0$ (o cercano a cero): premiamos la predicción correcta del objetivo $y=0$. En la ecuación 7 se muestra la versión discreta de la ecuación 6. Para poder ejecutar el gradiente descendente obtenemos la derivada de la ecuación 7: en la ecuación 8 se muestra la derivada parcial con respecto a los parámetros de theta.

```python
import matplotlib.pyplot as plt
import numpy as np

def minus_log(t):
    return -np.log(t)


t = np.arange(0.001,1,0.001)
y1 = minus_log(t)
y2 = minus_log(1-t)
plt.figure(figsize=(6,3))
plt.plot(t,y1,label='-log(h(x))'); plt.plot(t,y2,marker='.',
        label='-log(1-h(x))');
plt.xlabel('h(x)'); plt.ylabel('cost')
plt.legend()
plt.grid(); plt.show()
```

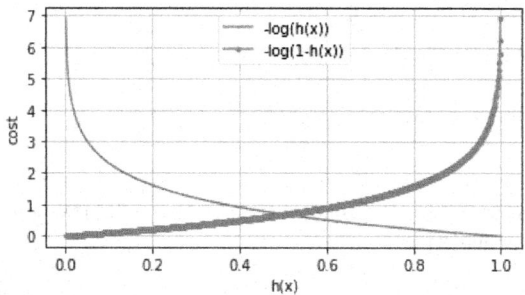

Las ecuaciones presentadas anteriormente se desarrollan en el siguiente código. Primero definimos la función sigmoidal (*sigmoid*) y después una función *prediction*, y su complementaria *label* que devuelve la etiqueta entera (integer) asignada al vector $x[0],x[1]$ que deseamos clasificar. El núcleo del programa se desarrolla en la función *gradient*: codifica la ecuación 8 y devuelve los parámetros *theta* después de procesar una iteración (epoch). Para ajustar el modelo es necesario llamar sucesivamente a la función *gradient* hasta que los parámetros *theta* no presenten cambios significativos o hasta que se alcance un número de iteraciones (epochs) determinado; este trabajo lo lleva a cabo la función *fit*. La última sección del código crea tres modelos diferentes, eligiendo 0, 2 y 3 iteraciones respectivamente. Para cada modelo obtenemos las etiquetas predichas de cada muestra existente en el conjunto de datos. Por último, para cada uno de los modelos entrenados se dibuja un gráfico de dispersión. De los resultados podemos observar que a) Si no se ajusta el modelo (0 epochs) la mitad de las muestras se etiquetan erróneamente (cruces en color claro) y la otra mitad se etiquetan correctamente (círculos de color negro), b) Ajustando el modelo con dos iteraciones, la cantidad de etiquetas erróneas se reduce aproximadamente a la mitad de los casos de error previos, y c) Usando simplemente 3 iteraciones, todas las muestras se etiquetan correctamente.

```python
from sklearn.datasets import make_blobs
import matplotlib.pyplot as plt
import numpy as np

def sigmoid(t):
    return 1/(1+np.exp(-t))

def prediction(theta,x):
    return theta[0]*theta[1]*x[0]+theta[2]*x[1]

def label(theta,x):
    return int(round(sigmoid(prediction(theta,x))))

def gradient(theta, X, y, j):
    sum = 0
    for i in range(X.shape[0]): # one epoch
        if j==0:
            X_aux = 1 # intercept
        else:
            X_aux = X[i,j-1]  # slope
        sum += (sigmoid(prediction(theta,X[i])) - y[i])*X_aux
    return sum/X.shape[0]

def fit(theta, X, y, epochs):
    for e in range(epochs):
        for j in range(len(theta)):
            theta[j] -= gradient(theta,X,y,j)
    return theta

X,y = make_blobs(n_samples=100,n_features=2,centers=2,random_state=10)

fig,axs = plt.subplots(1,3,figsize=(12,3))
```

```
theta_0 = [8.7, 9.1, 6.4]
# A figure for eac number  of epochs model
for i,ax in zip([0,2,3], axs):
    theta = fit(theta_0, X, y, i)  # fit the model using i epochs
    label_y = []
    for row in range(len(y)):
        label_y.append(label(theta,X[row]))    # labeled results vector
    # incorrect labeled samples
    ax.scatter(X[y!=label_y,0], X[y!=label_y,1],c='c', marker='+')
    # correct labeled samples
    ax.scatter(X[y==label_y,0], X[y==label_y,1],c='b', marker='o')
    ax.set_title(format(i)+' epochs')
    ax.set_xlabel('Feature 1', fontsize=12); ax.set_ylabel('Feature 2',
                fontsize=12)
plt.show()
```

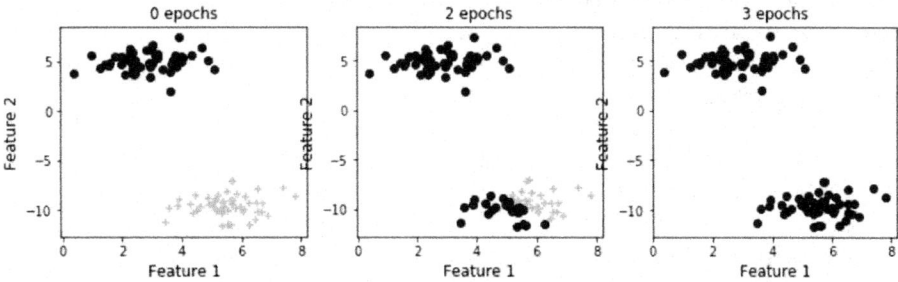

4.1.2 Regresión Logística (clasificación) usando librerías SciKit

SciKit dispone del método de clasificación por regresión logística. Su principal parámetro es C, que equilibra el nivel de regularización. La regresión logística aplica, por defecto, una regularización *L2*. Los valores pequeños de C producen un alto nivel de regularización. El programa mostrado a continuación usa un dataset generado con *make_blobs*. En este caso elegimos dos características: *n_features = 2*, dos clases: *centers = 2* y algo de desviación en las muestras generadas: *cluster_std*. Los gráficos que aparecen más abajo muestran la pendiente de la recta obtenida por el modelo. El núcleo del código es la instanciación de la regresión logística: *LogisticRegression(C=C, solver = 'liblinear')*. Usamos diferentes valores de regularización: *C = [0.01, 1, 20]* y la solución aportada por *liblinear*. En *SciKit* se dispone de las siguientes "soluciones" (o "solvers"): 'liblinear', 'newton-cg', 'lbfgs', 'sag', 'saga'. Como es habitual, hacemos uso de la instancia *logistic_regression* para ajustar el modelo.

El resto del código está dedicado a ejecutar varias regresiones y a dibujar sus resultados. Para cada uno de los valores de regularización de C se usa un conjunto de tres dataset; cada dataset presenta una desviación diferente en las muestras: *cluster_deviation = [2, 4, 8]*. Nótese el uso que se hace de *scatter(X[y==target,0], X[y==target,1])* para diferenciar la representación de cada muestra de clases objetivo. Por último, el método *plot_line* dibuja el hiperplano de separación (en este caso, una recta bidimensional); véase la ecuación lineal para obtener los valores *y: y = -(x*slope[0] + intercept)/slope[1]*. La primera fila de resultados muestra el conjunto de datos generado *cluster_std*: es fácil de clasificar y todos los valores de regularización lo hacen. La segunda fila muestra un escenario más complejo, donde cada término de regularización lo hace lo mejor posible: parece que la opción menos regularizada (*C=20*) proporciona la mejor solución. La tercera fila de resultados resulta más difícil de evaluar y requeriría del uso de medidas de calidad de clasificación, que veremos más tarde, en la sección de evaluación.

```python
import matplotlib.pyplot as plt
from sklearn.linear_model import LogisticRegression
from sklearn.datasets import make_blobs

fig,ax = plt.subplots(3,3,figsize=(15,10))

def plot_line(row, column, slope, intercept, X):
    min_x = int(min(X[:,0]))
    max_x = int(max(X[:,0]))
    x = range(min_x,max_x)
    y = -(x*slope[0] + intercept)/slope[1]
    ax[row,column].plot(x,y, color='black')
    return

for cluster_deviation,row in zip([2,4,8], range(3)):
    X,y = make_blobs(n_samples=200,n_features=2,centers=2,random_state=10, clus-
ter_std = cluster_deviation)
    for C, column in zip([0.01, 1, 20], range(3)):
        logistic_regression = LogisticRegression(C=C, solver =
        'liblinear')
        lr = logistic_regression.fit(X,y)
        for target, color, marker in zip(range(2),['k','c'],['o','^']):
            ax[row,column].scatter(X[y==target,0], X[y==target,1],c=color,
                            marker=marker, label='class '+format(target))
            if row == 2:
                ax[row,column].set_xlabel('Feature 1', fontsize=15)
            ax[row,column].set_ylabel('Feature 2', fontsize=15)
            ax[row,column].set_title('Logistic Regression, C = '+str(C))
            ax[row,column].legend()
```

```
                    # coef_.shape is (1,2)
                    plot_line(row,column,lr.coef_[0],lr.intercept_,X)
        plt.show();
```

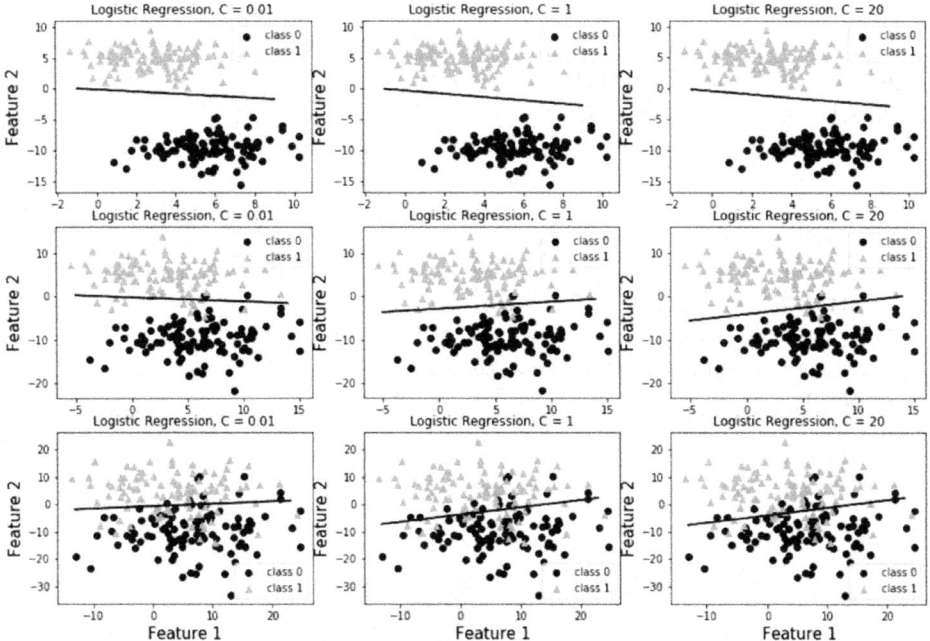

Mientras que el ejemplo anterior funciona correctamente en un escenario con dos características *n_features=2*, resulta ilustrativo mostrar un caso similar en un escenario con tres dimensiones: *n_features=3*. En este caso, un hiperplano bidimensional clasifica las muestras de las dos clases. Podemos representar el plano 3D creando una mezcla de los valores de *x* e *y: np.meshgrid(X_h, Y_h)* y obteniendo cada coordenada *z* correspondiente:

$$Z = -(lr.coef\_[0][0]*X\_h+lr.coef\_[0][1]*Y\_h+lr.intercept\_)/lr.coef\_[0][2].$$

```
import matplotlib.pyplot as plt
from mpl_toolkits.mplot3d import Axes3D
from matplotlib import cm
from sklearn.linear_model import LogisticRegression
from sklearn.datasets import make_blobs
import numpy as np
```

```
X,y = make_blobs(n_samples=200,n_features=3,centers=2,random_state=9,
                 cluster_std = 0.9)

logistic_regression = LogisticRegression(C=2,solver='liblinear')
lr = logistic_regression.fit(X,y)

X_h = np.arange(int(min(X[:,0])), int(max(X[:,0])), 0.001)
Y_h = np.arange(int(min(X[:,1])), int(max(X[:,1])), 0.001)
X_h, Y_h = np.meshgrid(X_h, Y_h)
Z = -(lr.coef_[0][0]*X_h+lr.coef_[0][1]*Y_h+lr.intercept_)/lr.coef_[0][2]

fig = plt.figure(figsize=(7, 5))
ax = Axes3D(fig, elev=50, azim=-20)
# Plot the features
ax.scatter(X[:,0], X[:,1], y, c='b', marker='o')
# Plot the plane surface.
ax.plot_surface(X_h, Y_h, Z, cmap=cm.coolwarm)
plt.show()
```

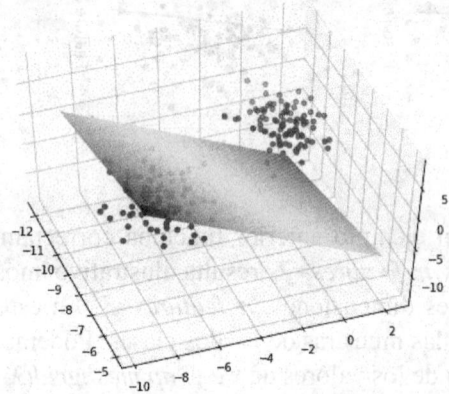

Nuestro último ejemplo de regresión logística lleva a cabo una regresión multiclase con tres clases (*centers*=3). La mayor parte del código proviene de los ejemplos anteriores. En este caso, la instrucción de instanciación es diferente: *LogisticRegression(C=C, solver= 'newton-cg', multi_class = 'multinomial')*: establecemos el parámetro *multi_class* y el "solver" se cambia a *newton-cg* ya que el "solver" *liblinear* estándar no es capaz de manejar regresiones multiclase. Es importante darse cuenta de que el híper-parámetro *coef_* tiene una dimensión de *centers* filas (en este caso, tres), e *intercept_* es un vector que contiene *centers* componentes. Esta es la razón por la que podemos representar las tres rectas de separación en cada uno de los resultados dibujados.

```
import matplotlib.pyplot as plt
from sklearn.linear_model import LogisticRegression
from sklearn.datasets import make_blobs

def plot_line(ax, slope, intercept, X):
    min_x = int(min(X[:,0]))
    max_x = int(max(X[:,0]))
    x = range(min_x,max_x)
    y = -(x*slope[0] + intercept)/slope[1]
    ax.plot(x,y, color = 'black')
    return

CENTERS = 3   # CENTERS>2
X,y = make_blobs(n_samples=200,n_features=2,centers=CENTERS,
random_state=9, cluster_std = 0.9)
fig,axs = plt.subplots(1,3,figsize=(15,4))

for C, ax in zip([0.01, 5, 200], axs):
logistic_regression = LogisticRegression(C=C, solver = 'newton-cg',
multi_class = 'multinomial')
    lr = logistic_regression.fit(X,y)
    for target in range(CENTERS):
        ax.scatter(X[y==target,0], X[y==target,1], label='class
                    '+format(target))
        ax.set_xlabel('Feature 1', fontsize=15);
        ax.set_ylabel('Feature 2', fontsize=15)
        ax.set_title('Logistic Regression, C = '+str(C))
        ax.legend()
        for i in range(CENTERS):
            plot_line(ax,lr.coef_[i],lr.intercept_[i],X)
plt.show()
```

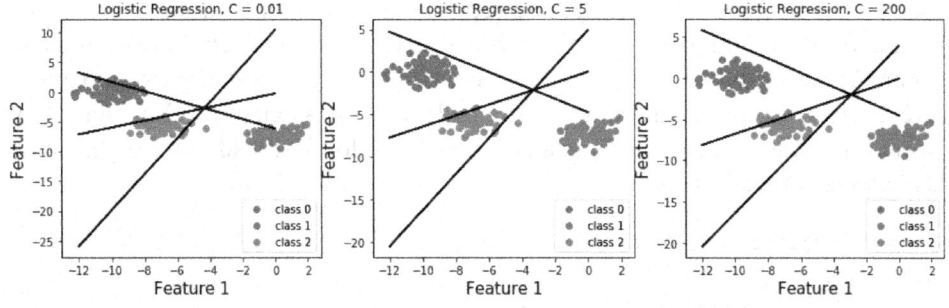

4.1.3 Clasificación K vecinos más cercanos (K Nearest Neighbours)

El algoritmo de regresión de los K vecinos más cercanos lo hemos explicado en el capítulo anterior. El mismo concepto puede ser aplicado con propósitos de clasificación: buscamos las k muestras más cercanas a la muestra que queremos clasificar y entonces, en vez de devolver un valor numérico, devolvemos una etiqueta que clasifica la muestra. La etiqueta puede ser obtenida contando cada etiqueta del conjunto de vecinos y seleccionando la ganadora. También se puede realizar una agregación ponderada de etiquetas según la distancia normalizada de cada vecino.

Para ilustrar el algoritmo de clasificación *KNN* cargaremos el conjunto de datos generados *make_moons* aplicando un nivel de ruido. Este dataset devuelve un vector de características bidimensional de tamaño *n_samples*, donde cada muestra está etiquetada como cero o uno. El gráfico que se presenta más abajo muestra su aspecto.

El algoritmo principal está desarrollado en la función *KNN_prediction*. Los argumentos del algoritmo son: 1) Tamaño de la vecindad (k), 2) El vector de muestras del conjunto de datos (X), 3) El vector de etiquetas del conjunto de datos (y), y 4) El vector x del cual queremos predecir una etiqueta. Primero creamos una lista de tuplas: *{X, y, distancia euclídea}* donde se almacena la distancia desde la muestra que se desea clasificar a cada una de las muestras del dataset. Después se ordena la lista de acuerdo con el campo distancia (ver función *sort* en el código). Por último, la función *KNN_prediction* devuelve los primeros k elementos de la lista: estos elementos son la vecindad del vector para el cual queremos hacer la clasificación.

Una vez que se ha ajustado el modelo es posible calcular la etiqueta de clasificación usando el vector devuelto *y_label*. Esta tarea es llevada a cabo, para los datasets binarios de clasificación, por la función *prediction*. Para mostrar el comportamiento del algoritmo primero hemos representado el gráfico de dispersión del conjunto de datos y después hemos ejecutado tres modelos diferentes para predecir tres vectores de etiquetas. Se representa cada modelo usando la función auxiliar *plot*: las muestras en rojo (gris) son los vecinos (hemos seleccionado un tamaño de vecindad de 5); los tres vectores que deseamos predecir aparecen representados en un tamaño mayor. Se puede ver que asignamos el mismo color y forma que a la clase en la que cada vector ha sido clasificado. Todos han sido clasificados correctamente.

```
import matplotlib.pyplot as plt
import math
from sklearn.datasets import make_moons
```

```python
# returns the classification of x data, by using k neighbours
def KNN_prediction(k, X, y, x):
    distance = []
    for i in range(len(X)):
        # create pairs (X[i], y[i], distance from x to X[i])
        distance.append((X[i],y[i],math.sqrt((x[0]-X[i][0])**2)+(x[1]-
                        X[i][1])**2))
    # sorts distance vector attending to the distances from x to X[i]
    sorted_list = sort(distance)

    x1_neighbourhood, x2_neighbourhood, y_label = [], [], [];

    for i in range(k):  # k-neighbours
        y_label.append(sorted_list[i][1])
        x1_neighbourhood.append(sorted_list[i][0][0])
        x2_neighbourhood.append(sorted_list[i][0][1])
    return x1_neighbourhood, x2_neighbourhood, y_label

def sort(unsorted_list):
    return (sorted(unsorted_list, key = lambda x: x[2]))

# returns label (binary version)
def prediction(y_label):
    sum_0, sum_1 = 0, 0
    for i in range(len(y_label)):
        if y_label[i]==0:
            sum_0 += 1
        else:
            sum_1 += 1
    if sum_0 >= sum_1:
        return 0
    else:
        return 1

def plot(x1_neighbourhood, x2_neighbourhood, vector_to_predict, y_label):
    # plots neighbours
    if (prediction(y_label) == 1):
        color = 'g'; marker = '^'
    else:
        color = 'y'; marker = 'o'

    # plot neighbourhood
    plt.scatter(x1_neighbourhood, x2_neighbourhood, color='r', marker='o')
```

```python
    # plot value to predict
    plt.scatter(vector_to_predict[0], vector_to_predict[1], color=color,
            edgecolor='r', s=140, marker=marker, label='prediction')
    return

X,y = make_moons(n_samples=100,noise=0.2, random_state=10, )
plt.figure(figsize=(8,4))
for target, color, marker in zip(range(2),['k','c'],['o','^']):
plt.scatter(X[y==target,0], X[y==target,1],c=color, marker=marker, label='class
'+format(target))

#vector_to_predict = [0.5,0.25]  # fits the model
for vector_to_predict in [[0.5,0.25], [2,0], [0.5,1]]:
    x1_neighbourhood, x2_neighbourhood, y_label = KNN_prediction(5, X, y,
                                    vector_to_predict)
    plot(x1_neighbourhood, x2_neighbourhood, vector_to_predict, y_label)

plt.legend()
plt.xlabel('feature 1', fontsize=16)
plt.ylabel('feature 2', fontsize=16)
plt.title('Moons, noise: ' + format(0.2))
plt.grid(); plt.show()
```

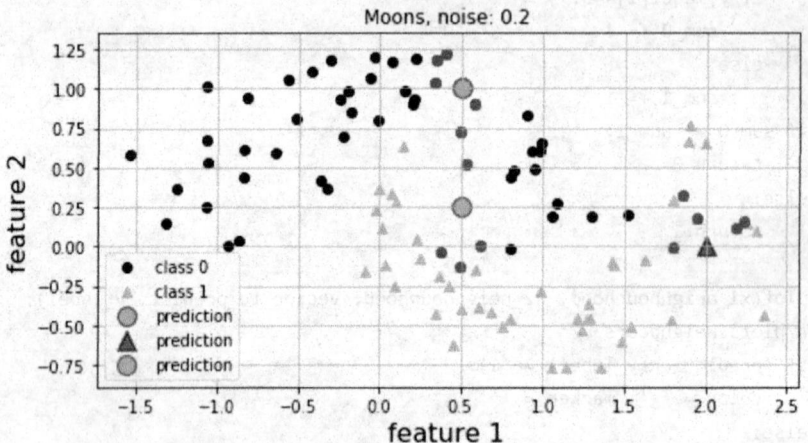

4.1.4 Support Vector Machines (SVM) using *SciKit* libraries

Las *Máquinas de Vectores de Soporte* llevan a cabo la clasificación encontrando el hiperplano que maximiza el margen entre clases. Los vectores (muestras) que definen el hiperplano (*decisión boundary*) son los *vectores de soporte*. En la parte izquierda de la figura podemos ver dos clases separables de manera lineal, y estamos buscando el mejor plano de separación. La parte derecha de la figura muestra el hiperplano más conveniente (*decisión boundary*). Hemos elegido esta solución ya que es la que mejor generaliza la clasificación y mantiene la mayor separación entre clases. SVM busca las muestras "frontera", que se denominan vectores de soporte, y establece el hiperplano de separación entre ellas. Por supuesto, existen muchos hiperplanos posibles entre los vectores de soporte, y SVM elige el hiperplano que maximiza la anchura del margen entre los vectores de soporte existentes. Para hacerlo, solamente tenemos que establecer el margen y las ecuaciones de decisión de frontera y maximizarlos/minimizarlos.

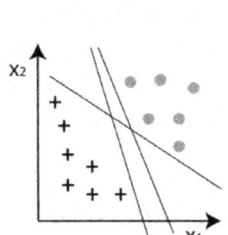 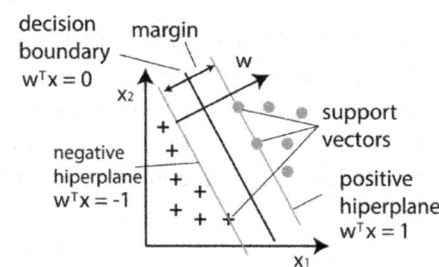

Las *Máquinas de Vectores de Soporte* toman prestado algunos de los conceptos de la *Regresión Logística*. En este caso, todas las muestras ubicadas a un lado de la frontera de decisión serán clasificadas con valores positivos igual o mayores que uno. Análogamente, todas las muestras ubicadas al otro lado de la frontera de decisión serán clasificadas con valores negativos iguales o menores que menos uno. Podemos, también, combinar ambas ecuaciones para diseñar parte de nuestra función de coste:

$$wx + b \geq 1 \rightarrow x \ \epsilon \ class1$$
$$wx + b \leq -1 \rightarrow x \ \epsilon \ class2$$
$$wx + b \geq 1 \ \rightarrow \ y \ = \ 1$$
$$wx + b \leq -1 \ \rightarrow \ y \ = \ -1$$
$$y \cdot (wx + b) \ \geq \ 1$$

Definiremos como *Hiperplano Positivo* al hiperplano cuyas muestras tengan valor uno, mientras que en el *Hiperplano Negativo* las muestras tendrán valor menos uno. Se pueden ver ambos en la figura. Si posicionamos una muestra x_1 en el hiperplano negativo y, enfrente de ella una muestra x_2 en el hiperplano positivo, las ecuaciones son:

$$wx_2 + b = 1, \quad wx_1 + b = -1$$

$$(wx_2 + b) - (wx_1 + b) = 1 - (-1)$$

$$w(x_2 - x_1) = 2$$

$$margin = x_2 - x_1 = \frac{2}{\|w\|}$$

$$max\left(\frac{2}{\|w\|}\right) \approx min\frac{1}{2}\|w\|^2$$

Así que, para obtener buenas generalizaciones en clasificaciones SVM, es conveniente maximizar el margen, y para maximizarlo debemos hacer $|w|$ tan pequeño como sea posible. Para conseguir una función de coste fácilmente derivable, usamos el término: $|w|^2/2$. Si los datos son separables de manera lineal, hay un único valor mínimo global. La función completa de coste es:

$$loss = min\frac{1}{2}\|w\|^2, \quad subject \quad to \quad y \cdot (wx + b) \geq 1$$

El enfoque explicado se denomina *Hard SVM*, ya que no permite muestras que no estén clasificadas. El enfoque denominado *Soft SVM* es más práctico y realista: se permiten valores aislados y muestras mal clasificadas. En el caso "soft", la anchura del margen (y sus vectores de soporte) se mantienen incluso con la presencia de muestras dentro del margen. Para modelar el enfoque soft SVM introducimos las *slack* variables:

$$\xi_i$$

La restricción fuerte (hard):

$$y \cdot (wx + b) \geq 1$$

Se relaja a la "suave" (soft):

$$y_i \cdot (wx_i + b) \geq 1 - \xi_i$$

Donde:

$$\xi_i \geq 0$$

La función de coste suave (soft) es:

$$loss \; = \; min\frac{1}{2}\|w\|^2 \; + C\sum_i \xi_i, \quad subject \quad to \quad y_i \cdot (wx_i + b) \; \geq \; 1 - \xi_i, \quad \xi_i \geq 0$$

El parámetro C permite mantener un equilibrio entre las anchuras de los márgenes y las clasificaciones erróneas. Cuanto más grande sea C, más "fuerte" (*hard*) es el enfoque; cuanto más pequeño sea C, mayor número de valores aislados se permiten en la zona del margen (*soft SVM*). Los valores pequeños de C hacen posible alcanzar un resultado pequeño para la función de coste, incluso si las *slack* variables no son pequeñas. En resumen: cuando C toma valores pequeños el modelo se regulariza y se hace más "*soft*".

Las máquinas de vectores de soporte son un método de clasificación muy poderoso. Funcionan correctamente en espacios con un número alto de dimensiones. Sus principales desventajas son: 1) Su rendimiento en conjuntos de datos muy grandes, y 2) No resulta adecuado cuando las clases objetivo se superponen. El código que aparece a continuación muestra un desarrollo del método *SVM* usando *SciKit*. Para generar las muestras usamos *make_blobs*, en este caso con una desviación pequeña (*cluster_std=2*). Para este ejemplo hemos elegido el constructor *sklearn.svm.SVC*, usando el núcleo *linear*; después ajustamos el modelo: *fit(X, y)*. Los coeficientes lineales se pueden obtener de los atributos *coef_* e *intercept_*. Hay que remarcar el uso que se hace de *support_vectors_* para conseguir los vectores de soporte. La figura muestra los tres vectores de soporte resultantes y el hiperplano de separación que, según se esperaba, se encuentra justo en medio de un amplio margen delimitado por los vectores de soporte.

```
import matplotlib.pyplot as plt
from sklearn.datasets import make_blobs
from sklearn import svm

plt.figure(figsize=(8,4))
def plot_line(slope, intercept, X):
    min_x = int(min(X[:,0]))
    max_x = int(max(X[:,0]))
    x = range(min_x,max_x)
    y = -(x*slope[0] + intercept)/slope[1]
    plt.plot(x,y, color='black')
```

```
    return

CENTERS = 2
X,y = make_blobs(n_samples=200,n_features=2,centers=CENTERS,
      random_state=11, cluster_std=2)


clf = svm.SVC(kernel='linear')
clf.fit(X, y)
print(clf.coef_)
print(clf.intercept_)


plt.scatter(clf.support_vectors_[:,0], clf.support_vectors_[:,1],
            marker='o', edgecolor='r', color = 'y', s=140,
            label='support vector')
for target in range(CENTERS):
    plt.scatter(X[y==target,0], X[y==target,1], marker='^',
                label='class '+format(target))

plot_line(clf.coef_[0],clf.intercept_,X)
plt.xlabel('Feature 1', fontsize=15)
plt.ylabel('Feature 2', fontsize=15)
plt.title('Hard SVM')
plt.legend()
plt.show()
```

```
[ [ 0.0799781  0.26467908 ] ]
[ 0.8967376 ]
```

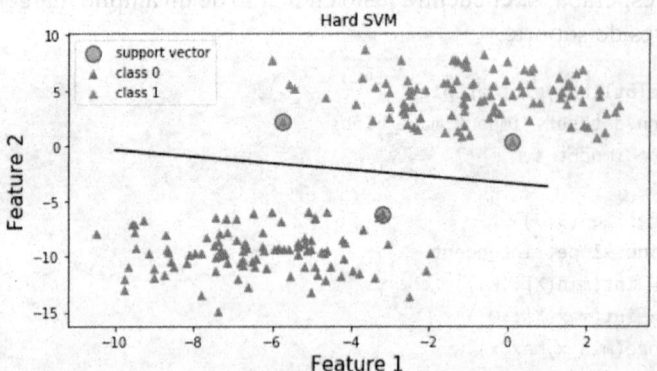

El siguiente ejemplo amplía el anterior. En este caso verificamos el comportamiento del algoritmo SVM cuando cambia el parámetro C. Es de esperar que los resultados sean más "soft" a medida que el valor de C se decrementa (cuanto más grande sea C, más "hard" es el enfoque). Como puede verse, testeamos los valores de C [1, 0.01, 0.001]. Los resultados nos muestran como el valor 1 ("hard") devuelve solo los tres vectores de soporte más cercanos. El valor más "soft" 0.01 devuelve cinco vectores de soporte adicionales, provocando que el área del margen sea mucho mayor. Por último, el valor 0.001 devuelve un gran número de vectores de soporte y provoca que el área del margen sea mayor.

```python
import matplotlib.pyplot as plt
from sklearn.datasets import make_blobs
from sklearn import svm


CENTERS = 2
fig,axs = plt.subplots(1,3,figsize=(15,4))


def plot(clf, X, C, ax):
    axs[ax].scatter(clf.support_vectors_[:,0], clf.support_vectors_[:,1],
                    marker='o', edgecolor='r', color = 'y',
                    s=140,label='support vector')
    for target, color in zip(range(CENTERS),['c','k']):
        axs[ax].scatter(X[y==target,0], X[y==target,1], marker='^',
                    color = color, label='class '+format(target))
    plot_line(clf.coef_[0],clf.intercept_,X)
    axs[ax].set_xlabel('Feature 1', fontsize=15)
    if ax == 0:
        axs[ax].set_ylabel('Feature 2', fontsize=15)
    axs[ax].set_title('Soft SVM, C =' + str(C))
    axs[ax].legend()
    return


def plot_line(slope, intercept, X):
    min_x = int(min(X[:,0]))
    max_x = int(max(X[:,0]))
    x = range(min_x,max_x)
    y = -(x*slope[0] + intercept)/slope[1]
    axs[ax].plot(x,y, color='black')
    return


X,y = make_blobs(n_samples=200,n_features=2,centers=CENTERS,
                 random_state=14, cluster_std=2.5)


for C, ax in zip([1, 0.01, 0.001], range(3)):
    clf = svm.SVC(kernel='linear', C = C)
    clf.fit(X, y)
    plot(clf,X,C,ax)
plt.show()
```

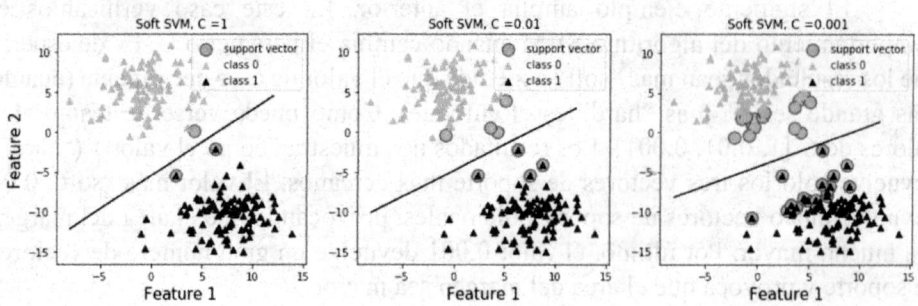

En la sección *"Regresión Polinomial desde cero"* vimos cómo añadir una dimensión para ajustar con exactitud un escenario no lineal. En aquel caso elevamos las muestras al cuadrado. El ejemplo que presentamos ahora profundiza en esta idea para introducir el concepto de "kernel trick". En este caso usaremos la función gaussiana no lineal que tomamos de la sección *"Regresión Kernel Gaussiana desde cero"*. La hemos desarrollado exclusivamente con fines académicos, pero, por supuesto, existe implementada como función. En el código del ejemplo, el método se denomina *kernel(z)*. Primero, generamos cuatro clases (*CENTERS*) usando *make_blobs*; después convertimos sus etiquetas (0, 1, 2, 3) a (0, 1, 0, 1) con el operador módulo *(%)*. Esto produce dos clases no separables linealmente, como puede verse en el gráfico que aparece debajo del código. También realizamos una normalización en *MinMaxScaler* para convertir los datos al rango [0..1].

¿Cómo tratar las clases no linealmente separables? Una de las alternativas es optar, en cualquier caso, por el enfoque lineal, haciendo uso del truco del kernel (*kernel trick*). Usaremos la función gaussiana como kernel. En el primer gráfico que aparece debajo del código hemos representado dos ejemplos de funciones gaussianas, cada una definida con valores diferentes de desviación y ambas con la misma media: la media de las muestras. Nuestro programa desarrolla el método *gaussian(deviation)* que devuelve los valores dibujados de *gaussian_y*.

Observando el gráfico es fácil darse cuenta de que podemos multiplicar cada característica *x* de las muestras (en este caso la segunda columna del vector *X*) por el correspondiente valor *y* gaussiano, para poder ser capaces de separar linealmente ambas clases. Esto se hace en la instrucción *gaussian_z[y[i]]* *.append(kernel(z)*X[:,1][i])*, que es un poco complicada; de derecha a izquierda, *kernel(z)*X[:,1][i]* aumenta los valores de las muestras que se encuentran cerca de la media de la función gaussiana y reduce los valores de las muestras que se encuentran fuera de la desviación gaussiana. La instrucción *append* añade cada nuevo valor a la propiedad *gaussian_z* que usaremos para poblar nuestra nueva tercera dimensión. Por último, *gaussian_z[y[i]]* nos permite mantener un array bidimensional de resultados: el primer vector (cuando *y[i]==0*) contiene las muestras de la clase 0, mientras que el segundo vector (cuando *y[i] == 1*) contiene las muestras de la clase 1. Esta distinción se usa solamente para representar las muestras de cada clase con diferentes colores en el gráfico de dispersión 3D.

Nótese la capacidad de separación lineal en la nueva dimensión al usar el hiperplano dibujado. En la siguiente figura podemos ver dos ejemplos representativos; el primero es el que hemos desarrollado, mientras que el segundo resuelve situaciones donde algunas clases se encuentran dentro y alrededor de otras. Ambos casos son solucionables usando el *kernel* (núcleo) de la función con base gaussiana de base radial (*Radial Basis Function o RBF*).

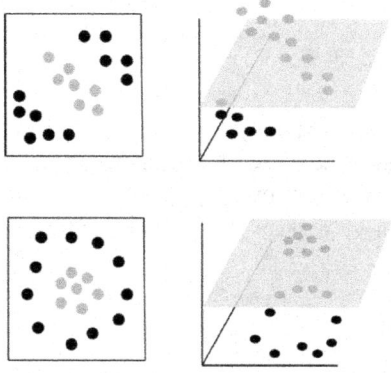

```python
import matplotlib.pyplot as plt
from sklearn.datasets import make_blobs
import math
import numpy as np
from sklearn.preprocessing import MinMaxScaler
from mpl_toolkits.mplot3d import Axes3D
from matplotlib import cm

def gaussian(deviation):
    gaussian_y = []
    i = np.arange(0.0,1.0,0.01)
    for x in i:
        z = (x-mean_x)/deviation
        gaussian_y.append(kernel(z))
    return i, gaussian_y

def kernel(z):
    return math.exp(-(z*z)/2)/math.sqrt(2*math.pi)
```

```python
plt.figure(figsize=(8,4))

CENTERS = 4
X,y = make_blobs(n_samples=200,n_features=2,centers=CENTERS,
                 random_state=8, cluster_std=1)
y = y % 2
scaler = MinMaxScaler()
scaler.fit(X)
X = scaler.transform(X)

for target in range(CENTERS):
    plt.scatter(X[y==target,1], X[y==target,0], marker='^',
                label='class '+format(target))

mean_x = np.mean(X[:,1])
DEVIATION = 0.2
x, gaussian_y = gaussian(DEVIATION)
plt.scatter(x, gaussian_y, marker='.', color='green')
x, gaussian_y = gaussian(DEVIATION*0.3)
plt.scatter(x, gaussian_y, marker='.', color='cyan')

gaussian_z = [[],[]]
for i in range(len(y)):
    z = (X[:,1][i]-mean_x)/DEVIATION
    gaussian_z[y[i]].append(kernel(z)*X[:,1][i])

X_h = np.arange(int(min(X[:,0])), int(max(X[:,0])), 0.005)
Y_h = np.arange(int(min(X[:,1])), int(max(X[:,1])), 0.005)
X_h, Y_h = np.meshgrid(X_h, Y_h)
Z = -(-0.1*Y_h+0.02*X_h-0.04)/1  # Arbitrary values for this example

fig = plt.figure(figsize=(8, 4))
ax = Axes3D(fig, elev=30, azim=-30)

for target in range(2):
    ax.scatter(X[y==target,1], X[y==target,0], gaussian_z[target],
               marker='^')    # Plot the features
# Plot the plane surface.
ax.plot_surface(Y_h, X_h, Z, cmap=cm.coolwarm)

plt.show()
```

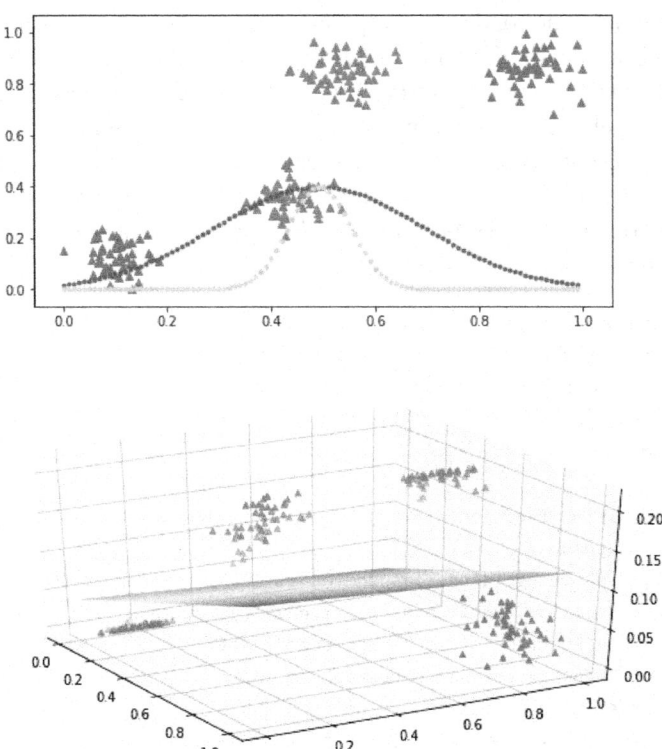

El siguiente programa hace uso de la máquina de vectores de soporte de *SciKit*. Primero se procesa el conjunto de datos generado denominado *make_moons*, y sus resultados se normalizan con *MinMaxScaler*. Una vez que las muestras están preparadas, se crean cuatro modelos *svm.SVC* y se ajustan. El núcleo (*kernel*) usado es el *Radial Basis Function* (RBF), y los parámetros: C para controlar el equilibrio hard/soft, y *gamma* para establecer la varianza gaussiana; incrementando *gamma* conseguimos que la forma de la campana sea más estrecha.

Los resultados que se muestran en los cuatro gráficos enseñan el efecto combinado de los parámetros C y *gamma*. Cada color de fondo representa la probabilidad de que las muestras en esta área sean clasificadas como una clase objetivo. Los márgenes blancos entre las áreas coloreadas representan la frontera de decisión. Los puntos más grandes con el borde de color rojo (gris oscuro) son los vectores de soporte. Podemos observar como la combinación de los parámetros C y *gamma* de valor bajo (los dos gráficos a la izquierda) generan soluciones más generalizadas, mientras que una combinación de los valores de los parámetros C y *gamma* mayores (los dos gráficos a la derecha) generan soluciones con más sobreajuste.

Los colores de fondo se manipulan en *draw_decision_function*; su parte más importante es la función *decisión_function* que devuelve la probabilidad de que cada posición pertenezca a una clase (valores positivos devueltos) o a la otra (valores negativos devueltos). A esta función se le puede suministrar una matriz de dos columnas: una columna contiene la coordenada *x*, y la otra contiene la coordenada *y*. Cada fila representa una posición en el plano. En el método *meshgrid*, perteneciente a *numpy*, se crea una 'malla' bidimensional de posiciones en el plano. Por último, la función *pcolormesh* dibuja los valores de la malla.

```python
import matplotlib.pyplot as plt
from sklearn.datasets import make_moons
from sklearn.preprocessing import MinMaxScaler
from sklearn import svm
import numpy as np

def draw_decision_function(clf,ax):
    # 2D meshgrid
    xx, yy = np.meshgrid(np.linspace(0, 1, 100), np.linspace(0, 1, 100))
    Z = clf.decision_function(np.c_[xx.ravel(), yy.ravel()])
    # Decision Function of each mesh coordinate
    Z = Z.reshape(xx.shape)  # reshape to 2D
    # Paint each mesh decision value
    ax.pcolormesh(xx, yy, -Z, cmap=plt.cm.RdBu)
    return

X,y = make_moons(n_samples=100,noise=0.08, random_state=10)
scaler = MinMaxScaler()
scaler.fit(X)
X = scaler.transform(X)

fig, axs = plt.subplots(1,4, figsize=(18,3))
for i,ax,C,gamma in zip(range(4), axs, [0.005, 0.01, 0.1, 1],[5,7,10,10]):
    clf = svm.SVC(kernel='rbf', gamma=gamma, C=C)
    clf.fit(X, y)

    draw_decision_function(clf,ax)
    for target, color, marker in zip(range(2),['w','g'],['o','^']):
        ax.scatter(X[y==target,0], X[y==target,1],c=color, marker=marker,
                   label='class '+format(target))
        ax.set_title('SVM, C: ' + format(C) + ', gamma: '+str(gamma))
    ax.scatter(clf.support_vectors_[:,0], clf.support_vectors_[:,1],
               marker='o', # Draws support vectors
               edgecolor='r', color = 'y', s=90)
plt.show()
```

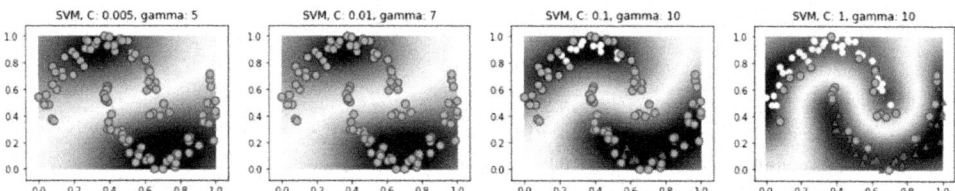

Simplemente cambiando el constructor *make_moons* por el de *make_circles* (usando los mismos parámetros) se obtiene el siguiente resultado:

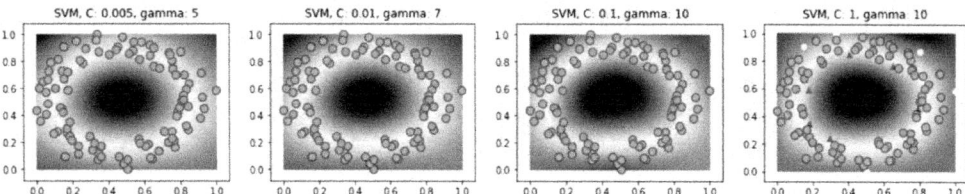

El siguiente programa lleva a cabo la misma función que el programa anterior, pero en este caso se usa un dataset no generado (*iris*). Mostramos el SVM obtenido para las dos primeras características: *iris.data[:,0:2]*.

```python
import matplotlib.pyplot as plt
from sklearn.datasets import load_iris
from sklearn.preprocessing import MinMaxScaler
from sklearn import svm
import numpy as np

def draw_decision_function(clf,ax):
    SETOSA = 0  # this is one of the three classes of irises
    # 2D meshgrid
    xx, yy = np.meshgrid(np.linspace(0, 1, 100), np.linspace(0, 1, 100))
    # Decision function of each mesh coordiante
    Z = clf.decision_function(np.c_[xx.ravel(), yy.ravel()])
    Z = Z[:,SETOSA].reshape(xx.shape)  # reshape to 2D
    # Paints each mesh decision value
    ax.pcolormesh(xx, yy, -Z, cmap=plt.cm.RdBu)
    return

iris = load_iris()
X = iris.data[:,0:2]
y = iris.target
scaler = MinMaxScaler()
scaler.fit(X)
X = scaler.transform(X)

fig, axs = plt.subplots(1,4, figsize=(18,3))
for i,ax,C,gamma in zip(range(4), axs, [0.01, 0.1, 0.5, 1],[3,7,10,10]):
```

```
    clf = svm.SVC(kernel='rbf', gamma=gamma, C=C)
    clf.fit(X, y)

    draw_decision_function(clf,ax)
    for target, color, marker in zip(range(2),['w','y'],['o','^']):
        ax.scatter(X[y==target,0], X[y==target,1],c=color,
                    marker=marker, label='class '+format(target))
        ax.set_title('SVM, C: ' + format(C) + ', gamma: '+str(gamma))

plt.show()
```

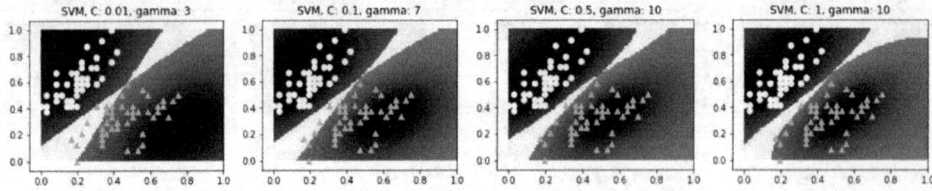

4.1.5 Árboles de Decisión usando librerías de SciKit

Los árboles de decisión son una potente herramienta para lograr clasificación y regresión. Se consideran como métodos de caja blanca, ya que sus resultados se pueden entender y explicar fácilmente. Una ventaja adicional que presentan los árboles de decisión es que son la base para el desarrollo del método *Random Forest*, un algoritmo fundamental en el escenario de machine learning. Los árboles de decisión tienen, también, algunas desventajas tales como su inestabilidad y su sensibilidad a la rotación de datos.

Expliquemos los principales conceptos de los árboles de decisión mediante un ejemplo. El siguiente programa importa el conjunto de datos *Breast Cancer* y después instancia un árbol de decisión: *DecisionTreeClassifier(max_depth = 3, random_state = 10)*. Hemos restringido el árbol a tres niveles de profundidad. Por último, como es habitual, se crea un modelo usando el método *fit*. Los resultados de los árboles de decisión no se pueden representar de manera directa con *Matplot*; en su lugar emplearemos una aplicación externa: *graphviz*. La clase *sklearn.tree* nos proporciona el método *export_graphviz*, que convierte el árbol a un fichero de texto. En nuestro caso, proporcionamos el nombre del árbol de decisión: *tree*, el nombre del fichero de salida elegido: *cancer.dot*, nombre de los objetivos: *["malignant", "benign"]*, y establecemos que queremos nodos rellenos (*filled nodes*). Podemos encontrar el fichero resultante *cancer.dot* en el directorio en el que esté localizado nuestro fichero *Jupiter .ipynb*. Por último, para obtener la representación visual del árbol desde el fichero de salida, se recomienda el uso de alguno de los recursos online que se pueden encontrar buscando con las palabras clave *graphviz online*. El resultado de nuestro ejemplo se muestra más abajo.

```
from sklearn.tree import DecisionTreeClassifier, export_graphviz
from sklearn.datasets import load_breast_cancer

cancer = load_breast_cancer()
X = cancer.data
y = cancer.target

tree = DecisionTreeClassifier(max_depth = 3, random_state = 10)
tree.fit(X,y)
export_graphviz(tree, out_file="cancer.dot",
                class_names=["malignant","benign"],
                feature_names=cancer.feature_names, filled=True)
```

El gráfico del árbol muestra tres niveles del resultado de clasificación. Comienza por el nodo raíz, que aporta información de utilidad: 1) El modelo ha sido entrenado con 569 muestras, 2) 212 de las 569 muestras tienen como clase objetivo "*malignant*", y las 357 resultantes de las 569 tienen objetivo "*benign*", 3) El color de fondo de la caja es azul ya que éste es el color asignado al segundo objetivo: "*benign*", y así, en esta fase, hay más probabilidad de encontrar un cáncer "*benign*" (benigno) (357 de 569) que de encontrar un cáncer "*malign*" (maligno) (212 de 569), 4) Esta es la razón por la que se puede leer '*class = benign*' en el nodo, 5) La intensidad del color es proporcional a la probabilidad de la clase objetivo, y 6) La información más importante en cada nodo es la navegacional: el modelo de árbol de decisión ha encontrado que primeramente deberíamos preguntar por el valor de la propiedad '*worst radius*'. Si es mayor que 16.795 debemos situarnos en el nodo de la derecha; si no es mayor de 16.795 debemos movernos al nodo de la izquierda.

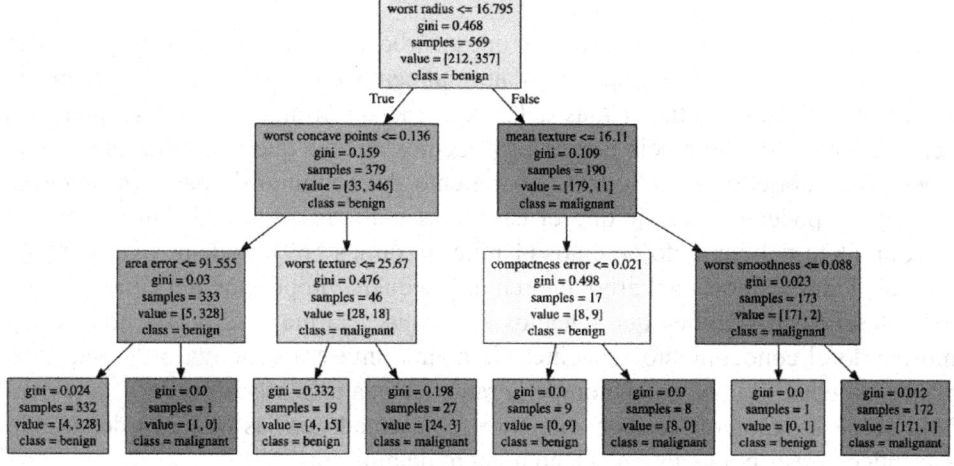

Como ejemplo, si estamos intentando clasificar una nueva muestra cuyo valor de la propiedad '*worst radius*' es mayor de 16.795, entonces nos movemos por el camino "falso" del nodo raíz. Este nodo nos informa de que 190 de las 569 muestras iniciales tienen un valor de '*worst radius*' mayor de 16.795. Podemos leer también que 179 de las 190 muestras se corresponden con canceres malignos (*malignant*) y solo las restantes 11 se corresponden con cánceres benignos (benign). Como resultado de esto, el nodo tiene la etiqueta '*class* = *malignant*' y su color es naranja oscuro en vez de azul. En este paso el árbol de decisión determina que debemos preguntar acerca de la propiedad '*mean texture*'. Puede observarse que podemos clasificar una nueva muestra siguiendo el camino del árbol que resulta de responder a las sucesivas preguntas. En un árbol sin limitaciones de profundidad un nodo es hoja cuando todas las muestras en ese nodo pertenecen a la misma clase objetivo.

A continuación, se muestra el árbol completo. Ha sido necesario alcanzar el séptimo nivel para poder completar el modelo. Esto quiere decir que podemos clasificar con exactitud cualquier muestra realizando un máximo de siete preguntas (y, en este caso, un mínimo de tres preguntas). Más importante: podemos entender perfectamente el modelo e identificar las características clave del dataset. Sin embargo, debemos recordar que nuestro objetivo no es la clasificación de las muestras de entrenamiento: queremos clasificar con exactitud nuevas muestras. Examinando el árbol de decisión completo, podemos observar que su rama situada más a la derecha realiza una importante generalización: simplemente preguntando por los valores de otras tres características: ('*mean texture*', '*worst smoothness*' y '*worst concavity*') podemos clasificar el cáncer como maligno ('*malignant*') y el diagnóstico cubre el 29.5% del conocimiento de entrenamiento (168 de 569 muestras). El árbol de decisión ha extraido una regla simple y muy valiosa para detectar cánceres malignos.

En esta etapa podríamos pensar que un árbol de decisión completo generaliza con exactitud el conocimiento, pero normalmente no es el caso. Simplemente examinando la rama situada más a la izquierda de la siguiente figura podemos ver cómo contestando a seis preguntas podemos decidir que el cáncer es benigno ('benign'), cubriendo un 1% del conocimiento del conjunto de datos (6 muestras de 569), o podemos decidir que el cáncer es maligno, cubriendo un 0.17% del conocimiento del conjunto de datos (1 muestra de las 569). Podemos ver también que casi todas las hojas del árbol cubren una pequeña proporción del conocimiento del dataset. Esto significa que tenemos sobreajuste: la mayoría de las hojas están mostrando el conocimiento específico de alguna muestra concreta o de pequeños grupos de ellas. Con la excepción de la rama situada más a la derecha, y la tercera hoja desde la izquierda, el conocimiento representado en las hojas es demasiado específico y restringido a un pequeño número de muestras.

El concepto aquí es que es mejor extraer pocas reglas generales. Como ejemplo, las nueve hojas más a la izquierda del árbol se podrían comprimir mejor en una sola, correspondiendo a su antecesor común: si contestamos que sí a las dos primeras preguntas del árbol podemos procesar el 58.5% del conocimiento de las muestras de entrenamiento (333 de las 569 muestras), y determinar una probabilidad del 0.985 (328 de 333 muestras) de que el cáncer sea benigno. Nos aporta una valiosa regla general y elimina ocho reglas con sobreajuste. El *DecisionTreeClassifier* de *SciKit* aporta varios parámetros de regularización para crear modelos de árboles de decisión sin sobreajuste. Los más conocidos son: *max_dept*: la máxima profundidad del árbol; *min_samples_split*: el número mínimo de muestras requeridas para dividir un nodo interno; *min_samples_leaf*: el número mínimo de muestras requerido para que un nodo sea considerado como una hoja; *max_features*: el número de características a considerar cuando se examina la mejor división; *max_leaf_nodes*: desarrolla un árbol con el número máximo de nodos hoja indicado.

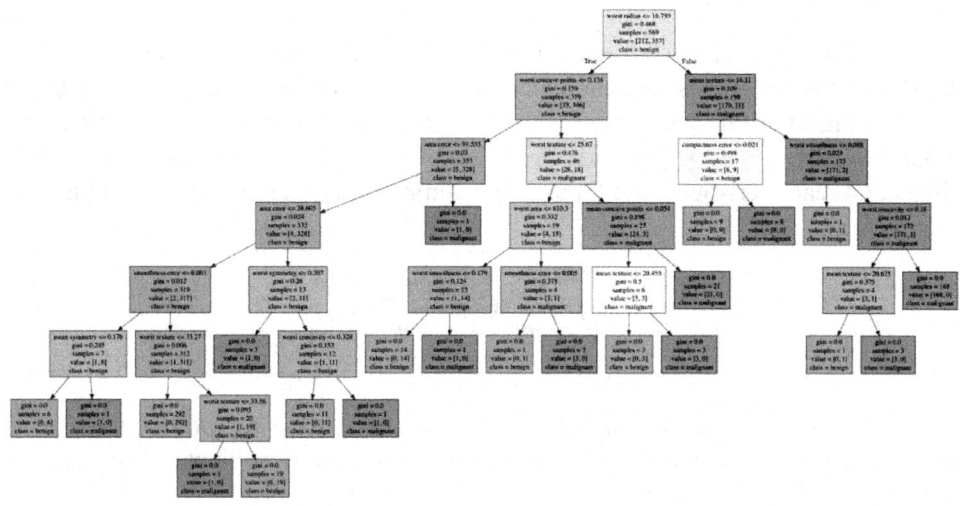

Una vez que se ha entendido el concepto de *árbol de decisión* (*Decision Tree*), vamos a examinar en profundidad y a explicar la manera en que se obtienen estos árboles de decisión. Empezaremos con la propiedad 'gini' que se muestra en cada nodo del árbol. *Gini* representa la 'impureza', 'entropía' o 'desorden'. Cuanto más alto sea el valor de '*gini*' más difícil será clasificar una nueva muestra. Podemos ver en la imagen del primer árbol como el nodo raíz (gini = 0.468) no ayuda a clasificar una muestra, mientras que todos los nodos hoja presentan un valor de '*gini*' muy bajo. Algunos de los nodos hoja tienen un valor de *gini* de 0.0, y ello significa que devuelven la probabilidad total de las muestras de pertenecer a alguna de las clases objetivo. Resulta también interesante darse cuenta de que el nodo explicado en la rama izquierda, segundo nivel del árbol, tiene un valor muy bajo de 'gini', porque, como hemos expuesto, determina una probabilidad de 0.985 (328 de 333 muestras) de que el cáncer sea benigno. Así que el valor de *gini* es usado por el algoritmo del árbol de decisión para expandir el árbol eligiendo caminos que lleven a los nodos más puros. La ecuación de *gini* es:

$$G_i = 1 - \sum_{k=1}^{n} p_{i,k}^2$$

Donde $p_{i,k}$ es el ratio de muestras con el objetivo k entre el total de muestras del nodo i. Como ejemplo, el valor de *gini* del nodo raíz en nuestro ejemplo es:

$G_{root} = 1 - ((212/569) + (357/569)) = 0.468$. Es un valor con una impureza muy alta; el valor de *gini* se considera puro cuando uno de los objetivos alcanza tantas muestras como tiene el nodo: $G = 1 - ((569/569) + (0/569)) = 0.0$

La función de coste de los árboles de decisión intenta minimizar el valor de *gini* de los dos nodos descendientes de cada uno de los nodos existentes en el árbol. El algoritmo de *Classification and Regression Tree (CART)* o *algoritmo de árbol de clasificación y regresión*, entrena los árboles de decisión al dividir los nodos eligiendo la característica k y el límite t_k que minimiza la función de coste. La función de coste es:

$$J(k,t_k) = \frac{m_{left}}{m} G_{left} + \frac{m_{right}}{m} G_{right}$$

Donde $G_{left/right}$ es el *Gini* del nodo de la izquierda o el *Gini* del nodo de la derecha, y $m_{left/right}$ es el número de muestras en los nodos descendientes de la derecha o de la izquierda.

Se puede usar la medida de entropía (Entropy) (desorden molecular) en vez de la medida de impureza de *Gini*. Las dos medidas de similaridad se basan en la proporción $p_{i,k}$:

$$H_i = - \sum_{k=1, p_{i,k} \neq 0}^{n} p_{i,k} log_2(p_{i,k})$$

La entropía es un poco más lenta de procesar que el valor de *gini* y produce árboles ligeramente más equilibrados. El siguiente programa crea un modelo de árbol de decisión con el conjunto de datos de lirios (*iris* dataset). En este caso hemos regularizado el árbol usando el parámetro *mean_samples_leaf*. Como puede verse en el resultado, todos los nodos hoja son puros (*gini=0.0*) o tienen menos de 30 muestras. El árbol se rellena con tres colores, dado que el conjunto de datos tiene tres clases objetivo.

```python
from sklearn.tree import DecisionTreeClassifier, export_graphviz
from sklearn.datasets import load_iris

iris = load_iris()
X = iris.data
y = iris.target

tree = DecisionTreeClassifier(min_samples_leaf = 30, random_state = 10)
tree.fit(X,y)
export_graphviz(tree, out_file="iris.dot", class_names=iris.target_names,
                feature_names=iris.feature_names, filled=True)
```

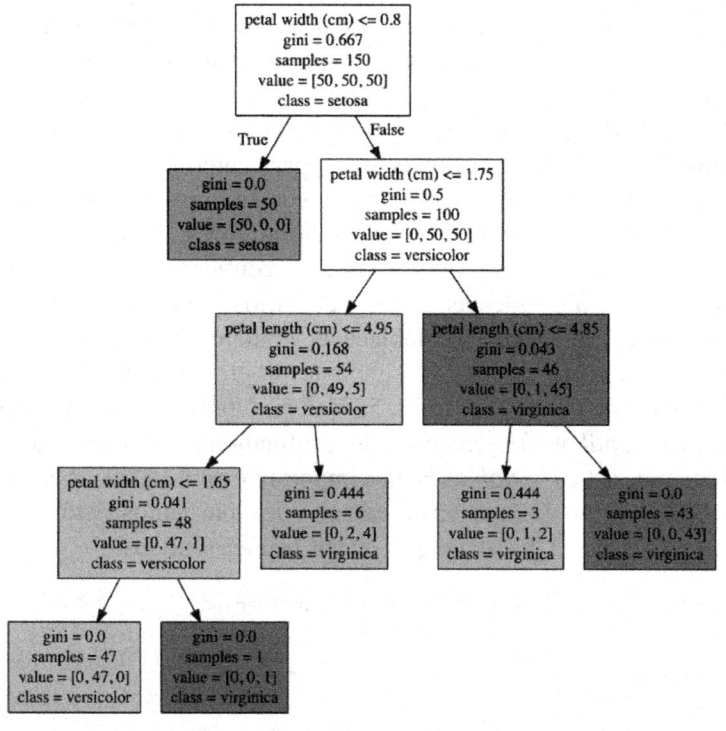

4.1.6 Random Forest usando librerías de SciKit

Random Forest es un método tipo *ensemble* basado en los árboles de decisión. Los métodos *ensemble* combinan varios algoritmos de machine learning para mejorar la exactitud de los resultados. Un enfoque existente para crear ensembles es ajustar varios algoritmos diferentes con los mismos datos de entrenamiento: p.ej. una regresión logística, un árbol de decisión y una máquina de vectores de soporte. Se determina cada predicción conjunta como la ganadora de las tres predicciones individuales. Normalmente los tres métodos devolverán la misma predicción correcta, pero en ciertos casos, alguna predicción individual fallará. La hipótesis en la que se fundamentan los ensembles es que la distribución de fallos no es la misma en los diferentes modelos, y así, los fallos ocasionales serán compensados con la mayoría de las predicciones correctas.

Random forest es un método *ensemble* con un enfoque diferente: en este caso, en vez de usar varios algoritmos diferentes sobre los mismos datos de entrenamiento, usamos el mismo algoritmo en diferentes subconjuntos aleatorios de los datos de entrenamiento. El ensemble random forest usa varios árboles de decisión, y cada uno de estos árboles es alimentado con un subconjunto aleatorio de los datos de entrenamiento. Se lleva a cabo un muestreo con reemplazamiento que se denomina *empaquetado* (*bagging*). En otro tipo de muestreos de ensembles puede hacerse sin reemplazamiento: *pegado (pasting)*. Random forest puede también trabajar con subconjuntos aleatorios de características para determinar las divisiones de los nodos del árbol (*tree node splits*). Esto produce una diversidad mayor de árboles. El código a continuación instancia y ajusta un random forest. La clase *Random Forest* pertenece al paquete *sklearn.ensemble*. Esta clase contiene casi todos los parámetros de *DecisionTreeClassifier* además de los necesarios para configurar el ensemble. El híper-parámetro *n_estimators* establece el número de árboles de decisión en el ensemble; por defecto es 100. El siguiente programa crea tres random forest, limitando la profundidad del árbol a [2, 5, 7]. Como puede verse, la importancia de la característica *'sepal_width'* crece con la profundidad del árbol, mientras que el estado de la característica *'petal'* es la más importante para clasificar lirios. Esta es la razón de por qué el árbol de decisión basado en lirios que hemos visto hace preguntas acerca de *'petal_width'* y *'petal_length'* en sus primeros nodos.

```
from sklearn.ensemble import RandomForestClassifier

print(iris.feature_names)
for max_depth in [2, 5, 7]:
    rf_tree = RandomForestClassifier(n_estimators = 150,
                            max_depth = max_depth, random_state = 10)
    rf_tree.fit(X,y)
    print(rf_tree.feature_importances_)
```

```
['sepal length (cm)', 'sepal width (cm)',
 'petal length (cm)', 'petal width (cm)']
[0.11259315 0.00525573 0.41878435 0.46336676]
[0.09967905 0.01934312 0.42171804 0.45925979]
[0.10060482 0.02126188 0.42235795 0.45577536]
```

4.2 ANÁLISIS DE CALIDAD DE LOS MÉTODOS DE CLASIFICACIÓN

El siguiente ejemplo hace uso del dataset de vinos (*wine* dataset) para analizar la calidad de la clasificación. Después de cargar el dataset, lo dividimos en cuatro conjuntos: datos de entrenamiento, datos de prueba (test), entrenamiento objetivo y prueba objetivo. El método *train_test_split*, del paquete *model_selection*, lleva a cabo la separación entre entrenamiento y prueba. Probaremos nuestros resultados usando las medidas de calidad *cross validation score*, *precision* y *recall*. Ya que se medirán los resultados obtenidos aplicando diferentes valores de híper-parámetros, establecemos un conjunto de matrices para que contengan los resultados de entrenamiento y de prueba para el valor de cada híper-parámetro: *tree_score*, *tree_precision_train, tree_precision_test, tree_recall_train, tree_recall_test*. Tal y como sugieren los nombres de las propiedades, usamos árboles como algoritmos de clasificación. En particular, usaremos *árboles de decisión* y su ensemble: *random forest*.

Seremos capaces de verificar que, como esperábamos, el algoritmo *random forest* obtiene mejores resultados que el de *árboles de decisión*. Además, esperamos obtener mejores resultados llevando a cabo algún tipo de regularización. En nuestro caso, crearemos varios modelos en los que se llegará a diferentes niveles de profundidad en los árboles. Recordemos que un nivel de profundidad pequeño en un árbol (o conjuntos de árboles) no podrá modelizar suficiente información como para obtener resultados fiables, mientras que una profundidad de árbol demasiado grande podría llevar a sobreajuste y perder exactitud debido a la falta de generalización.

En el siguiente código ejecutamos dos bucles *for*: el primero itera sobre varias profundidades de árbol ([2, 3, 4, 5]), y el segundo itera sobre los algoritmos *DecisionTreeClassifier* y *RandomForestClassifier*. El código interno añade las puntuaciones obtenidas llamando a diferentes métodos: *cross_val_score, precisión_ score* y *recall_score*. Los resultados de calidad se calculan tanto para el conjunto de entrenamiento como para el de pruebas. Por último, se representan algunos gráficos. Estos gráficos muestran algo de sobreajuste, particularmente en el experimento con *Decision Tree*. También muestran unos mejores resultados de prueba en el experimento con *Random Forests* (ver valores del eje *y*). Resulta interesante darse cuenta de que hay valores de regularización que maximizan los resultados de calidad. Podemos observar como los resultados de prueba de *precision* y *recall* alcanzan sus picos cuando la profundidad máxima del árbol es 4 (*Decision Tree*), o 3 (*Random Forests*).

```python
from sklearn.datasets import load_wine
from sklearn.tree import DecisionTreeClassifier
from sklearn.ensemble import RandomForestClassifier
from sklearn.model_selection import train_test_split, cross_val_score
from sklearn.metrics import precision_score, recall_score
import matplotlib.pyplot as plt
import numpy as np

wine = load_wine()
X = wine.data
y = wine.target

X_train, X_test, y_train, y_test = train_test_split(X, y,
                                                    random_state = 60)


tree_score = [[],[]]
tree_precision_train = [[],[]]; tree_recall_train = [[],[]]
tree_precision_test = [[],[]]; tree_recall_test = [[],[]]


tree = [0,0]
depth = range(2,6)
DECISION_TREE = 0; RANDOM_FOREST = 1
for max_depth in depth:
    for i in [DECISION_TREE,RANDOM_FOREST]:
        if (i == DECISION_TREE):
            tree[DECISION_TREE] = DecisionTreeClassifier(max_depth =
                                    max_depth, random_state = 10)
        else:
            tree[RANDOM_FOREST] = RandomForestClassifier(n_estimators = 3,
                                max_depth = max_depth, random_state = 10)
        tree[i].fit(X_train,y_train)
        tree_score[i].append(np.mean(cross_val_score(tree[i], X, y,
                                            cv=3)))
        y_pred_train = tree[i].predict(X_train)
        y_pred_test = tree[i].predict(X_test)
        tree_precision_train[i].append(precision_score(y_train,
                            y_pred_train, average = 'weighted'))
        tree_recall_train[i].append(recall_score(y_train, y_pred_train,
```

```
                                          average = 'weighted'))
        tree_precision_test[i].append(precision_score(y_test, y_pred_test,
                                          average = 'weighted'))
        tree_recall_test[i].append(recall_score(y_test, y_pred_test,
                                          average = 'weighted'))

fig, axs = plt.subplots(1,2, figsize=(17,4))
for i in [DECISION_TREE,RANDOM_FOREST]:
    axs[i].plot(depth,tree_recall_train[i], color='green', linestyle=':',
                linewidth=4.0, label='Train recall')
    axs[i].plot(depth,tree_precision_train[i], color='blue',
                linestyle=':', linewidth=4.0, label='Train precision')
    axs[i].plot(depth,tree_recall_test[i], color='black', linestyle=':',
                linewidth=4.0, label='Test recall')
    axs[i].plot(depth,tree_precision_test[i], color='cyan', linestyle=':',
                linewidth=4.0, label='Test precision')
    axs[i].plot(depth,tree_score[i], color='red', linestyle=':',
                linewidth=4.0, label='Score')
    if (i == DECISION_TREE):
        axs[i].set_title('Decision Tree quality values')
    else:
        axs[i].set_title('Random forest quality values')
    axs[i].grid();
    axs[i].legend(fontsize = 'large')
plt.show()
```

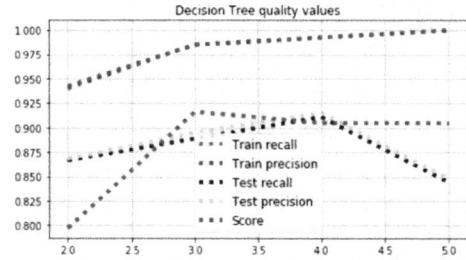 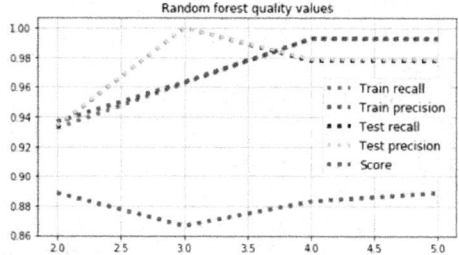

Para ampliar el ejemplo anterior, probaremos el mismo conjunto de datos (dataset) de vinos (*wine*) usando los algoritmos de machine learning: regresión logística (*Logistic Regression*) y máquinas de vectores de soporte (*Support Vector Machines* o SVM). Para simplificar el análisis del programa seguiremos el patrón del código previo. En este caso, en vez de cambiar los valores del híper-parámetro *max_dept*, cambiamos los valores de *C* en regresión logística y de *gamma* en *SVM;* en ambos casos: *[0.1, 1, 5, 10]*. Los resultados muestran que, en este ejemplo, la regresión logística supera el rendimiento de los árboles de decisión (ver la escala del eje *y*), y las máquinas de vectores de soporte mejoran el rendimiento de *Random Forests*. Podemos afirmar también que valores intermedios de *gamma* en SVM consiguen una mejor generalización y logran una clasificación perfecta (*precisión* y *recall*) sobre el conjunto de pruebas.

```python
from sklearn.datasets import load_wine
from sklearn.linear_model import LogisticRegression
from sklearn import svm
from sklearn.model_selection import train_test_split, cross_val_score
from sklearn.metrics import precision_score, recall_score
import matplotlib.pyplot as plt
from sklearn.preprocessing import MinMaxScaler
import numpy as np

wine = load_wine()
X = wine.data
y = wine.target
scaler = MinMaxScaler()
scaler.fit(X)
X = scaler.transform(X)


X_train, X_test, y_train, y_test = train_test_split(X, y,
                                                    random_state = 60)


score = [[],[]]
precision_train = [[],[]]; recall_train = [[],[]]
precision_test = [[],[]]; recall_test = [[],[]]


classification = [0,0]
x = [0.1,1,5,10]
LOGISTIC_REGRESSION = 0; SVM = 1

for hyper_value in x:
    for i in (LOGISTIC_REGRESSION, SVM):
        if (i == LOGISTIC_REGRESSION):
            classification[LOGISTIC_REGRESSION] =
            LogisticRegression(C=hyper_value, solver = 'newton-cg',
                             multi_class = 'multinomial')
        else:
            classification[SVM] = svm.SVC(kernel='rbf', gamma=hyper_value,
                      C=1)
```

```
        classification[i].fit(X_train,y_train)
        score[i].append(np.mean(cross_val_score(classification[i], X, y,
                        cv=3)))
        y_pred_train = classification[i].predict(X_train)
        y_pred_test = classification[i].predict(X_test)
        precision_train[i].append(precision_score(y_train, y_pred_train,
                                average = 'weighted'))
        recall_train[i].append(recall_score(y_train, y_pred_train,
                                    average = 'weighted'))
        precision_test[i].append(precision_score(y_test, y_pred_test,
                                average = 'weighted'))
        recall_test[i].append(recall_score(y_test, y_pred_test,
                                    average = 'weighted'))

fig, axs = plt.subplots(1,2,figsize=(17,4))
for i in (LOGISTIC_REGRESSION, SVM):
    axs[i].plot(x,recall_train[i], color='green', linestyle=':',
                linewidth=4.0, label='Train recall')
    axs[i].plot(x,precision_train[i], color='blue', linestyle=':',
                linewidth=4.0, label='Train precision')
    axs[i].plot(x,recall_test[i], color='orange', linestyle=':',
                linewidth=4.0, label='Test recall')
    axs[i].plot(x,precision_test[i], color='cyan', linestyle=':',
                linewidth=4.0, label='Test precision')
    axs[i].plot(x,score[i], color='red', linestyle=':', linewidth=4.0,
                label='Score')
    if (i == LOGISTIC_REGRESSION):
        axs[i].set_title('Logistic Regression quality values')
    else:
        axs[i].set_title('SVM quality values')
    axs[i].grid();
    axs[i].legend(fontsize = '10')
plt.show()
```

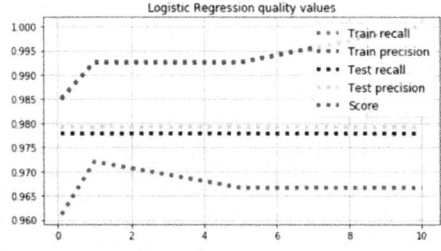
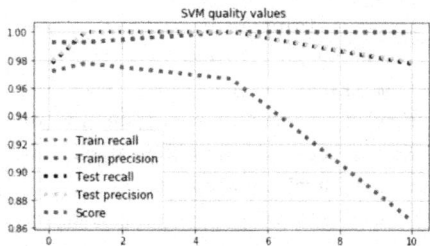

Resulta importante resaltar la importancia de la normalización de los datos, ya que el dataset de vinos no está escalado. Los árboles de decisión y los random forests no necesitan datos normalizados, pero la regresión logística y las máquinas de vectores de soporte sí lo necesitan. Los siguientes gráficos muestran la fuerte caída en los resultados de calidad obtenidos cuando se eliminan las sentencias de transformación de escalas del código.

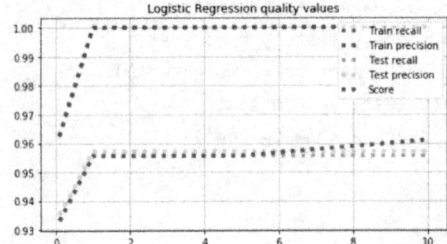 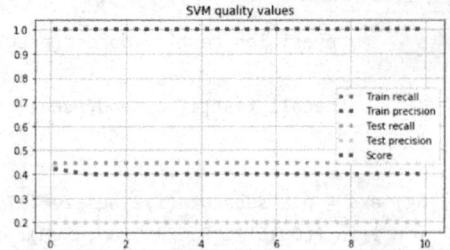

En esta sección vamos a mostrar un último ejemplo en el que entrenamos un clasificador con el dataset MNIST. Ya que el dataset *MNIST* se suministra con las primeras 60.000 muestras como conjunto de entrenamiento y con las últimas 10.000 muestras como conjunto de pruebas, no es necesario usar el método *train_test_split*. Las primeras 784 columnas de MNIST son datos, mientras que la número 785 (*'class'*) es el objetivo. Para acelerar el entrenamiento hemos elegido el clasificador de gradiente descendente: *SGDClassifier* y un número limitado de iteraciones: *max_iter* = 5. Los resultados muestran un 85% de aciertos en la predicción, que pueden ser considerados como un punto de partida. Puede ser mejorado con el ajuste fino de los parámetros o eligiendo otros métodos de machine learning, tales como las máquinas de vectores de soporte. La última parte del código lleva a cabo las predicciones de las primeras 15 muestras de prueba. Como puede verse, solamente ha habido un fallo en la predicción: el número cinco localizado entre dos nueves. Éste es un número escrito a mano difícil de clasificar incluso para una persona.

```python
import numpy as np
import pandas as pd
import matplotlib as mpl
import matplotlib.pyplot as plt
from sklearn.linear_model import SGDClassifier
from sklearn.model_selection import cross_val_score
from sklearn.metrics import precision_score, recall_score
import matplotlib as mpl
import matplotlib.pyplot as plt

mnist = pd.read_csv('./datasets/mnist_784.csv')
```

```
X = np.array(mnist)
X = X[:,0:784]
y = mnist['class']
# 60000 training, 10000 testing
X_train, X_test, y_train, y_test = X[:60000], X[60000:], y[:60000],
                                y[60000:]

sgd = SGDClassifier(random_state=60, max_iter=5, tol=1e-3, verbose=0)
sgd.fit(X_train, y_train)

score = np.mean(cross_val_score(sgd, X, y, cv=3))
y_pred_train = sgd.predict(X_train)
y_pred_test = sgd.predict(X_test)
precision_train = precision_score(y_train, y_pred_train,
                            average = 'weighted')
recall_train = recall_score(y_train, y_pred_train, average = 'weighted')
precision_test = precision_score(y_test, y_pred_test,
                            average = 'weighted')
recall_test = recall_score(y_test, y_pred_test, average = 'weighted')

print('Score: ' + str(score))
print('Precision. Train: ' + str(precision_train) + ', Test: ' +
      str(precision_test))
print('Recall. Train: ' + str(recall_train) + ', Test: ' +
      str(recall_test))

NUM_PREDICTIONS = 15
fig, axs = plt.subplots(1,NUM_PREDICTIONS,figsize=(10,10))
X_test = X_test[:, np.newaxis]
y_test = np.array(y_test)

for i in range(NUM_PREDICTIONS):
    buffer = X_test[i].reshape(28,28)
    axs[i].imshow(buffer, cmap = mpl.cm.binary, interpolation = 'nearest')
    axs[i].axis("off")

out=''
for i in range(NUM_PREDICTIONS):
    if y_test[i] == sgd.predict(X_test[i]):
        out = out + str(i)+': success; '
    else:
        out = out + str(i)+': fail; '
print(out)
```

```
Score: 0.8742718319093109
Precision. Train: 0.88296226764263, Test: 0.87760007932714
Recall. Train: 0.87626666666666, Test: 0.8696
0: success; 1: success; 2: success; 3: success;
4: success; 5: success; 6: success; 7: success;
8: fail; 9: success; 10: success; 11: success;
12: success; 13: success; 14: success;
```

7 2 1 0 4 1 4 9 5 9 0 6 9 0 1

5

CLUSTERING

El clustering (agrupamiento) es un tipo muy conocido de aprendizaje no supervisado: no tenemos muestras etiquetadas y el objetivo es agrupar las muestras atendiendo a su similitud. La información de clustering es muy útil en una gran variedad de aplicaciones; por ejemplo, en un escenario de marketing (mercadotecnia) es importante agrupar a los clientes por tipo, de tal manera que se pueda enviar publicidad diferenciada a cada grupo de clientes. Ocurre lo mismo en las redes sociales, donde es conveniente diferenciar los comportamientos de los diferentes tipos de usuarios. En aplicaciones de comercio electrónico, el agrupamiento de productos puede contribuir a que los sistemas de recomendación mejoren sus resultados, etc. En general, el agrupamiento de muestras es útil para llevar a cabo acciones personalizadas sobre cada muestra de acuerdo con el grupo al que pertenezcan. Este capítulo contiene dos secciones: la primera está dedicada a explicar varios algoritmos relevantes de clustering, y la segunda trata con las medidas de calidad de los resultados de clustering.

5.1 ALGORITMOS DE CLUSTERING

Hay varios enfoques al agrupamiento de elementos. Los diseños más usados son:

▶ Basados en centroides (*Centroid-based*)
▶ Acumulativos (*Agglomerative*)
▶ Basados en densidad (*Density-based*)

En los métodos basados en centroides, los grupos (*clusters*) se llevan a cabo de acuerdo con la distancia de cada muestra a una muestra virtual denominada *centroide*. Cada centroide está situado en la posición donde la distancia media a las muestras de su grupo (*cluster*) asociado sea mínima. Dado que éste es un problema NP-completo, las soluciones se aproximan en base a un número determinado de intentos. En cada iteración, las muestras son reasignadas a su *cluster* más cercano y se recalculan los centroides. El principal problema de los enfoques basados en centroides es establecer a priori el parámetro K: número de grupos o *clusters*, y también la asignación inicial de las localizaciones de los K centroides.

El *clustering basado en la densidad* asume que cada *cluster* o grupo mantiene una región poblada dentro del espacio de las características, denominada como *región densa*. Asume también que las regiones densas están separadas por regiones no densas. Cuando se cumple esta premisa, el enfoque basado en densidad alcanza altos niveles de calidad en agrupamiento. Los algoritmos basados en densidad no precisan establecer el número de *clusters* (K): en vez de ello usan dos parámetros para crear los nuevos *clusters*: *eps* y *min_samples* con los que se indica que al menos un número de *min_samples* muestras se encuentran dentro de una distancia *eps*.

5.1.1 K-Means (K-medias) desde cero

K-Means es el método de clustering más conocido: es fácil de entender y solamente necesita el parámetro K (número de clusters o grupos) para llevar a cabo su trabajo. Su principal desventaja es que es altamente sensible a los valores iniciales de los centroides, así que normalmente se aplica un proceso de pre-clustering para establecer los valores iniciales de este algoritmo de machine learning.

Para trabajar con *K-Means* se eligen los primeros K miembros representativos de las clases. Los denominamos *centroides* o *centros*, y son, normalmente, los que se obtienen de un proceso de pre-clustering. En nuestro ejemplo simplemente definimos de manera aleatoria K centroides. El núcleo principal de *K-Means* tiene dos pasos: primero, el algoritmo itera en cada muestra del dataset y la asigna a su centroide más cercano. Cuando este proceso esté finalizado, cada centroide tiene asignado un subconjunto del conjunto completo de muestras; nótese que alguno de los subconjuntos podría estar vacío si su centroide no tiene ninguna muestra 'más cercana'. El segundo paso es recalcular todos los centroides que no tengan subconjuntos vacíos: cada nuevo centroide se obtiene promediando las muestras que pertenecen a su subconjunto. Se le puede asignar un nuevo centroide aleatorio a cada centroide vacío. Este proceso principal de *K-Means* se calcula iterativamente hasta que el conjunto de centroides sea estable: normalmente hasta que sus valores cambien menos de una cantidad residual *épsilon*. También es posible iterar esta parte un número prefijado de epochs (iteraciones).

Para ilustrar este concepto, la siguiente figura muestra cuatro clases en varios gráficos de dispersión de dos características. Las estrellas representan cada uno de los cuatro centroides de *K-Means*. El gráfico a la izquierda muestra los cuatro centroides aleatorios iniciales. Cada uno de los siguientes gráficos a la derecha muestra las posiciones ajustadas de los centroides, resultado de ejecutar uno de los cuatro epochs. El siguiente código ilustra un programa simple que desarrolla las bases del algoritmo *K-Means*. Primero define una función *Euclidean* que devuelve la distancia euclídea entre una muestra y un centroide. La siguiente función: *nearest_center* usa la función *euclidean* para determinar y devolver el centroide más cercano a la muestra suministrada. La última parte del código muestra los centroides iniciales e itera cuatro epochs para procesar: 1) La actualización de los cuatro subconjuntos de muestras, y 2) La obtención de cada centroide reasignado.

```python
from sklearn.datasets import make_blobs
import matplotlib.pyplot as plt
import numpy as np
from scipy.spatial import distance

NUM_CLASSES = 4  # This is the K parameter
NUM_FEATURES = 2

def euclidean(sample,center):
    return np.sqrt(distance.euclidean(sample,center))

def nearest_center(sample,centers):
    distances = []
    for i in range(len(centers)):
        distances.append(euclidean(sample,centers[i]))
    return np.argmin(distances)

X,y = make_blobs(n_samples=200,n_features=NUM_FEATURES,
                centers=NUM_CLASSES,random_state=14)
                fig,axs = plt.subplots(1,5,figsize=(18,3))

# Generate random centers
centers = np.random.randn(NUM_CLASSES,2)

# better when the centers move less than epsilon
for epoch,ax in zip(range(5),axs):
    ax.scatter(X[:,0], X[:,1], c= y, s=7)
    ax.scatter(centers[:,0], centers[:,1], marker='*', c='r', s=150)
    ax.set_title('epoch: '+format(epoch))

    sum_n_class = np.zeros((NUM_CLASSES,2))
    total_n_class = np.zeros((NUM_CLASSES,1))
```

```
    for i in range(len(X)):
        center = nearest_center(X[i],centers)
        # add a new sample to this center count
        total_n_class[center] += 1
        sum_n_class[center][0] += X[i][0]   # new center coordinates
        sum_n_class[center][1] += X[i][1]

    for center in range(NUM_CLASSES):        # Reassign centers
        if total_n_class[center] > 0:
            centers[center][0] = sum_n_class[center][0] /
                                 total_n_class[center]
            centers[center][1] = sum_n_class[center][1] /
                                 total_n_class[center]
        else:
            centers[center] = np.random.randn(2)

plt.show()
```

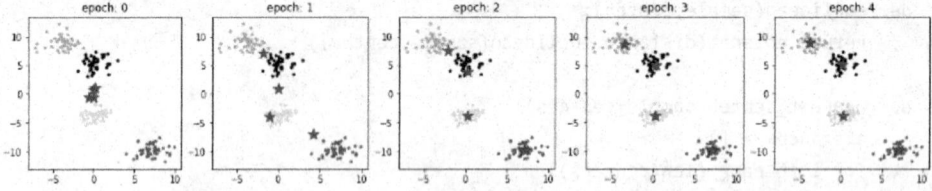

5.1.2 K means usando las librerías de SciKit

La clase del algoritmo *K-Means* pertenece al paquete *sklearn.cluster*. En el siguiente programa se crea una instancia *kmeans_clustering*, de la clase *KMeans,* proporcionando los *K n_clusters*, el máximo número de iteraciones: *max_iter*, y la manera en que se inicializan los centroides: *'random'*. El valor por defecto para el parámetro *init* es mucho mejor que *'random'*, pero lo hemos elegido para poder mostrar la mejora de cada iteración. Usaremos el método *fit_predict* para crear el modelo de clustering. Este método devuelve un vector que contiene el cluster (valor entero) al que pertenece cada muestra. En este ejemplo, la dimensión de los clusters es *(100,)*, dado que hemos establecido *n_samples=100* en el constructor *make_blobs*.

El programa itera para mostrar el proceso de clustering en los tres primeros epochs: *for max_iter in [1, 2, 3]:* los resultados muestran como cada iteración mejora la calidad del clustering alcanzada en la iteración anterior. El resultado en la segunda iteración es casi perfecto: los grupos en el gráfico de la izquierda son casi iguales a los clusters en el gráfico de más a la derecha. Las estrellas representan las posiciones de los centroides, y se obtienen a partir del atributo *cluster_centers_* de la instancia *kmeans_clustering*.

```python
from sklearn.datasets import make_blobs
from sklearn.cluster import KMeans
import matplotlib.pyplot as plt

NUM_CLASSES = 6
NUM_FEATURES = 2
colors = ('green', 'orange', 'blue', 'magenta', 'cyan', 'darkgray')

fig,axs = plt.subplots(1,4,figsize=(22,4),
                       subplot_kw={'xticks':(), 'yticks':()})

axs[0].scatter(X[:,0], X[:,1], c = y)
axs[0].set_title('samples')
for max_iter in [1,2,3]:
    X,y = make_blobs(n_samples=100,n_features=NUM_FEATURES,centers=NUM_CLASSES,
            cluster_std=1,random_state=10)

    kmeans_clustering = KMeans(n_clusters = NUM_CLASSES,
                               max_iter = max_iter, init = 'random')
    clusters = kmeans_clustering.fit_predict(X)

    axs[max_iter].set_title('KMeans, max_iter='+str(max_iter))
    for i in range(len(clusters)):
        color = colors[clusters[i]]
        axs[max_iter].scatter(X[i,0],X[i,1], c = color)

    cluster_centers = kmeans_clustering.cluster_centers_
    for i in range(len(cluster_centers)):
        axs[max_iter].scatter(cluster_centers[:,0], cluster_centers[:,1],
                        marker='*', c='r', s=200)
```

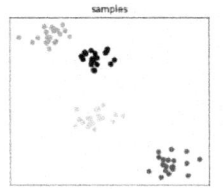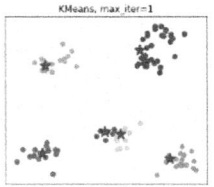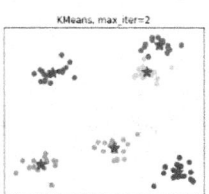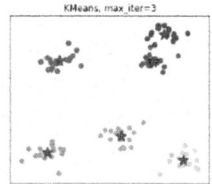

5.1.3 DBSCAN basado en densidad, desde cero

El Agrupamiento Espacial Basado en Densidad de Aplicaciones con Ruido o *Density-Based Spatial Clustering of Applications with Noise (DBSCAN)* es un algoritmo de agrupamiento indicado para ser usado en situaciones en las que existen regiones densas separadas por regiones relativamente poco densas. No necesita el híper-parámetro *K* (número de grupos o clusters) para operar. En vez de ello usa dos híper-parámetros: *eps* y *min_samples*. El algoritmo crea los nuevos clusters cuando encuentra al menos *min_samples* muestras dentro de una distancia *eps*. Sus fundamentos se pueden observar en el siguiente pseudocódigo. Después del diseño del pseudocódigo se proporciona el código funcional en Python. Como puede verse, es necesario combinar los valores apropiados de *eps* y de *min_samples* para obtener un agrupamiento adecuado. Esta tarea puede ser todavía más difícil que determinar un valor correcto para *K*.

```
DBSCAN(D, eps, min_samples)
   C = 0
   for each unvisited point P in dataset D
      mark P as visited
      N = getNeighbors (P, eps)
      if sizeof(N) < min_samples
         mark P as NOISE
      else
         C = next cluster
         expandCluster(P, N, C, eps, min_samples)

expandCluster(P, N, C, eps, min_samples)
   add P to cluster C
   for each point P' in N
      if P' is not visited
         mark P' as visited
         N' = getNeighbors(P', eps)
         if sizeof(N') >= min_samples
            N = N joined with N'
      if P' is not yet member of any cluster
         add P' to cluster C
```

```
import numpy as numpy
import scipy as scipy
from sklearn import cluster
from sklearn.datasets import make_blobs
import matplotlib.pyplot as plt


def color_cluster(i):
```

```python
    # choose each class color
    colors = ('black', 'orange', 'yellow', 'magenta')
    if (i == -1):
        color = 'blue'  # blue for noise samples
    else:
        if (i > NUM_CLASSES-1):
            color = 'cyan'
        else:
            color = colors[i]
    return color

def set2List(NumpyArray):
    list = []
    for item in NumpyArray:
        list.append(item.tolist())
    return list

def DBSCAN(Dataset, Epsilon,MinumumPoints,DistanceMethod = 'euclidean'):
    m,n=Dataset.shape
    Visited=numpy.zeros(m,'int')
    Type=numpy.zeros(m) #   -1 noise, outlier, 0 border, 1 core
    ClustersList=[]
    PointClusterNumber=numpy.zeros(m)
    PointClusterNumberIndex=1
    Neighbors=[]
    # Easy but not scalable implementation; DistanceMatriz.shape is m x m
    DistanceMatrix = scipy.spatial.distance.squareform(
                scipy.spatial.distance.pdist(Dataset, DistanceMethod))
    for i in range(m):
        if Visited[i]==0:
            Visited[i]=1
            # vector of neighbors of the sample i
            Neighbors=numpy.where(DistanceMatrix[i]<Epsilon)[0]
            if len(Neighbors)<MinumumPoints:
                Type[i]=-1 # isolated sample: noise, outlier
            else:
                Cluster=[]
                Cluster.append(i)
                PointClusterNumber[i]=PointClusterNumberIndex
                Neighbors=set2List(Neighbors)
                ExpandCluster(Neighbors,Cluster,MinumumPoints,Epsilon,
                        Visited,DistanceMatrix,PointClusterNumber,
                        PointClusterNumberIndex)
                Cluster.append(Neighbors[:])
                ClustersList.append(Cluster[:])
                PointClusterNumberIndex=PointClusterNumberIndex+1
```

```python
        return PointClusterNumber

def ExpandCluster(PointNeighbors,Cluster,MinumumPoints,Epsilon,
                  Visited,DistanceMatrix,PointClusterNumber,
                  PointClusterNumberIndex):
    Neighbors=[]
    for i in PointNeighbors:
        if Visited[i]==0:
            Visited[i]=1
            Neighbors=numpy.where(DistanceMatrix[i]<Epsilon)[0]
            if len(Neighbors)>=MinumumPoints:
                for j in Neighbors:
                    try:
                        PointNeighbors.index(j)
                    except ValueError:
                        PointNeighbors.append(j)

        if PointClusterNumber[i]==0:
            Cluster.append(i)
            PointClusterNumber[i]=PointClusterNumberIndex
    return

NUM_CLASSES = 4
NUM_FEATURES = 2
X,y = make_blobs(n_samples=80, n_features=NUM_FEATURES,
                 centers=NUM_CLASSES, cluster_std=1, random_state=14)

fig,axs = plt.subplots(1,NUM_CLASSES+1,figsize=(15,3), subplot_kw={'xticks':(),
'yticks':()})
axs[0].scatter(X[:,0], X[:,1], c = y)
axs[0].set_title('source samples')

Epsilon=1
MinumumPoints=3

for f, eps, min_samples in zip(range(NUM_CLASSES),
                               [0.5,1,1.5,2], [2,3,4,5]):
    clusters = DBSCAN(X,eps,min_samples)
    for i in range(len(clusters)):
        axs[f+1].scatter(X[i,0],X[i,1],
                         c = color_cluster(int(clusters[i])))
    axs[f+1].set_title('eps: '+ str(eps) + ', min_samp: ' +
                       str(min_samples))

plt.show()
```

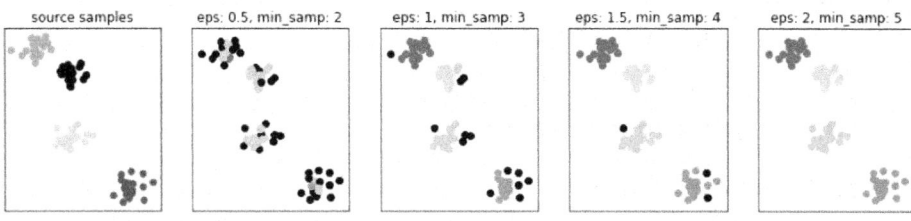

5.1.4 DBSCAN basado en densidad, usando SCiKit

Podemos usar la clase *DBSCAN* del paquete *sklearn.cluster*. En este ejemplo creamos una instancia *dbscan_clustering* estableciendo los valores de los parámetros *eps* y *min_samples*. De la misma manera que con la clase *KMeans*, aquí usamos el método *fit_predict* y obtenemos el vector *clusters*, que contiene los clusters a los que pertenece cada muestra. Podemos observar como los resultados son idénticos a los obtenidos en la versión "desde cero".

```python
from sklearn.datasets import make_blobs
import matplotlib.pyplot as plt
from sklearn.cluster import DBSCAN


def color_cluster(i):
    colors = ('black', 'orange', 'yellow', 'magenta')
    if (i == -1):
        color = 'blue'  # blue for noise samples
    else:
        if (i > NUM_CLASSES-1):
            color = 'cyan'
        else:
            color = colors[i]
    return color


NUM_CLASSES = 4
NUM_FEATURES = 2
X,y = make_blobs(n_samples=80, n_features=NUM_FEATURES, centers=NUM_CLASSES,
cluster_std=1, random_state=14)

fig,axs = plt.subplots(1,NUM_CLASSES+1,figsize=(15,3), subplot_kw={'xticks':(),
'yticks':()})

for f, eps, min_samples in zip(range(NUM_CLASSES), [0.5,1,1.5,2],
                        [2,3,4,5]):
```

```
dbscan_clustering = DBSCAN(eps = eps, min_samples = min_samples)
clusters = dbscan_clustering.fit_predict(X)

axs[0].scatter(X[:,0], X[:,1], c = y)
axs[0].set_title('source samples')

for i in range(len(y)):
    axs[f+1].scatter(X[i,0],X[i,1], c = color_cluster(clusters[i]))
axs[f+1].set_title('eps: '+ str(eps) + ', min_samp: ' +
                    str(min_samples))

plt.show()
```

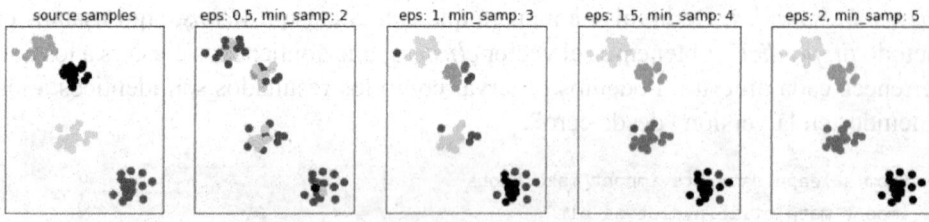

5.1.5 Clustering Acumulativo (Agglomerative clustering), usando SciKit

El clustering acumulativo comienza considerando tantos grupos o clusters como número de muestras existan. Después une los dos clusters más similares. Este modo de operar continúa hasta que se alcance algún criterio de parada; normalmente el criterio de parada es alcanzar el número de clusters prefijado. *SciKit* lo hace así, y esta es la razón que nos ha llevado a usar el parámetro *n_clusters* en el constructor *AgglomerativeClustering*, que pertenece al paquete *sklearn.cluster*. El código que se presenta a continuación sigue el diseño de los anteriores. Muestra el resultado del clustering acumulativo obtenido de diferentes datasets generados con ruido. Puede apreciarse que lleva a cabo su trabajo de forma correcta.

```
from sklearn.datasets import make_blobs
from sklearn.cluster import AgglomerativeClustering
import matplotlib.pyplot as plt

NUM_CLASSES = 4
NUM_FEATURES = 2
colors = ('orange', 'yellow', 'cyan', 'black')
```

```
fig,axs = plt.subplots(1,6,figsize=(20,3))

for deviation in [1,2,3]:
    X,y = make_blobs(n_samples=80, n_features=NUM_FEATURES,
                     centers=NUM_CLASSES, cluster_std=deviation,
                     random_state=14)

    agl_clustering = AgglomerativeClustering(n_clusters = NUM_CLASSES)
    clusters = agl_clustering.fit_predict(X)

    axs[(deviation-1)*2].scatter(X[:,0], X[:,1], c = y)
    axs[(deviation-1)*2].set_title('samples, noise: ' + str(deviation))
    axs[(deviation-1)*2].axis("off")

    for i in range(len(y)):
        color = colors[clusters[i]]
        axs[(deviation-1)*2+1].scatter(X[i,0],X[i,1], c = color)
    axs[(deviation-1)*2+1].set_title('agglomerative')
    axs[(deviation-1)*2+1].axis("off")
```

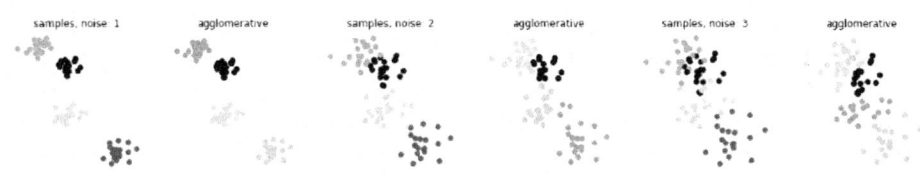

5.2 MEDIDA DE CALIDAD DEL CLUSTERING

Puesto que los algoritmos de clustering son algoritmos de machine learning no supervisados, sus medidas de calidad son muy diferentes de los supervisados: *MAE, RMSE, Precision*, etc. En este caso, las medidas de calidad están basadas en conceptos tales como la entropía interna de cada cluster, lo compacto que resulta cada cluster (cohesión) y la separación entre pares de clusters. El objetivo es mantener los clusters tan cohesionados como sea posible (internamente) y tan separados como sea posible (externamente: separados unos de otros). Las medidas de calidad de clustering son importantes ya que, en la mayoría de los casos reales, no podemos evaluar visualmente los resultados: los datos están basados en muchas características.

El siguiente ejemplo usa la aplicación *make_moons* para generar muestras de dos clases en un espacio bidimensional. Probaremos la calidad de los resultados obtenidos usando los tres algoritmos de clustering explicados con anterioridad: *KMeans, Acumulativo (Agglomerative)* y *DBSCAN*. Para probar los resultados hacemos uso del paquete *sklearn.metrics.cluster* y elegimos las siguientes métricas: *adjusted_rand_score, normalized_mutual_info_score, silhouette_score* y *homogeneity_score*. Se imprimen los resultados específicos ordenados por tipo de algoritmo. Visualmente podemos observar como los resultados mejoran de *K-Means* a *Acumulativo*, y de *Acumulativo* a *DBSCAN*. Nótese que los dos primeros algoritmos necesitan el parámetro "número de clusters" (*n_clusters*) mientras que *DBSCAN* ha sido ajustado con los valores *eps = 0.14* y *min_samples = 3*.

```python
import matplotlib.pyplot as plt
from sklearn.datasets import make_moons
from sklearn.preprocessing import MinMaxScaler
from sklearn.metrics.cluster import adjusted_rand_score,
    normalized_mutual_info_score, silhouette_score, homogeneity_score
from sklearn.cluster import KMeans, AgglomerativeClustering, DBSCAN
from warnings import simplefilter
simplefilter(action='ignore', category=FutureWarning)

NUM_CLASSES = 2
colors = ['black', 'orange', 'blue', 'magenta', 'cyan', 'darkgray']

X,y = make_moons(n_samples=100,noise=0.08, random_state=10)
scaler = MinMaxScaler()
scaler.fit(X)
X = scaler.transform(X)


cluster_methods = (KMeans(n_clusters=NUM_CLASSES), AgglomerativeClustering(n_
clusters=NUM_CLASSES),
                   DBSCAN(0.14,3))

fig, axs = plt.subplots(1,4, figsize=(18,3),
                        subplot_kw={'xticks':(), 'yticks':()})
axs[0].scatter(X[:,0], X[:,1], c = y)
axs[0].set_title('source samples')

for f, cluster_method, ax in zip(range(3), cluster_methods, axs):
    clusters = cluster_method.fit_predict(X)

    for i in range(len(clusters)):
        color = colors[clusters[i]]
        axs[f+1].scatter(X[i,0],X[i,1], c = color)
```

```
    axs[f+1].set_title(cluster_method.__class__.__name__)
    print(cluster_method.__class__.__name__)
    print("NMI:" + "{:.2f}".format(
        normalized_mutual_info_score(y,clusters)))
    print("ARI:" + "{:.2f}".format(adjusted_rand_score(y,clusters)))
    print("Silhouette: " + "{:.2f}".format(silhouette_score(X,clusters)))
    print("Homogeneity: " + "{:.2f}".format(
        homogeneity_score(y,clusters)))
    print()
plt.show()
```

```
KMeans
NMI:0.47
ARI:0.57
Silhouette: 0.48
Homogeneity: 0.47

AgglomerativeClustering
NMI:0.76
ARI:0.81
Silhouette: 0.43
Homogeneity: 0.76

DBSCAN
NMI:1.00
ARI:1.00
Silhouette: 0.38
Homogeneity: 1.00
```

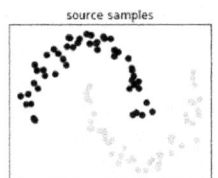 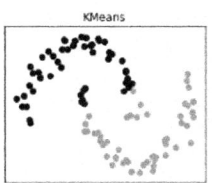 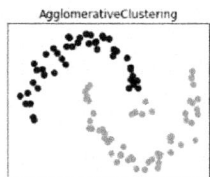 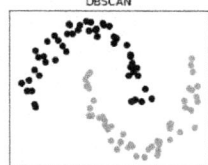

6

REDUCCIÓN DE DIMENSIONES

Las técnicas de reducción de dimensiones nos permiten reducir el tamaño de los datos. La operativa consiste en crear un nuevo conjunto de dimensiones partiendo de las características existentes. El número de dimensiones creadas y seleccionadas será menor que el número de características existentes. Cada nueva dimensión codifica una combinación de las características originales. Veamos un ejemplo: partiendo de un conjunto de datos relativos a comercio electrónico que contiene las características *"product_price"*, *"product_type"*, *"best_seller"*, *"number_stars"* y el objetivo *"stock_units"* podríamos crear otro dataset que contuviese únicamente dos características: *f1* y *f2*. Quizás *f1* pudiese ser una combinación de las características originales *"product_price"*, *"product_type"* y *"best_seller"*, y *f2* una combinación de las características originales *"best_seller"* y *"number_stars"*. Cuando las características originales presentan un cierto grado de correlación, podemos usar las técnicas de reducción de dimensionalidad existentes para encontrar la combinación de características más apropiada. El nuevo conjunto de datos reducido no solamente será procesado de manera más rápida, sino que probablemente pueda ofrecer mejores resultados (por ejemplo, para regresión o clasificación).

Una aplicación típica de reducción de dimensionalidad es representar gráficamente información condensada. En nuestro ejemplo podríamos dibujar un gráfico donde *f1* y *f2* se representasen en el eje *"x"* e *"y"*, respectivamente, y donde "stock_units" se representase en el eje *"z"*. En este capítulo explicamos dos algoritmos importantes de reducción de dimensionalidad: *Factorización Matricial* (*Matrix Factorization*) o *MF* y *Análisis de Componentes Principales* (*Principal Component Analysis*) o *PCA*. El primero funciona particularmente bien cuando se aplica sobre datos dispersos, mientras que *PCA* funciona adecuadamente sobre características correlacionadas y densas.

6.1 FACTORIZACIÓN MATRICIAL USANDO SCIKIT

La factorización matricial comprime una matriz $R_{m,n}$ en dos matrices: $P_{m,f}$ y $Q_{f,n}$ donde $f << m$ y $f << n$. Cuanto más pequeño sea f mayor será la compresión de la matriz. La factorización matricial se formula en (1). Su formulación discreta se presenta en (2) (forma normal y reducida). La formulación discreta muestra la manera en que se obtienen las predicciones una vez que el modelo haya aprendido los factores ocultos $p_{m,f}$ y $q_{f,n}$. La función de coste (3) minimiza los errores en las predicciones: es la diferencia entre los valores reales $r_{m,n}$ y los predichos $p_m \cdot q_n$. Después minimizamos la función de coste respecto a cada factor oculto p_m (ecuación 4) y q_n (ecuación 5).

$$R_{m,n} = P_{m,f} \cdot Q_{f,n} \qquad (1)$$

$$\hat{r}_{m,n} = \sum_{f=0}^{F-1} p_{m,f} \cdot q_{f,n} \qquad (2)$$

$$\hat{r}_{m,n} = p_m \cdot q_n \qquad (2)$$

$$loss(p_m, q_n) = \left(r_{m,n} - \sum_{r_{m,n} \in R} p_m \cdot q_n \right)^2 = e_{m,n}^2 \qquad (3)$$

$$\frac{\partial loss}{\partial p_m} = \frac{\partial}{\partial p_m} \left(r_{m,n} - p_m \cdot q_n \right)^2 = -2 \cdot q_n \left(r_{m,n} - p_m \cdot q_n \right) = -2 \cdot q_n \cdot e_{m,n} \qquad (4)$$

$$\frac{\partial loss}{\partial q_n} = \frac{\partial}{\partial q_n} \left(r_{m,n} - p_m \cdot q_n \right)^2 = -2 \cdot p_m \left(r_{m,n} - p_m \cdot q_n \right) = -2 \cdot p_m \cdot e_{m,n} \qquad (5)$$

De las ecuaciones 4 y 5, las reglas de actualización para $p_{m,f}$ y $q_{f,n}$ son:

$$p'_{m,f} = p_{m,f} + 2 \cdot \alpha \cdot q_{f,n} \cdot e_{m,n} \qquad (6)$$

$$q'_{f,n} = q_{f,n} + 2 \cdot \alpha \cdot p_{m,f} \cdot e_{m,n} \qquad (7)$$

Para mantener valores bajos en los factores ocultos, y para evitar sobreajustes, la factorización matricial se puede regularizar:

$$loss(m,n) = \left(r_{m,n} - \sum_{f=0}^{K-1} p_{m,f} \cdot q_{f,n} \right)^2 + \frac{\beta}{2} \sum_{f=0}^{K-1} (\|P\|^2 + \|Q\|^2)$$

K es el número de factores ocultos seleccionado. Las nuevas ecuaciones para actualizar los factores ocultos son:

$$p'_{m,f} = p_{m,f} + \alpha \left(2 \cdot q_{f,n} \cdot e_{m,n} - \beta \cdot p_{m,f} \right)$$
$$q'_{f,n} = q_{f,n} + \alpha \left(2 \cdot p_{m,f} \cdot e_{m,n} - \beta \cdot q_{f,n} \right)$$

Con las ecuaciones dadas resulta fácil implementar factorización matricial probabilística usando el algoritmo de gradiente descendente: se actualizan los factores ocultos hasta que hayan sido procesados un número determinado de epochs, o hasta que la variación de los factores ocultos sea pequeña, o hasta que los valores de error alcancen un valor límite. La factorización matricial puede diseñarse de tal manera que se restrinja el intervalo de los valores posibles de los factores ocultos a números no negativos; esto es lo que se denomina *Factorización Matricial No Negativa* o *NMF* (*non Negative Matrix Factorization*). En este caso, también la matriz original *R* debe contener componentes no negativos. Los factores ocultos de *NMF* pueden ser comparados de manera sencilla, mientras que la semántica de los factores negativos y positivos no está definida en una factorización matricial ordinaria.

Cada factor oculto *f* puede codificar varias relaciones entre características. Los factores ocultos son la esencia de la matriz comprimida *R*. Normalmente, al trabajar con las matrices *P* y *Q* podemos obtener mejores resultados que procesando la matriz original: p. ej.: búsqueda de correlaciones. Un ejemplo típico de uso de factorización matricial son los sistemas de recomendación modernos; pueden ser vistos como matrices gigantescas cuyas filas representan a los usuarios y las columnas representan a los ítems: películas votadas., canciones escuchadas, productos comprados, etc. Por supuesto, los usuarios no pueden ver todas las películas, escuchar todas las canciones o comprar montones de productos: las matrices de filtrado colaborativo en sistemas de recomendación son muy dispersas. La factorización matricial resulta particularmente útil para comprimir matrices dispersas y para predecir valores no existentes (vacíos): películas no votadas, etc. Otro uso de la factorización matricial es la compresión de datos: en vez de llevar a cabo procesos de machine learning con todos los datos existentes, podemos extraer la información más relevante y descartar el resto. La factorización matricial puede descartar numerosos datos, perdiendo únicamente una pequeña parte de la información. Este es el resultado que obtenemos cuando comprimimos una imagen: se reduce de manera significativa su tamaño sin una pérdida perceptible de calidad.

El siguiente código muestra la capacidad de compresión de imágenes que proporciona el algoritmo *NMF*. Usamos el dataset de las *caras de Olivetti* mostrado en secciones previas. Primero se busca el dataset y se cargan sus datos en la propiedad *faces*. Imprimimos su dimensión: (400, 4096). Esto significa que el conjunto de datos contiene 400 caras, y están codificadas en 4096 características (pixeles): 64 filas por 64 columnas. Nuestro objetivo es probar la capacidad de compresión de *NMF*: mostraremos la pérdida progresiva de calidad de cuatro caras arbitrarias cuando se aplican siete diferentes factores de compresión (número de factores ocultos). El método *plot_gallery* dibuja cada imagen original y sus siete casos comprimidos para las cuatro caras arbitrarias en el dataset. Esta función es similar a las previas: notemos la instrucción *image.reshape((64, 64))* que convierte el vector de 4096 características (pixeles) en una matriz de 64 por 64 pixeles que se puede dibujar.

El núcleo del código contiene dos bucles anidados: el primero se usa para procesar cada una de las caras elegidas arbitrariamente (última, primera y media, entre ellas), y el bucle interior se emplea para comprimir usando varios niveles de factorización; en este ejemplo: de 5 a 35 factores, con saltos de 5 en 5. La factorización matricial no negativa se instancia en la instrucción *decomposition. NMF*, es inicializada a tantos factores como indica *compressed (factors)*, y después se ajusta el modelo: *fit_transform(faces)*. De esta manera, todas las imágenes se comprimen (más o menos dependiendo de la iteración concreta: de 5 a 35). Estos datos comprimidos son adecuados para su utilización en algoritmos de clasificación, porque aceleran mucho la creación del modelo. En nuestro ejemplo no clasificamos imágenes, en vez de ello invertimos la transformación: *inverse_transform(W[face])* y mostramos el resultado. Observando las imágenes dibujadas, podemos ver las cuatro caras originales (primera columna) y los resultados de la compresión. Como era de esperar, a mayor número de factores, mejor calidad de imagen. Como ejemplo, una imagen comprimida con 15 factores presenta una calidad razonable. Su tamaño son 15 factores *p* más 15 factores *q*, en vez de 64 por 64 pixeles. 30 factores podrían ser almacenados en 120 bytes; 64 por 64 pixeles necesitan 2048 bytes: una reducción del 94%.

```python
import matplotlib.pyplot as plt
from sklearn.datasets import fetch_olivetti_faces
from sklearn import decomposition

dataset = fetch_olivetti_faces(random_state=14)
faces = dataset.data
print(faces.shape)
n_faces, n_hidden_factors = 4, 7
def plot_gallery(images, n_col=n_hidden_factors+1, n_row=n_faces,
                 cmap=plt.cm.gray):
    fig, axs = plt.subplots(n_row,n_col, figsize=(18,7),
                            subplot_kw={'xticks':(), 'yticks':()})
    for i, image in zip(range(n_faces*(n_hidden_factors+1)), images):
        r = int(i/n_col); c = i%n_col
```

```
           axs[r,c].imshow(image.reshape((64, 64)), cmap=cmap)
           if (r == 0 and c!=0):
               axs[r,c].set_title('#Factors = ' + str(c*5))

images = []
for face in [399,199,60,0]: # some faces from the 400 dataset samples
    images.append(faces[face])  # draw the original image
    for compressed in range(5,5+n_hidden_factors*5,5):
        estimator = decomposition.NMF(n_components=compressed,
                                      init='nndsvda', tol=5e-3)
        W = estimator.fit_transform(faces)
        # draw the compressed image
        images.append(estimator.inverse_transform(W[face]))
plot_gallery(images)

plt.show()
```

```
(400, 4096)
```

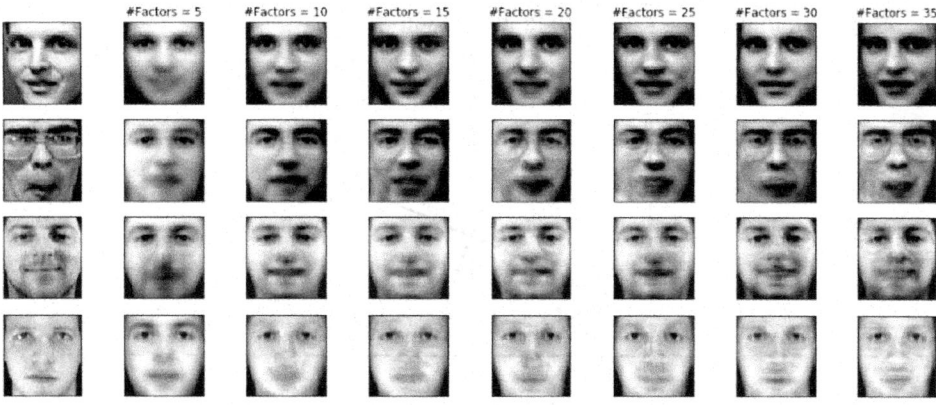

6.2 ANÁLISIS DE COMPONENTES PRINCIPALES (PCA), USANDO SCIKIT

El *Análisis de Componentes Principales* (*Principal Component Analysis* o *PCA*) es un método clásico, en machine learning, para reducir la dimensionalidad de los conjuntos de datos. Una vez que se ha reducido la dimensionalidad, los métodos de machine learning pueden llevar a cabo su labor con mayor eficiencia.

PCA puede realizar una gran reducción de tamaño en aquellos casos en los que hay datos correlacionados. Los algoritmos de machine learning que son alimentados con las salidas producidas por *PCA* normalmente consiguen mejores niveles de calidad. Es importante saber que *PCA* no reduce de manera directa la dimensionalidad; crea nuevos ejes ordenados donde la información no está distribuida de manera uniforme. El primer eje contiene la información más importante, el segundo eje mantiene la información que ocupe el siguiente puesto en orden de importancia, y así sucesivamente. El ingeniero de datos determina cuantos ejes mantiene y cuantos ejes descarta. Es habitual incorporar el número necesario de ejes para mantener una proporción de la información (p.ej.: 90%) y descartar el resto de los ejes.

   PCA busca vectores de ejes alternativos que mantengan la información más representativa. El algoritmo maximiza la varianza: busca una combinación lineal de variables para extraer la máxima varianza; después busca otra combinación lineal para extraer la máxima proporción de la varianza restante, y así sucesivamente. Cada nuevo eje es ortogonal a los anteriores. Para entender mejor los conceptos expuestos anteriormente mostraremos algunas figuras que ilustren la explicación. La primera contiene un conjunto típico de muestras relacionadas en un espacio bidimensional. Visualmente se puede ver que la "flecha larga" en la imagen representa el vector del eje que tiene la máxima varianza: la información más importante, donde es más probable encontrar una solución de regresión, clasificación o clustering. El segundo eje, ortogonal, mantiene el resto de la información.

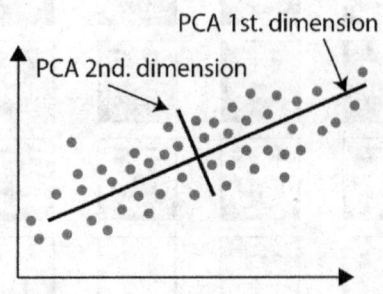

Como se ha explicado, *PCA* no reduce la dimensionalidad ni el tamaño de los datos. Seguimos teniendo el mismo número de ejes y el mismo número de puntos de datos (muestras). El tema interesante aquí es que probablemente podamos descartar el segundo eje y todavía mantener un nivel de calidad razonable en los subsecuentes procesos de machine learning. Si decidimos hacerlo, se procederá a llevar a cabo una reducción de dimensionalidad y, en este caso, el tamaño de los datos se reduciría. Obviamente, este proceso tiene más sentido cuando tratamos con un alto número de dimensiones (características) ya que los ejes que se mantengan codificarán combinaciones lineales más ricas, y los ejes descartados codificarán una pequeña proporción de información. Debido a que cada nueva dimensión puede codificar una compleja combinación de variables, probablemente no sea posible explicar o interpretar su significado.

PCA es un método estadístico para convertir un conjunto de muestras de variables posiblemente correlacionadas en un conjunto de valores de variables no correlacionadas linealmente. Es importante saber que *PCA* no será capaz de ayudar en la reducción de dimensiones de datos no correlacionados (características no relacionadas). La siguiente imagen muestra un ejemplo simple bidimensional: *PCA* no será capaz de encontrar ejes ortogonales donde el primer eje mantenga una porción de información muy relevante.

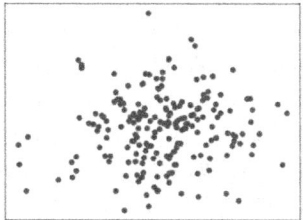

El método de análisis de componentes principales está basado en la información de la *Matriz de Covarianza*. La matriz de covarianza almacena las varianzas y las covarianzas de cada par de características. La varianza (Ecuación 1) devuelve la desviación promediada de la media de una variable *x*. La covarianza de dos variables (*x* e *y*) se muestra en la ecuación (2) y mide el grado de la relación que existe entre *x* e *y*.

$$\sigma^2_{xx} = \frac{\sum_i (x_i - \overline{x})(x_i - \overline{x})}{n-1} \quad (1)$$

$$\sigma^2_{xy} = \frac{\sum_i (x_i - \overline{x})(y_i - \overline{y})}{n-1} \quad (2)$$

Para explicar el significado de la matriz de covarianza vamos a usar una matriz de covarianza de tres características. Denominaremos E, S, A a las variables. Estas variables representarían características tales como *edad, salario y años_experiencia*. El conjunto de valores de las muestras serán $a_1, a_2, ..., a_n$ y exactamente lo mismo para S y E. En un conjunto de datos de una empresa, cada variable (característica) podría contener tantos valores como empleados. Es muy importante normalizar los datos para mantener los valores en el mismo rango.

$$cov = \begin{bmatrix} \dfrac{\sum_i (a_i - \bar{a})(a_i - \bar{a})}{n-1} & \dfrac{\sum_i (a_i - \bar{a})(s_i - \bar{s})}{n-1} & \dfrac{\sum_i (a_i - \bar{a})(e_i - \bar{e})}{n-1} \\[3ex] \dfrac{\sum_i (a_i - \bar{a})(s_i - \bar{s})}{n-1} & \dfrac{\sum_i (s_i - \bar{s})(s_i - \bar{s})}{n-1} & \dfrac{\sum_i (s_i - \bar{s})(e_i - \bar{e})}{n-1} \\[3ex] \dfrac{\sum_i (a_i - \bar{a})(e_i - \bar{e})}{n-1} & \dfrac{\sum_i (s_i - \bar{s})(e_i - \bar{e})}{n-1} & \dfrac{\sum_i (e_i - \bar{e})(e_i - \bar{e})}{n-1} \end{bmatrix}$$

La matriz de covarianza contiene, en su diagonal, las varianzas de cada característica (dimensión, o variable). Contiene, también, las covarianzas entre todos los posibles pares de variables en el conjunto de datos. Nótese que la matriz de covarianza es simétrica, ya que *covarianza(x,y) = covarianza(y,x)*. Los valores de la covarianza que están en la matriz proporcionan la información necesaria para que el método *PCA* pueda obtener los nuevos ejes dimensionales esperados. Existen diferentes enfoques para extraer la información. Uno de ellos es el algoritmo *Singular Value Decomposition (SVD)* o *Descomposición en Valores Singulares*. Podemos visualizar este algoritmo imaginando la elipse que mejor envuelve los datos: las direcciones de los ejes de la elipse determinan los nuevos valores vectoriales de los ejes; los denominamos *vectores propios (eigenvectors)*.

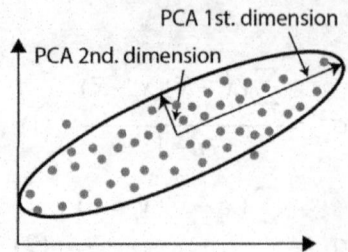

Al usar *SVD* se diagonaliza la matriz de covarianza. Los valores de la diagonal se ordenan descendentemente; éstos son los *valores propios (eigenvalors)*. Los valores propios muy grandes se corresponden con varianzas muy grandes y representan las dimensiones más importantes. Cuanto más grande sea un valor propio más importante será su dimensión relacionada. Un vector propio es un vector que responde a una matriz como si la matriz fuese un valor escalar.

$$cov \cdot x = \lambda \cdot x$$

La matriz de covarianza define las direcciones que tienen una mayor varianza. Cuando un vector se multiplica por la matriz de covarianza, el resultado se verá "reforzado" si apunta hacia alguna de las direcciones importantes en la matriz de covarianza. Este es el caso de los vectores donde *cov* * *x* apunta al vector de dirección *lambda* * *x*. Estos son los vectores propios, y apuntan a direcciones en las que se maximiza la varianza.

Los principales pasos en el algoritmo *PCA* son:

1. Centrar los datos: restar la media de cada variable

2. Escalar los datos al mismo rango

3. Calcular la matriz de covarianza

4. Obtener los vectores propios y los valores propios de la matriz de covarianza

5. Elegir los componentes principales: los vectores propios se ordenan según los valores propios de mayor a menor. El número de vectores propios elegidos será el número de dimensiones del nuevo conjunto de datos

6. Procesar el nuevo conjunto de datos

La descomposición en valores singulares es un método de descomposición de una matriz en otras tres matrices:

$$A = USV^{T}$$

Donde:

▼ *A* es una matriz *m x n*
▼ *U* es una matriz ortogonal *m x m*
▼ *S* es una matriz diagonal *m x n*
▼ *V* es una matriz ortogonal *n x n*

Vamos a realizar una comprobación usando la biblioteca de Python *numpy.linalg* que contiene funciones para invertir una matrix: *inv* y para obtener eigenvectores y eigenvalores: *eig*. En primer lugar obtendremos los eigenvalores y los eigenvectores de una matriz *A*, posteriormente prepararemos las matrices *U*, *S* y *V*. Finalmente, *B* contiene la matriz reconstruida. Como se esperaba, el método puede recuperar la matriz original.

```
from numpy import array, diag, dot
from numpy.linalg import eig, inv

A = array([[10, 12, 14], [20, 22, 24], [30, 32, 34]])
print(A)

values, vectors = eig(A)
print(values)
print(vectors)

U = vectors
# create inverse of eigenvectors matrix
V = inv(U)
# create diagonal matrix from eigenvalues
S = diag(values)
# reconstruct the original matrix
B = U.dot(S).dot(V)
print(B)
```

```
[[10 12 14]
 [20 22 24]
 [30 32 34]]
[ 6.77706773e+01 -1.77067730e+00 -8.63238338e-16]
[[-0.30261513 -0.74689314  0.40824829]
 [-0.54297233 -0.04162665 -0.81649658]
 [-0.78332952  0.66363985  0.40824829]]
[[10. 12. 14.]
 [20. 22. 24.]
 [30. 32. 34.]]
```

El siguiente código muestra visualmente la capacidad que tiene el algoritmo *PCA* para comprimir datos. El ejemplo sigue el mismo diseño que el código de la sección anterior. Básicamente hemos cambiado el dataset y el algoritmo de reducción de dimensionalidad. El conjunto de datos elegido es el de *LFW*, que contiene las caras etiquetadas. El algoritmo es *PCA*, donde el número de vectores propios ha sido probado en un rango que va desde cinco a trescientos. El parámetro *n_components* del constructor de *PCA* toma el número de vectores propios deseado. Podría seleccionarse, en su lugar, el número de componentes necesario para que la cantidad de varianza que necesita ser explicada sea más grande que el porcentaje especificado.

```python
from sklearn.datasets import fetch_lfw_people
from sklearn.decomposition import PCA
import matplotlib.pyplot as plt

lfw = fetch_lfw_people(min_faces_per_person=70, resize=0.4)
X = lfw.data

n_samples, h, w = lfw.images.shape
n_features = X.shape[1]
print("#Features: "+ str(n_features))

def plot_gallery(images, height, width, n_row, n_col, cmap=plt.cm.gray):
    fig, axs = plt.subplots(n_row,n_col, figsize=(14,10),
                           subplot_kw={'xticks':(), 'yticks':()})
    for i, image in zip(range(n_row*n_col), images):
        r = int(i/n_col); c = i%n_col
        axs[r,c].imshow(image.reshape((h, w)), cmap=cmap)
        if (r == 0):
            if(c == 0):
                axs[r,c].set_title('compressed:')
            else:
                axs[r,c].set_title('{:.2f}'.format(
                            100-(5+(c-1)*20)*100/n_features) + '%')

n_components = 300

images = []
for face in [100,150,300,400]:  # some faces from the dataset samples
    images.append(X[face])  # draw the original image
    for compressed in range(5,126,20):
        estimator = PCA(n_components=compressed, svd_solver='randomized')
        W = estimator.fit_transform(X)
        # draws the compressed image
        images.append(estimator.inverse_transform(W[face]))

plot_gallery(images, h, w, 4, 8)
plt.show()
```

```
#Features: 1850
```

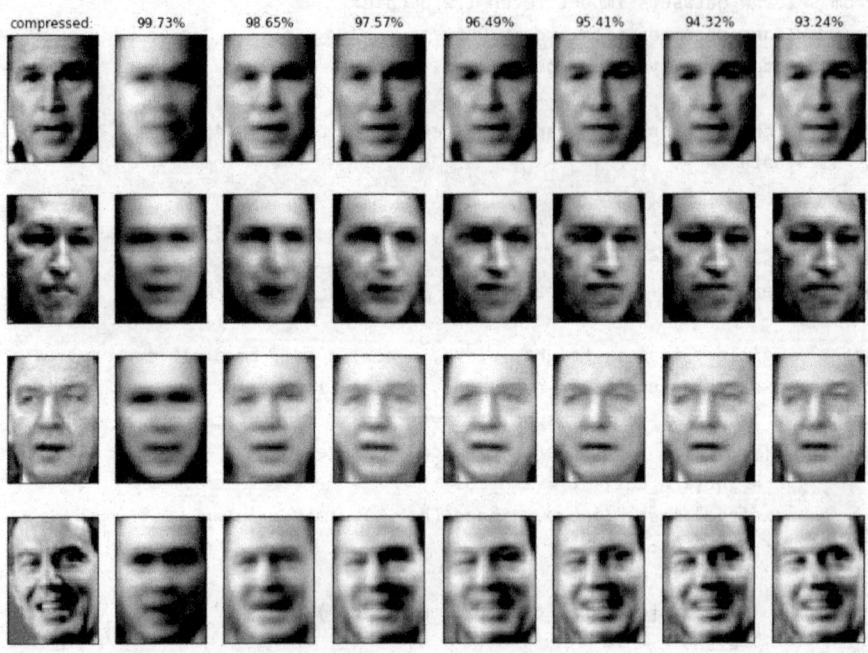

Las imágenes han sido etiquetadas con el porcentaje de compresión alcanzado. Dado que el número original de características es 1850 (ver el resultado impreso), al usarse solamente un rango de entre 5 y 300 vectores propios (*n_components*) existe un nivel de compresión muy alto. Observando los gráficos podemos ver que usando *PCA* en este conjunto de datos es posible comprimir la información en un 93% y mantener una calidad razonable. Ahora surge la pregunta clave: ¿Cuánto se deteriorarán los resultados de la clasificación por reducir la dimensionalidad del dataset usando *PCA*? Esta pregunta será respondida mediante el ejemplo final de esta sección.

Los vectores propios que hemos obtenido se pueden visualizar; están almacenados en la propiedad *components_*. El siguiente código es una versión reducida del programa anterior. Su principal novedad es precisamente el dibujo de los vectores propios en vez de dibujar los datos de las imágenes y las imágenes reconstruidas. Al final del código se puede ver que hemos elegido solamente 18 vectores propios (*n_components*). Finalmente, se llama al método *plot_gallery* con *components_* como argumento. Las imágenes han sido dibujadas en base a la información de las dimensiones reducidas obtenidas mediante *PCA*. Mantienen la "esencia" del conjunto completo de caras: la información que contiene la mayor parte de la varianza.

```python
from sklearn.datasets import fetch_lfw_people
from sklearn.decomposition import PCA
import matplotlib.pyplot as plt

lfw = fetch_lfw_people(min_faces_per_person=70, resize=0.4)
X = lfw.data
n_samples, h, w = lfw.images.shape

def plot_gallery(images, height, width, n_row, n_col, cmap=plt.cm.gray):
    fig, axs = plt.subplots(n_row,n_col, figsize=(14,9),
                            subplot_kw={'xticks':(), 'yticks':()})
    for i, image in zip(range(n_row*n_col), images):
        r = int(i/n_col); c = i%n_col
        axs[r,c].imshow(image.reshape((h, w)), cmap=cmap)

pca = PCA(n_components=18, svd_solver='randomized').fit(X)

print(pca.components_.shape)
plot_gallery(pca.components_, h, w, 3, 6)
plt.show()
```

```
(18, 1850)
```

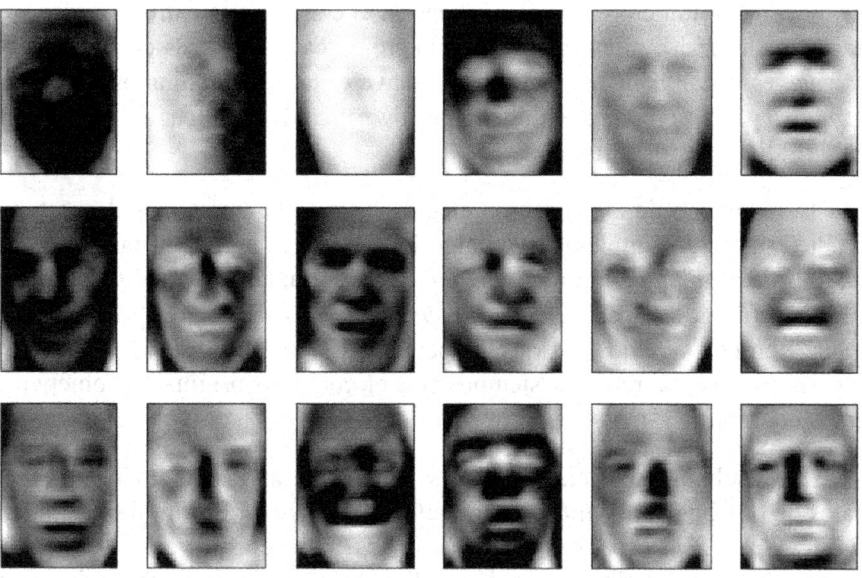

Nuestro último ejemplo usa el dataset *LFW* para medir el impacto de *PCA* en la clasificación. El programa lleva a cabo un conjunto de reducciones de dimensionalidad y después prueba la calidad de la clasificación para cada dato comprimido. Compararemos el rendimiento en tiempo de ejecución con la exactitud obtenida. Las medidas de prueba de la calidad de la clasificación que hemos seleccionado son *precision* y *recall*.

Cuando se carga el dataset, se usa el parámetro *min_faces_per_person* para asegurar una mínima representación para cada objetivo. Después, como es habitual, usamos *X* para almacenar los datos e *y* para almacenar los objetivos. A partir de la propiedad *images* se obtiene el número de muestras (imágenes) y su altura y anchura. Después de que *X* e *y* se asignen a variables, se usa el método *train_test_split* para preparar los conjuntos de entrenamiento y de prueba.

La parte principal del programa es la que está situada en el bucle *for*, donde se itera entre 5 y 300 veces, con un salto de 20, variando los valores de la propiedad *n_eigenvectors* (n vectores propios): estos son los valores usados para probar el impacto de la compresión de cada uno de ellos en los resultados de clasificación. Establecemos *n_components* = *n_eigenvectors* en el constructor *PCA*. Nótese que *PCA* siempre obtiene todos los posibles vectores propios. Cuando establecemos *n_components*, el estimador devuelve este número de vectores propios representativos de todos los obtenidos. Esta es la razón por la que, en el gráfico resultante, el tiempo de ejecución de *PCA* no varíe significativamente.

La instrucción *pca.transform* aplica el modelo ajustado a los conjuntos *X_train* y *X_test*. El número de características en el conjunto de entrenamiento y en el de prueba es de 2914, mientras que el número de características de *X_train_pca* y *X_test_pca* es *n_components*. El concepto clave es usar los conjuntos comprimidos *X_train_pca* y *X_test_pca* para alimentar el algoritmo de clasificación y acto seguido probar la calidad de los resultados.

El algoritmo de clasificación elegido ha sido las máquinas de vectores de soporte (*SVC*). *SciKit* implementa el algoritmo *SVC*; lo hemos instanciado usando los valores de regularización *C* y *gamma*, Es importante notar que la clasificación *SVC* se ajusta usando *X_train_pca* e *y_train*: *svc.fit(X_train_pca, y_train)*; se usa *X_train_pca* porque queremos probar el impacto de la compresión *PCA*. Se usa *y_train* porque las pruebas se realizan siempre con el conjunto original de objetivos: no debemos comprimir *y_train*.

Los resultados de la clasificación se obtienen usando el método *predict* sobre los datos de prueba comprimidos: *svc.predict(X_test_pca)*. Por último, los métodos *precisión_core* y *recall_core* nos darán la calidad de cada clasificación. Los resultados muestran, como se esperaba, que reduciendo el número de vectores propios (mayor nivel de compresión) el modelo de clasificación se acelera (menor tiempo de proceso). Los resultados muestran también que la exactitud (*precision, recall*) se incrementa cuando el factor de compresión se reduce (menor compresión): sin embargo, existe un valor máximo: *n_components = 125*, a partir del cual la calidad de la clasificación va decreciendo gradualmente. La conclusión más relevante es que existe un máximo en la curva de calidad, y que por tanto la calidad no siempre aumenta cuando la compresión de la información disminuye. Es decir: 1) Podemos conseguir mejores resultados de clasificación si comprimimos la información, 2) Existe un nivel de compresión de la información óptimo que mejora la calidad de la clasificación, 3) Si comprimimos demasiado perdemos información útil para el procesamiento de la compresión, y 4) Si comprimimos demasiado poco incorporamos información no relevante que empeora el proceso de clasificación.

```python
from sklearn.datasets import fetch_lfw_people
from sklearn.model_selection import train_test_split
from sklearn.metrics import precision_score, recall_score
from sklearn.decomposition import PCA
from sklearn.svm import SVC
from time import time
import numpy as np
import matplotlib.pyplot as plt


lfw = fetch_lfw_people(min_faces_per_person=70)
X = lfw.data
y = lfw.target


n_samples, h, w = lfw.images.shape
n_features = X.shape[1]


X_train, X_test, y_train, y_test = train_test_split(
    X, y, random_state=42)


PCA_time = []; SVC_time = []; test_precision = []; test_recall = []
for n_eigenvectors in range(5,300,20):
    #print(int((300-n_eigenvectors)/20), end = " ")
    t0 = time()
    pca = PCA(n_components=n_eigenvectors, whiten=True).fit(X_train)
    PCA_time.append(time() - t0)

    # we have chosen to use fit, and then transform
    X_train_pca = pca.transform(X_train)
    X_test_pca = pca.transform(X_test)     # instead fit_transform

    t0 = time()
```

```
        svc = SVC(C = 1000, gamma = 0.005, kernel='rbf',
                  class_weight='balanced')
        svc = svc.fit(X_train_pca, y_train)
        SVC_time.append(time() - t0)

        y_pred_test = svc.predict(X_test_pca)

        test_precision.append(precision_score(y_test, y_pred_test,
                              average = 'weighted'))
        test_recall.append(recall_score(y_test, y_pred_test,
                           average = 'weighted'))

x = range(5,300,20)
plt.figure(figsize=(8,4))
plt.plot(x, PCA_time, '-y', label = 'PCA time')
plt.plot(x, SVC_time, '-k', label = 'SVC time')
plt.plot(x, test_precision, '--k', label = 'Precision')
plt.plot(x, test_recall, '--o', label = 'Recall')
plt.grid();
plt.xlabel('#eigenvectors (n_components)')
plt.legend()
plt.show()
```

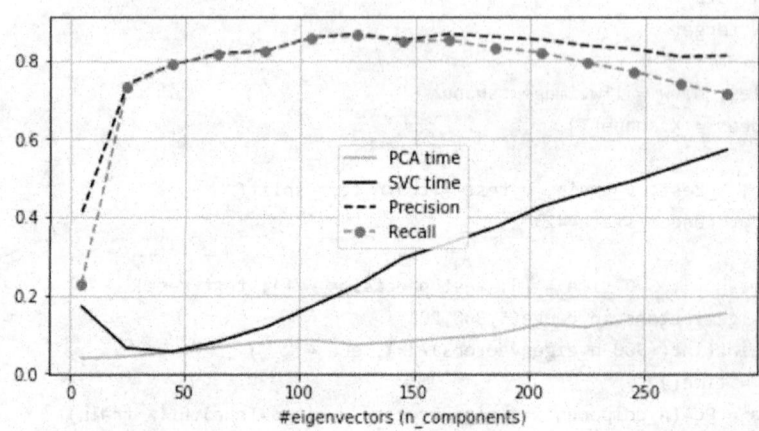

7

REDES NEURONALES

7.1 LA NEURONA BIOLÓGICA

Las *redes neuronales artificiales* tratan de imitar el funcionamiento del cerebro. Su elemento básico son las neuronas, por lo que resulta necesario conocer el funcionamiento de una neurona biológica para entender el modelo simplificado de neurona en el que se basan las redes neuronales artificiales. En la siguiente figura se aprecia que el elemento central de una neurona es su *núcleo*; el núcleo se encarga de realizar el procesamiento de la información que le llega a la neurona. Esta información entrante proviene de las *dendritas*; podemos suponer que normalmente la información llega desde otras neuronas o, en algunas ocasiones, desde estímulos exteriores: nervio óptico, auditivo, etc. La información procesada se transmite a lo largo del *axón* hacia otras neuronas o hacia elementos biológicos del cuerpo, que finalmente provocan las reacciones a los estímulos de entrada: movimientos musculares, mecanismos de defensa, etc. Los terminales del axón se denominan *sinapsis*; son los encargados de realizar esta transferencia hacia las siguientes neuronas.

Un cerebro humano tiene unos 80 mil millones de neuronas y unos 100 millones de millones de conexiones. Cada neurona transmite la señal que procesa a potencialmente cientos de neuronas, que a su vez hacen lo mismo. Desde que se produce un estímulo (visual, auditivo, sensitivo, etc.) hasta que se genera la respuesta (p.e.: movimiento muscular) el procesamiento acumulado por las neuronas involucradas es ingente: capaz de resolver las complejas situaciones de la vida que nuestro desarrollo evolutivo ha podido solventar. La velocidad de procesamiento de las neuronas está entre 1 y 2 milisegundos. En definitiva, el cerebro tiene una enorme capacidad de procesamiento paralelo basada en grano fino: unidades de procesamiento sencillas con un gran número de canales de comunicación entre ellas.

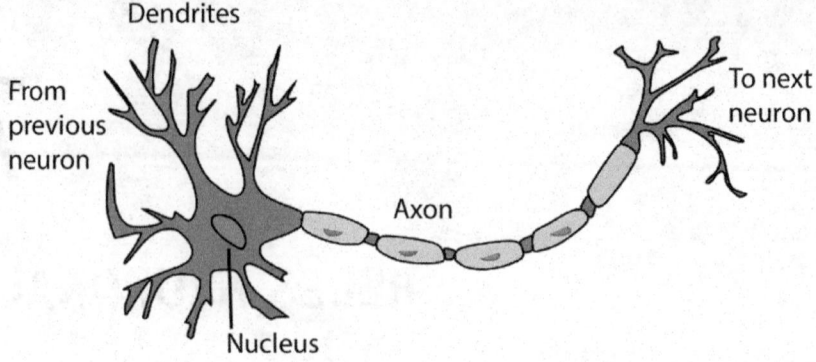

El procesamiento simplificado de una neurona biológica es el siguiente:

▶ Inicialmente, el núcleo de la célula se encuentra en reposo, con una carga potencial de unos -70mV.

▶ Cuando llegan señales de las sinapsis de otras neuronas, el cuerpo de la célula va perdiendo carga negativa.

▶ Siguiendo el proceso anterior, el cuerpo de la célula llega a situarse con un potencial de unos +30mV

▶ Interviene un proceso que descarga esta tensión, devolviendo a la célula a su estado de reposo.

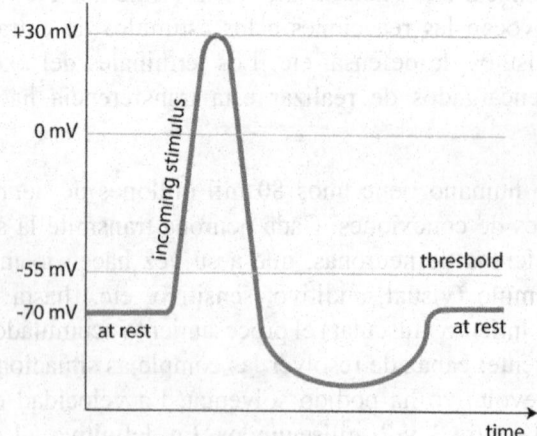

Los sistemas neuronales biológicos presentan una característica determinante para el aprendizaje y el almacenamiento de la información: los *neurotransmisores*. Los neurotransmisores controlan el flujo de la información que transita a través de las neuronas. Los neurotransmisores actúan químicamente sobre las sinapsis, amplificando o disminuyendo la cantidad de potencial que se transmite de una neurona a otra. De esta manera, existen sinapsis inhibidoras y sinapsis excitadoras. Esta característica permite variar la respuesta de las redes neuronales, soportando la evolución necesaria que requieren los mecanismos de aprendizaje.

El cerebro tiene una estructura mayoritariamente fijada. Aunque se generan nuevas neuronas durante el transcurso de toda la vida, un cerebro adulto tiene casi toda su estructura estática en cuanto a número de neuronas y sus conexiones ¿Cómo se almacenan los recuerdos y cómo se aprende en un cerebro adulto? La clave se encuentra en los neurotransmisores: el conjunto de valores (estados) de los neurotransmisores determina los flujos de la información, y por tanto las respuestas del cerebro a los estímulos de entrada.

7.2 LA NEURONA ARTIFICIAL

Los equipos informáticos habituales trabajan exactamente al contrario que el cerebro: son máquinas de grano grueso, con muy escaso procesamiento paralelo. Únicamente tienen un pequeño número de *cores* trabajando en paralelo, cada uno de ellos con una capacidad de cómputo enormemente mayor que una neurona. La cuestión es que 80 mil millones de neuronas trabajando en paralelo son capaces de procesar la información cotidiana muchísimo más rápido que los computadores que conocemos. A esto hay que añadir otra cuestión muy importante: los algoritmos. Nuestros algoritmos tienden a resolver los problemas de manera secuencial, al igual que lo hacen nuestros procesadores. Sin embargo, las situaciones cotidianas a las que nos enfrentamos: reconocimiento de imágenes, de sonidos, extracción de significados semánticos, aprendizaje, etc. se formulan mucho mejor emulando nuestros sistemas biológicos de aprendizaje: es decir, tomando el cerebro como modelo. Esto nos lleva a la necesidad de crear un modelo artificial de las neuronas biológicas.

Las neuronas artificiales presentan una estructura y siguen unas pautas de funcionamiento muy similares a sus correspondientes en el modelo natural presentado en el apartado anterior. La siguiente figura muestra el esquema de una neurona artificial. Sus elementos son:

▼ u_i representa la neurona i-ésima.

▼ y_i representa el resultado que genera la neurona i, equivalente a la salida que se produce en el axón de la neurona biológica.

▼ w_{ji} representa el valor de inhibición o excitación entre las neuronas u_j y u_i. Es el equivalente al efecto de los neurotransmisores sobre la sinapsis que une las neuronas u_j y u_i. Cuando $w_{ji}>0$ se modela una sinapsis excitadora; cuando w_{ji} es menor a 0 se modela una sinapsis inhibidora; cuando w_{ji} es cero se modela ausencia de conexión.

▼ Net_i representa la suma de las señales que le llegan a la neurona u_i.

$$Net_i = \sum_j y_j w_{ji}$$

▼ $f(Net_i)$ para representar la función de salida o transferencia. Es el equivalente al proceso que realiza el núcleo de la neurona biológica en función de la acumulación de los voltajes que le llegan: Net_i.

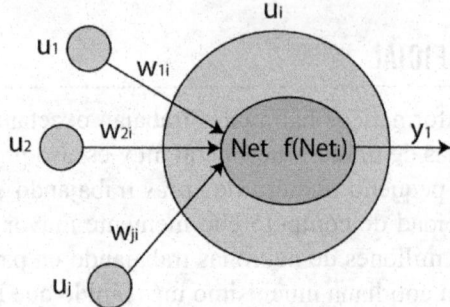

La *función de transferencia* es necesaria para evitar la linealidad del cómputo. Si encadenamos un conjunto de neuronas realizando un proceso cada una, pero sin aplicar funciones de transferencia no lineal, entonces el cómputo conjunto de esas neuronas podría haber sido realizado por una sola de ellas. La formulación de este concepto usando tres neuronas es el siguiente:

$$Net_i = \sum_l \left[\sum_k \left(\sum_j y_j w_{ji} \right) w'_{ki} \right] w''_{li}$$

Esta operación puede ser simplificada como:

$$Net_i = \sum_l y_l \left(w_{ji} \cdot w'_{ki} \cdot w''_{li} \right) = \sum_l y_l \left(w_{li} \right)$$

En definitiva, para dotar de una adecuada capacidad de cómputo a una red neuronal es necesario establecer una relación no lineal entre la entrada de cada neurona y su salida. Entre las funciones de transferencia f más corrientes que se utilizan en deep learning tenemos:

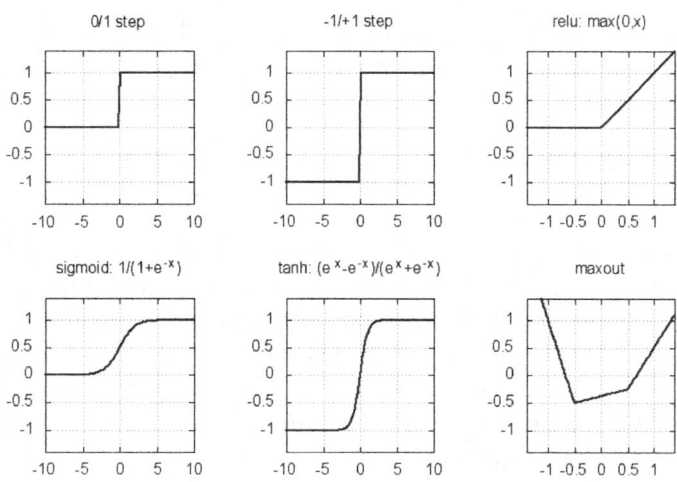

7.3 APRENDIZAJE HEBBIANO

Al igual que las conexiones entre neuronas y sus valores sinápticos constituyen la clave para la codificación de la información en el cerebro, el diseño de la red neuronal y el conjunto de sus pesos w_{ji} nos proporciona la información de la red neuronal artificial. El proceso de aprendizaje consiste en variar los valores sinápticos w_{ji} siguiendo unas pautas establecidas. Los pesos $w_{ji} = 0$ se podrían considerar como ausencia de conexión o conexión que no aporta información relevante. La red neuronal ha aprendido cuando se han modificado los pesos de tal manera que por cada entrada que se le presenta nos proporciona el resultado esperado. En el aprendizaje, esta finalización en la modificación de pesos se puede expresar como:

$$\frac{dw_{ji}}{dt} = 0$$

En el aprendizaje supervisado se realizan los siguientes procesos:

▶ Se aplica una muestra de entrada a la red neuronal.

▶ Se obtiene la salida que la red neuronal calcula a partir de la muestra de entrada.

▶ Se compara la salida obtenida con la esperada. A las salidas esperadas se les denomina etiquetas. El aprendizaje supervisado requiere datasets etiquetados.

▶ Si existe error significa que hay que variar los pesos de alguna manera para adaptar la red neuronal al objetivo deseado: clasificación, regresión, codificación, etc.

▶ El proceso se repite hasta que se considera aceptable la diferencia entre las salidas que se obtienen y las que se esperan.

En el *aprendizaje supervisado por corrección de error* se ajustan los pesos en función de la diferencia entre los valores deseados y los obtenidos en la salida de la red; es decir, en función del error producido en la salida. A este tipo de aprendizaje se le denomina *Hebbiano (Hebb, 1949)*: "Cuando un axón de la célula *j* toma parte en el disparo de la célula *i* de forma persistente, tiene lugar algún proceso de cambio metabólico en una de las células, o en las dos, de tal modo que la eficiencia de *j* como una de las células que desencadenan el disparo de *i* se ve incrementada".

El aprendizaje Hebbiano se implementa con la *regla delta*:

$$\Delta w_{ji} = \alpha \cdot y_j (d_i - y_i)$$

▶ d_i es el valor de salida esperado para la neurona u_i: su etiqueta; y_i es el valor de salida de la neurona u_i

▶ d_i-y_i es el error que se produce en la neurona u_i: el núcleo del aprendizaje hebbiano.

▶ *alfa* es el factor de aprendizaje: nos indica la escala con la que variamos el aprendizaje de los pesos.

7.4 EL PERCEPTRÓN

El perceptrón es el caso más sencillo de red neuronal. En el perceptrón solo existe una neurona de cómputo, y por tanto solo una salida de resultado. El perceptrón admite un número no restringido de datos de entrada a la neurona artificial (el equivalente a un número ilimitado de dendritas). En su formulación, al existir una única neurona de cómputo, podemos eliminar el índice i de los pesos w. La siguiente figura muestra el esquema de un perceptrón con N entradas.

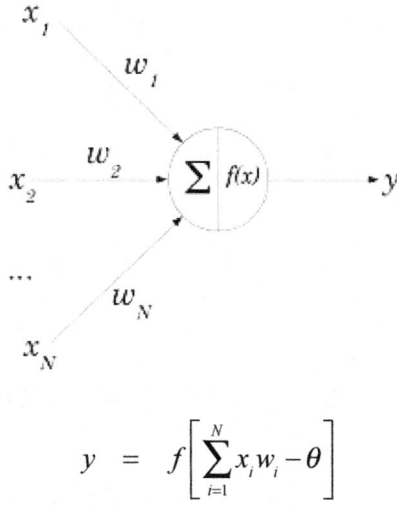

$$y = f\left[\sum_{i=1}^{N} x_i w_i - \theta\right]$$

En el caso didáctico en que $N=2$:

$$y = f(x_1 w_1 + x_2 w_2 - \theta)$$

En la formulación de las neuronas artificiales añadimos el umbral *theta* para añadir un grado de libertad en su respuesta. Esta necesidad se entiende mejor si reformulamos la ecuación y elegimos la función escalón como función de transferencia:

Unit step (threshold)

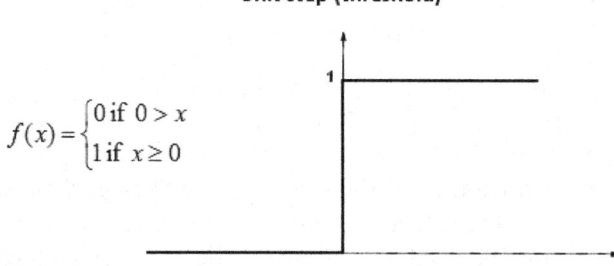

$$f(x) = \begin{cases} 0 \text{ if } 0 > x \\ 1 \text{ if } x \geq 0 \end{cases}$$

$$y = 0 \quad \rightarrow x_2 = -\frac{w_1}{w_2}x_1 + \frac{\theta}{w_2}$$

Como se puede apreciar, estamos ante la ecuación de una recta en dos dimensiones. Variando los pesos w_1 y w_2 modificamos la pendiente de la recta. Variando w_2 y *theta* modificamos el punto de corte de la recta en el eje y. De esta manera, un perceptrón es capaz de realizar separaciones lineales en las muestras de entrada.

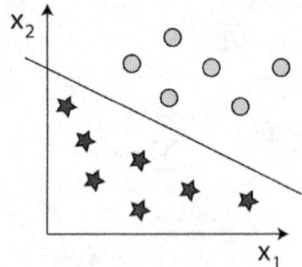

7.5 REDES MULTICAPA Y EL ALGORITMO BACK PROPAGATION

Puesto que el perceptrón solamente permite realizar separaciones lineales, es preciso diseñar redes neuronales que consigan clasificar muestras que no cumplen la condición de separabilidad lineal. Las funciones AND y OR son separables linealmente, por lo que el perceptrón es capaz de realizar dichas funciones. Podemos crear una red neuronal en la que varios perceptores realicen diferentes separaciones lineales y, posteriormente, un último perceptrón realice el AND o el OR de las separaciones anteriores.

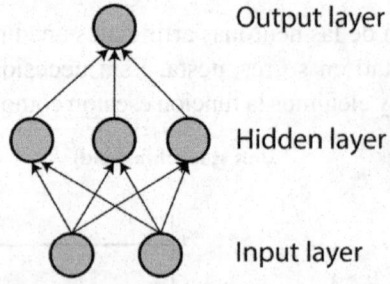

El tipo de separación entre dos clases que podría generar la red neuronal anterior se muestra en la siguiente figura. Nótese que cuantas más neuronas contenga la capa oculta más compleja puede ser la frontera de separación entre las clases. En la mayor parte de los casos resulta necesario trabajar con redes de varias *capas* que presenten un número suficiente de neuronas en cada una de estas capas.

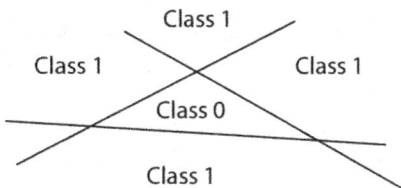

En una red neuronal como la que se presenta a continuación podremos hacer separaciones más complejas, en las que las muestras de una clase se encuentren en diferentes zonas. Supongamos que la neurona de salida implementa la función OR, mientras que las tres neuronas de la segunda capa oculta implementan un AND cada una de ellas. Un posible esquema de separación entre dos clases de esta red neuronal se muestra a continuación.

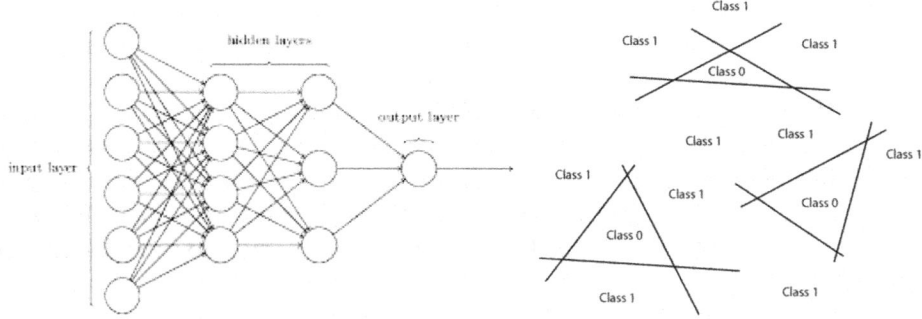

En 1986, Rumelhart, Hinton y Williams desarrollaron un método para que una red neuronal "aprendiera" la asociación que existe entre los patrones de entrada a la misma y sus clases correspondientes, utilizando más capas de neuronas que las dos que empleó Rosenblatt (1961) para desarrollar el perceptrón. A este método se le denominó como *propagación del error hacia atrás* o *retropropagación de gradiente (Back Propagation)*. Las redes multicapa permiten formar lo que se conoce como *representación interna del conocimiento*, y el algoritmo back propagation permite entrenar estas redes.

El principio general del algoritmo Back Propagation es el mismo que el del perceptrón: comparar las salidas obtenidas con las salidas esperadas (etiquetas) y reajustar los pesos de tal manera que la siguiente vez que se presente el mismo patrón de entrada, la red produzca un resultado más cercano al deseado, es decir, que el error disminuya. A este método también se le denomina *Regla Delta Generalizada*, debido a que es una generalización de la operativa utilizada en el perceptrón para ajustar los pesos de la red, a la que se llamó *Regla Delta*. La Regla Delta Generalizada se desarrolla en el contexto de redes multicapa con conexiones de tipo de propagación hacia delante y con unidades que poseen funciones de activación no lineales. Este tipo de funciones se definen como no decrecientes y derivables. El funcionamiento de la Regla Delta Generalizada parte de la Regla Delta empleada en el perceptrón:

$$\triangle w_{ji} = \alpha \cdot y_j (d_i - y_i)$$

Definimos como *delta* el error que se produce en la neurona u_i:

$$\delta_i = d_i - y_i$$

En el caso de la Regla Delta Generalizada:

$$\delta_i = (d_i - y_i) f'(Net_i)$$

Esta fórmula es como la de la Regla Delta, salvo en el término de la derivada de la función de salida. Este término representa la modificación que hay que realizar en la entrada que recibe la neurona u_i. En el caso de que u_i no sea una unidad de salida, el error que se produce está en función del error que se comete en las unidades que reciben como entrada la salida de u_i. Por ello, a este método se le llama Back Propagation.

En el caso de que una neurona pertenezca a la capa de salida, se emplea:

$$\delta_i = f'(Net_i)(d_i - y_i)$$

En el caso de que una neurona no pertenezca a la capa se salida, se emplea:

$$\delta_i = f'(Net_i) \sum_k w_{ik} \delta_k$$

La principal idea es que el algoritmo de aprendizaje *Back Propagation* se basa en la obtención de errores empezando en la capa de salida y retrocediendo sucesivamente hasta la capa de entrada. Una vez obtenido el error *delta* de una neurona, se puede calcular la variación que hay que ir dando a los pesos *w* de entrada a esa neurona. Este proceso se repite con los sucesivos pares: *<muestra, etiqueta>*, actuando sobre todas las neuronas, hasta que se considere que la red ha aprendido y proporciona valores de salida adecuados. Una vez establecida la forma de calcular los errores, la variación de los pesos que exige el aprendizaje se realiza de la forma habitual:

$$\Delta w_{ji} = \alpha \cdot y_j \cdot \delta_i$$

Algoritmo de propagación hacia atrás:

1. Inicializar los pesos con valores aleatorios pequeños.

2. Tomar una muestra de entrada x escogida aleatoriamente.

3. Propagar la señal hacia adelante a través de toda la red neuronal.

4. Calcular los errores que se producen en la capa de salida, empleando:

$$\delta_i = f'(Net_i)(d_i - y_i)$$

5. Calcular los errores pertenecientes a la capa anterior, empleando:

$$\delta_i = f'(Net_i)\sum_k w_{ik}\delta_k$$

6. Volver al paso 5 hasta que se alcance la capa de entrada.

7. Actualizar los pesos, empleando:

$$\Delta w_{ji} = \alpha \cdot y_j \cdot \delta_i$$

8. Volver al paso 2 hasta que el error en la capa de salida sea menor que un umbral establecido o hasta que se haya alcanzado un número fijado de iteraciones (epochs).

En el caso del perceptrón, si se tienen n pesos que conectan las unidades de entrada con la unidad de salida, se puede obtener una superficie representada en un espacio de 'n+1' dimensiones, donde una de ellas es el error y el resto son los pesos. La Regla Delta encuentra el valor mínimo en esa superficie mediante la aplicación de pasos descendentes por la misma. Este proceso se denomina *Gradiente Descendente*.

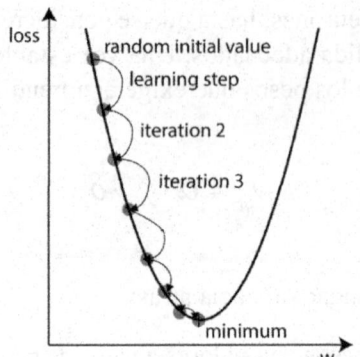

En este caso solamente existe una dimensión, correspondiente a la variable w; es decir, solamente disponemos de una neurona en la capa de entrada. En el caso de una red con dos neuronas en la capa de entrada, la hipérbola se dibujaría en el espacio tridimensional y existirían dos dimensiones de pesos. Para más de dos neuronas en la capa de entrada pasaríamos a hiperespacios de 4, 5, etc. dimensiones. Cada punto dibujado en la hipérbola representa un avance de gradiente negativo que nos acerca a la solución (el mínimo de la función). Estos avances se deben a las variaciones que producimos en los pesos al aplicar el mecanismo de aprendizaje.

Cuando empleamos redes neuronales multicapa generalizadas, la superficie de error es mucho más compleja. En este caso pueden existir multitud de mínimos y máximos locales que hacen imposible asegurar la convergencia del algoritmo en la mayor parte de las aplicaciones de reconocimiento. Cada punto en la superficie de error se corresponde a un conjunto de valores de los pesos de la red. Con gradiente descendente, cada cambio en los pesos de la red busca un descenso por la superficie de error. Así, el algoritmo solo encuentra el valle más cercano, lo que puede llevar a un mínimo local. Sin embargo, ha de tenerse en cuenta que no tiene por qué alcanzarse el mínimo global de la superficie de error, sino que puede bastar con llegar a un error mínimo preestablecido.

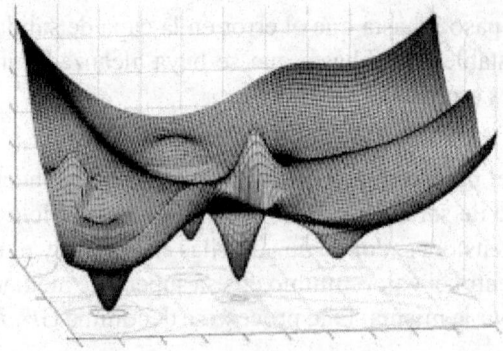

El factor de aprendizaje *alfa* nos marca una proporción de magnitud de los pasos (variación de los pesos). Si *alfa* es grande (cercano a uno) los saltos por la curva de gradiente son mayores, por lo que se avanza más deprisa hacia la solución, pero puede darse un efecto de 'oscilación' alrededor del mínimo, tal y como muestra la siguiente figura.

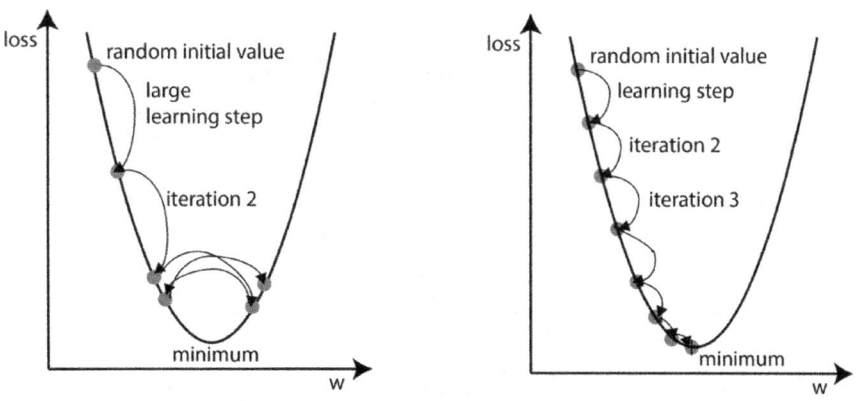

7.6 DEMOSTRACIÓN DEL ALGORITMO BACK PROPAGATION

Con las ideas y conocimientos expresados en el apartado anterior se puede entender de forma intuitiva el algoritmo de propagación hacia atrás, y también se podría realizar una implementación informática del mismo. Sin embargo, resulta adecuado entender cada detalle del formalismo matemático que fundamenta las ecuaciones del error y de la modificación de los pesos. En este apartado se trata de explicar, lo más didácticamente posible, la demostración que nos lleva a las fórmulas del algoritmo.

En un espacio de 'N+1' dimensiones (*N* es el número de pesos de la red) se representa una superficie que indica el error producido en la red neuronal para cada determinado valor de los pesos de la misma. Al asignar inicialmente unos valores para los pesos de la red, el error se sitúa en un punto de la superficie de error. La variación del error respecto a cada peso de la red representa el vector de máxima pendiente en un punto determinado de la superficie de error. El cambio que se realiza en cada peso para ajustar la red es proporcional a ese vector por una constante negativa. De esta manera, el algoritmo de retropropagación de gradiente hace que se vaya bajando por la superficie de error hasta alcanzar un mínimo.

En definitiva: queremos hallar la variación, de cada peso de la red, necesaria para mejorar el aprendizaje del sistema. Cada peso se modifica dependiendo de la variación del error del sistema respecto a la variación del peso. Si el sistema tuviese error cero, no cambiaríamos ningún peso. Si el sistema produce un gran error, entonces variamos bastante los pesos. Matemáticamente esto se expresa como:

$$\triangle w_{ji} \approx -\frac{\partial E}{\partial w_{ji}} \qquad (1)$$

Vamos a resolver esta ecuación descomponiéndola sucesivamente en ecuaciones más simples, hasta que todas ellas puedan ser resultas individualmente.

$$\frac{\partial E}{\partial w_{ji}} = \frac{\partial Net_i}{\partial w_{ji}} \frac{\partial E}{\partial Net_i} \qquad (2)$$

$$\frac{\partial E}{\partial Net_i} = \frac{\partial y_i}{\partial Net_i} \frac{\partial E}{\partial y_i} \qquad (3)$$

$$\frac{\partial E}{\partial y_i} = \sum_k \frac{\partial Net_k}{\partial y_i} \sum_k \frac{\partial E}{\partial Net_k} \qquad (4)$$

Para entender el por qué de las ecuaciones anteriores es preciso visualizar una neurona de capa oculta y su relación con las neuronas de las capas adyacentes. La siguiente figura muestra el esquema que encaja con las ecuaciones descritas.

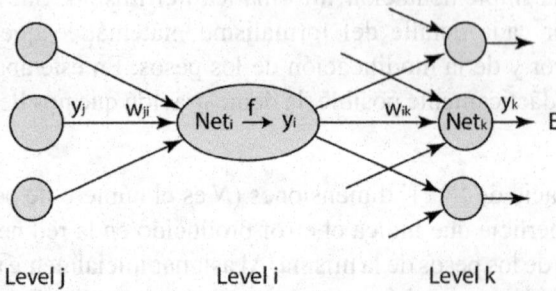

Level j   Level i   Level k

A continuación, se muestran tres ecuaciones básicas que intervienen en el desarrollo:

$$Net_i = \sum_j y_j w_{ji} \qquad (5)$$

$$y_i = f(Net_i) \qquad (6)$$

$$E = \frac{1}{2} \sum_i (d_i - y_i)^2 \qquad (7)$$

Las dos primeras fórmulas surgen de la propia definición del funcionamiento de una neurona artificial. La tercera ecuación nos proporciona el error cuadrático medio que existe en la salida de la red neuronal tras la aplicación del patrón de entrada. Ahora pasaremos a resolver cada una de las derivadas parciales representadas en la figura anterior.

Aplicando (5):

$$\frac{\partial Net_i}{\partial w_{ji}} = \frac{\partial}{\partial w_{ji}}\left(\sum_j y_j w_{ji}\right) = y_j \qquad (8)$$

Definimos:

$$\delta_i = \frac{\partial E}{\partial Net_i} \qquad (9)$$

Aplicando (1), (2), (5) y (6) e introduciendo el factor de aprendizaje *alfa*:

$$\Delta w_{ji} = \alpha \delta_i y_j \qquad (10)$$

Ahora nos corresponde desarrollar el término *delta* definido en (9):

$$-\delta_i = \frac{\partial E}{\partial y_i}\frac{\partial y_i}{\partial Net_i} \qquad (11)$$

Aplicando (6):

$$\frac{\partial y_i}{\partial Net_i} = \frac{f(Net_i)}{\partial Net_i} = f'(Net_i) \qquad (12)$$

El único término que falta por determinar es (4), cuyo desarrollo difiere en los siguientes casos:

▸ Que la neurona analizada pertenezca a la capa de salida: Aplicando (7):

$$\frac{\partial E}{\partial y_i} = \frac{\partial \frac{1}{2} \sum_i (d_i - y_i)^2}{\partial y_i} = -(d_i - y_i) \qquad (13)$$

▸ Que la neurona analizada NO pertenezca a la capa de salida: Partiendo de (4) y aplicando (5):

$$\frac{\partial Net_k}{\partial y_i} = \frac{\partial \sum_i y_i w_{ik}}{y_i} = w_{ik} \qquad (14)$$

Partiendo de (4) y aplicando (9):

$$\frac{\partial E}{\partial Net_k} = \delta_k \qquad (15)$$

Agrupando los resultados parciales nos queda:

1. Cuando la neurona analizada pertenezca a la capa de salida:

$$\delta_i = f'(Net_i)(d_i - y_i) \qquad (16)$$

2. Cuando la neurona analizada NO pertenezca a la capa de salida:

$$\delta_i = f'(Net_i) \sum_k w_{ik} \delta_k \qquad (17)$$

En todos los casos, el incremento de los pesos viene determinado por la ecuación (10).

CLASIFICACIÓN USANDO REDES NEURONALES

8.1 CLASIFICACIÓN DEL DATASET MNIST

En este apartado vamos a entrenar diversas redes neuronales con el fin de clasificar los caracteres manuscritos del dataset MNIST. En primer lugar, y como paso previo para el entrenamiento de las redes, cargamos el dataset y lo dividimos en conjuntos de entrenamiento y de testeo (prueba): *mnist.load_data()*. Consultando las dimensiones de los conjuntos de test y entrenamiento (*X_train.shape[0], X_test. shape[0], X_train.shape[1], X_train.shape [2]*) descubrimos que la dimensión de las imágenes en el dataset MNIST es de (28, 28). También observamos que se han asignado 60.000 muestras de entrenamiento. La primera imagen muestra los 28 x 28 píxeles de la tercera muestra de entrenamiento (*X_train[2]*). La fila de imágenes en colores grises (*plt.get_cmap('gray')*) muestra las 12 primeras muestras del dataset MNIST.

```
from keras.datasets import mnist
import matplotlib.pyplot as plt


(X_train, y_train), (X_test, y_test) = mnist.load_data()


num_train_images = X_train.shape[0]
num_test_images = X_test.shape[0]
image_height = X_train.shape[1]
image_width = X_train.shape [2]
print("Shape: " + str(X_train.shape))
```

```
print("Training images: " + str(num_train_images))
print("Image height: " + str(image_height))
print("Image width: " + str(image_width))


plt.imshow(X_train[2])


fig, axs = plt.subplots(1,12, figsize=(17,6))
for i in range(12):
    axs[i].imshow(X_train[i], cmap = plt.get_cmap('gray'))
    axs[i].axis('off')
```

```
Shape: (60000, 28, 28)
Training images: 60000
Image height: 28
Image width: 28
```

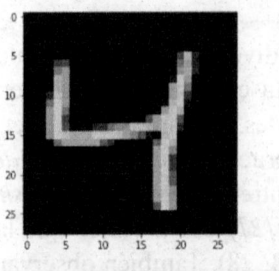

En este ejemplo vamos a hacer uso del *layer dense* de Keras. Este modelo de Keras procesa los datos de entrada proporcionados de manera unidimensional. De esta manera, debemos realizar un *reshape* que nos traspase los pixeles de la matriz bidimensional (28,28) a un vector unidimensional (28x28): *X_train.reshape (num_train_images, image_height * image_width)*. El mismo proceso debe ser realizado para el conjunto de muestras de test: *X_test.reshape(num_test_images, image_height * image_width)*. Como se puede observar, el *shape* del conjunto de entrenamiento ha pasado de (60000, 28, 28) a (60000, 784). Las etiquetas de cada muestra se almacenan en *y_train, y_test*; consultando por *y_train[5], y_train[2]* obtenemos los valores 2 y 4 de etiqueta, que son los valores esperados según la fila de las 12 primeras muestras impresas previamente.

Con el fin de mejorar las prestaciones de la red neuronal, preparamos los datos de entrada para que se encuentren en el intervalo [0..1]. Puesto que en este caso los valores de los pixeles se codifican en el intervalo [0..255], realizamos las operaciones: *X_train/255, X_test/255*. En cuanto a los datos de salida (resultados) de la red neuronal, las clases a reconocer son 10 (números del 0 al 9): la capa de salida de la red neuronal tendrá 10 neuronas. La neurona con mayor valor de salida de las diez determinará la clase en la que la red neuronal clasifica la imagen de entrada. En la fase de entrenamiento, por cada neurona de salida se procesará el error existente entre el valor de activación de la neurona y el valor de la etiqueta. Por tanto, para cada muestra de entrada necesitamos una etiqueta numérica asociada a cada neurona de salida. En definitiva: es necesario convertir cada etiqueta en un vector de valores categóricos (*np_utils.to_categorical*). A modo de ejemplo: la etiqueta de la muestra numero 6 (*y_train[5]*), que representa el número 2, debe ser convertida de 2 a [0 0 1 0 0 0 0 0 0 0]. De esta manera, cada neurona de salida calcula el error con el valor de etiqueta adecuado (un 1 para para el valor 2 y un 0 para el resto de valores). En los resultados del siguiente script se puede comprobar que la función categórica se realiza correctamente.

```python
from keras.utils import np_utils

X_train = X_train.reshape(num_train_images, image_height *
                          image_width).astype('float32')
X_test = X_test.reshape(num_test_images, image_height *
                        image_width).astype('float32')
print("X_train.shape: " + str(X_train.shape))
print("X_test.shape: " + str(X_test.shape))
print("y_train.shape: " + str(y_train.shape))
print("y_test.shape: " + str(y_test.shape))

print("y_train sample 5 value: " + str(y_train[5]))
print("y_train sample 2 value: " + str(y_train[2]))

X_train = X_train / 255    # values [0..1] improve results
X_test = X_test / 255

y_train = np_utils.to_categorical(y_train)
y_test = np_utils.to_categorical(y_test)
print("categorical y_train shape: " + str(y_train.shape))
print("categorical y_train sample 5 value: " + str(y_train[5]))
print("categorical y_train sample 2 value: " + str(y_train[2]))
num_classes = y_test.shape[1]
print(num_classes)
```

```
X_train.shape: (60000, 784)
X_test.shape: (10000, 784)
y_train.shape: (60000,)
y_test.shape: (10000,)
y_train sample 5 value: 2
y_train sample 2 value: 4
categorical y_train shape: (60000, 10)
categorical y_train sample 5 value: [0. 0. 1. 0. 0. 0. 0. 0. 0. 0.]
categorical y_train sample 2 value: [0. 0. 0. 0. 1. 0. 0. 0. 0. 0.]
10
```

Una vez que hemos preparado tanto los datos de entrada como las etiquetas pasamos a diseñar la red neuronal de clasificación. Nuestro primer ejemplo va a tener un diseño muy simple: modelo secuencial (*model = Sequential()*) con una primera capa de 500 neuronas de procesamiento (*model.add(Dense(500,...*) que recogen los 784 píxeles de cada imagen como valores de entrada (*Dense(500,input_dim=784, activation='relu')*), los procesan y generan resultados haciendo uso de la función de activación 'relu'. La capa de salida (*model.add(Dense(10, activation='softmax')))* usa una neurona por cada clase del dataset y su función de activación *softmax* tiende a devolver valores cercanos a 0 o cercanos a 1, lo que resulta adecuado para clasificar muestras con valores categóricos. La siguiente imagen muestra la función *softmax*.

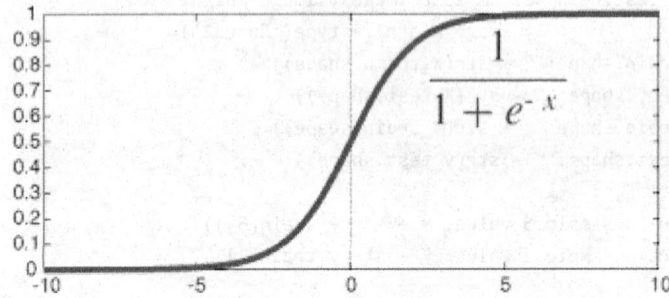

Observando el resumen del modelo neural (*model.summary()*) nos encontramos con que la primera capa de procesamiento hace uso de 392.500 pesos. Esto es debido a que cada una de sus 500 neuronas admite una entrada por pixel (784 entradas) y una entrada adicional de bias: (784+1) multiplicado por 500 nos da los 392.500 pesos. Análogamente, en la segunda capa de 10 neuronas cada neurona admite 500 entradas (una por cada neurona de la primera capa) más una entrada adicional de bias: (500+1) multiplicado por 10 nos da 5.010 pesos.

Posteriormente compilamos nuestro modelo (*model.compile*) utilizando la función de coste *loss='categorical_crossentropy'*, que minimiza usando la distancia de entropia procesada con datos categóricos. También hacemos uso del clásico optimizador *adam* y de la medida de calidad *accuracy*. En este momento estamos listos para comenzar el entrenamiento de la red (*model.fit*) con los datos de entrenamiento que hemos preparado: *X_train, y_train*, los datos de test categóricos: *validation_ data=(X_test, y_test)*, 50 epochs, un tamaño de 256 muestras en cada batch de procesamiento y ausencia de explicaciones del proceso: *verbose=0*.

```
from keras.models import Sequential
from keras.layers import Dense

model = Sequential()
model.add(Dense(500,input_dim=image_height*image_width,activation='relu'))
model.add(Dense(10,  activation='softmax'))
print(model.summary())
EPOCHS = 50
model.compile(loss='categorical_crossentropy', optimizer='adam',
              metrics=['accuracy'])
history = model.fit(X_train, y_train, validation_data=(X_test, y_test),
epochs=EPOCHS, batch_size=256, verbose=0)
```

```
Layer (type)                 Output Shape              Param #
=================================================================
dense_1 (Dense)              (None, 500)               392500

dense_2 (Dense)              (None, 10)                5010
=================================================================
Total params: 397,510
Trainable params: 397,510
Non-trainable params: 0
```

El siguiente script visualiza la evolución de la función de coste, tanto en el conjunto de entrenamiento como en el conjunto de test. Así mismo visualiza, para ambos conjuntos, la calidad de la clasificación, utilizando como medida standard el *accuracy* (*metrics=['accuracy']* en la instrucción *compile*).

La propiedad *history* devuelta en el entrenamiento de la red: *history = model.fit(...* nos proporciona información de los valores de la función de coste en el conjunto de entrenamiento: *history.history['loss']*, de la función de coste en el conjunto de test (validación): *history.history['val_loss']*, del accuracy del conjunto de entrenamiento: *history.history['acc']*, y del accuracy del conjunto de test: *history. history['val_acc']*.

La gráfica de la izquierda muestra una rápida disminución de los valores de la función de coste, aunque en el caso de los resultados de test, la función de coste no alcanza valores tan bajos como en el entrenamiento. Esta tendencia se refleja en la gráfica de la derecha, donde las muestras de entrenamiento se clasifican con mayor precision que las muestras de test. Esta situación apunta hacia un caso de overfitting, donde las muestras de entrenamiento se clasifican perfectamente. Hay que resaltar el alto porcentaje de aciertos en el conjunto de test (98% de aciertos), con lo que podemos decir que nuestro diseño de red neuronal consigue clasificar las muestras con una gran precisión.

```python
import numpy as np

def plot(h):
    LOSS = 0; ACCURACY = 1
    training = np.zeros((2,EPOCHS)); testing = np.zeros((2,EPOCHS))
    training[LOSS] = h.history['loss']
    testing[LOSS] = h.history['val_loss']    # validation loss
    training[ACCURACY] = h.history['acc']
    testing[ACCURACY] = h.history['val_acc']  # validation accuracy

    epochs = range(1,EPOCHS+1)
    fig, axs = plt.subplots(1,2, figsize=(17,5))
    for i, label in zip((LOSS, ACCURACY),('loss', 'accuracy')):
        axs[i].plot(epochs, training[i], 'b-', label='Training ' + label)
        axs[i].plot(epochs, testing[i], 'y-', label='Test ' + label)
        axs[i].set_title('Training and test ' + label)
        axs[i].set_xlabel('Epochs')
        axs[i].set_ylabel(label)
        axs[i].legend()
    plt.show()

plot(history)
```

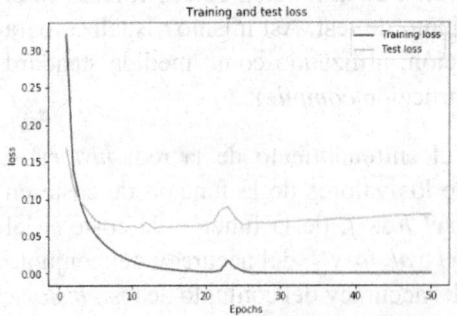
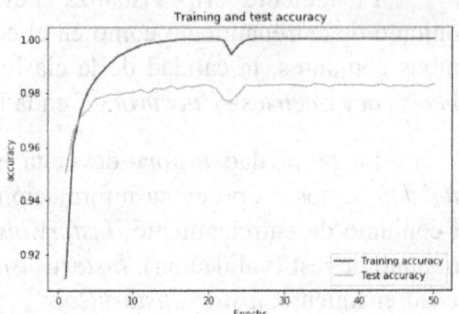

  Puesto que en el caso anterior existe overfitting, vamos a aplicar una de las posibles medidas para reducirlo: simplificar la complejidad (grados de libertad) del método empleado. En este caso vamos a reducir drásticamente el número de neuronas en la capa de entrada: pasaremos de 500 neuronas a 50 neuronas: *model. add(Dense(50,....* Como se puede observar, el número de parámetros de esta capa se reduce a (784+1) x 50 = 39.250 pesos. El resultado nos muestra un menor nivel de overfitting y también una leve disminución en calidad de la clasificación: pasamos de un 98% a un 97%. Además, la red entrena mucho más rápido.

```
model = Sequential()
model.add(Dense(50,input_dim=image_height*image_width,activation='relu'))
model.add(Dense(10,activation='softmax'))
print(model.summary())

model.compile(loss='categorical_crossentropy', optimizer='adam',
metrics=['accuracy'])
history = model.fit(X_train, y_train, validation_data=(X_test, y_test),
                    epochs=EPOCHS, batch_size=512, verbose=0)
plot(history)
```

Layer (type)	Output Shape	Param #
dense_3 (Dense)	(None, 50)	39250
dense_4 (Dense)	(None, 10)	510

```
Total params: 39,760
Trainable params: 39,760
Non-trainable params: 0
```

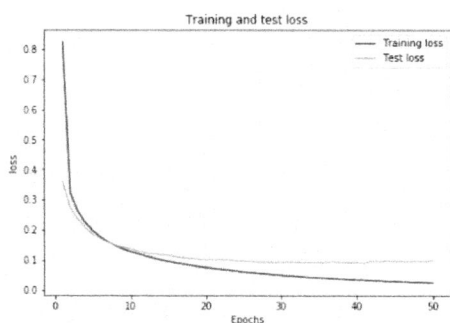
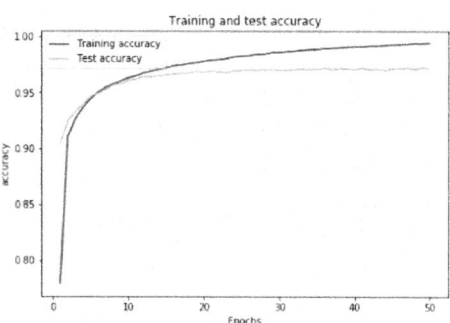

Otra de las maneras de reducir el overfitting es introducir regularización. Usando redes neuronales, un método común y efectivo de regularizar es modificar aleatoriamente valores de pesos por valores cero. Es una manera directa de conseguir resultados análogos a las regularizaciones *L1* o *L2* de los métodos clásicos de machine learning. En la siguiente porción de código utilizamos el diseño de red del ejemplo anterior, pero añadiendo una capa *Dropout* en la red: *model.add (Dropout(0.3))*. El valor 0.3 nos indica la proporción de ceros que se inyectan en los pesos, en una escala (0..1). Los gráficos muestran como, efectivamente, se evita el overfitting: podemos comprobar que el accuracy del conjunto de test es superior al accuracy del conjunto de entrenamiento, lo que nos revela un buen nivel de generalización. Nótese en el resumen del diseño de la red como la capa *Dropout* no añade pesos que procesar.

```python
from keras.layers import Dropout

model = Sequential()
model.add(Dense(50,input_dim=image_height*image_width,activation='relu'))
model.add(Dropout(0.3))
model.add(Dense(10,activation='softmax'))
print(model.summary())

model.compile(loss='categorical_crossentropy', optimizer='adam',
metrics=['accuracy'])
history = model.fit(X_train, y_train, validation_data=(X_test, y_test),
epochs=EPOCHS, batch_size=512, verbose=0)
plot(history)
```

```
Layer (type)                 Output Shape              Param #
=================================================================
dense_5 (Dense)              (None, 50)                39250
_____
dropout_1 (Dropout)          (None, 50)                0
_____
dense_6 (Dense)              (None, 10)                510
=================================================================
Total params: 39,760
Trainable params: 39,760
Non-trainable params: 0
_____
```

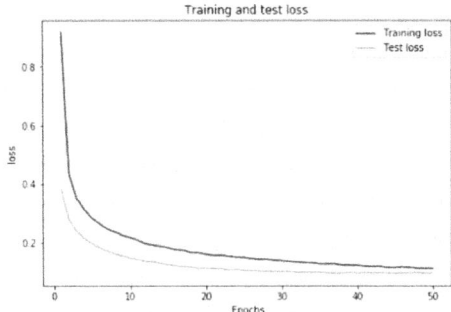
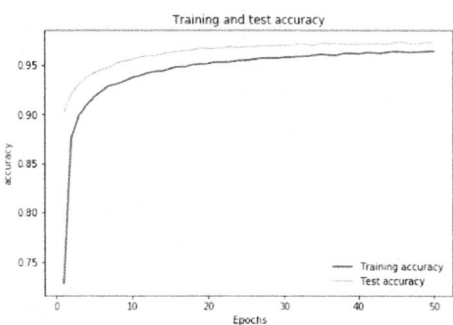

Nuestra red neuronal puede tener más capas para tratar de clasificar con mayor precisión. En este caso el overfitting tenderá a aumentar. A continuación se presenta un diseño con una capa de entrada de 100 neuronas, una capa oculta de 20 neuronas y una capa de salida de 10 neuronas. Además se introduce un *Dropout* de valor 0.4. Los resultados de accuracy muestran ausencia de overfitting y unos niveles de acierto en la clasificación similares a los de los casos anteriores.

```
model = Sequential()
model.add(Dense(100,input_dim=image_height*image_width,activation='relu'))
model.add(Dense(20,input_dim=image_height*image_width,activation='relu'))
model.add(Dropout(0.4))
model.add(Dense(10,activation='softmax'))
print(model.summary())

model.compile(loss='categorical_crossentropy', optimizer='adam',
metrics=['accuracy'])
history = model.fit(X_train, y_train, validation_data=(X_test, y_test),
epochs=EPOCHS, batch_size=256, verbose=0)
plot(history)
```

Layer (type)	Output Shape	Param #
dense_7 (Dense)	(None, 100)	78500
dense_8 (Dense)	(None, 20)	2020
dropout_2 (Dropout)	(None, 20)	0
dense_9 (Dense)	(None, 10)	210

```
Total params: 80,730
Trainable params: 80,730
Non-trainable params: 0
```

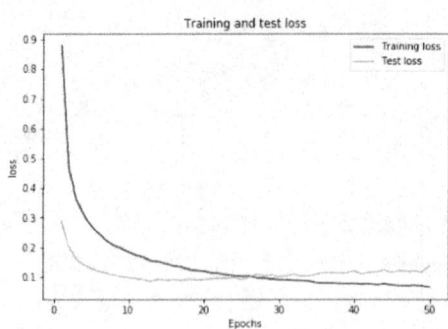
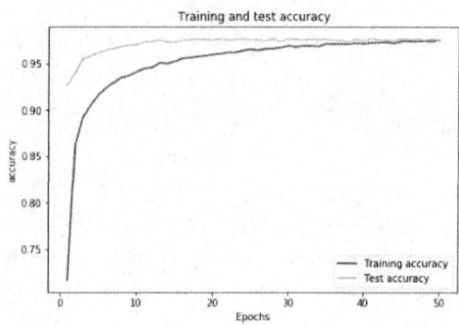

8.2 CLASIFICACIÓN DEL DATASET FASHION MNIST

En esta sección vamos a repetir los experimentos de la sección anterior utilizando el dataset fashion-MNIST: *fashion_mnist.load_data()*. Se trata de un dataset cuyas 70.000 imágenes tambien ocupan 28 píxeles de ancho por 28 píxeles de alto. En este caso también existen 10 clases: *0: T-shirt/top, 1: Trouser, 2: Pullover, 3: Dress, 4: Coat, 5: Sandal, 6: Shirt, 7: Sneaker, 8: Bag, 9: Ankle boot*. La literatura muestra una mayor dificultad para clasificar este dataset que para clasificar su homónimo MNIST. El siguiente script nos confirma la equivalencia entre fashion MNIST y MNIST.

```python
from keras.datasets import fashion_mnist
import matplotlib.pyplot as plt

(X_train, y_train), (X_test, y_test) = fashion_mnist.load_data()

num_train_images = X_train.shape[0]
num_test_images = X_test.shape[0]
image_height = X_train.shape[1]
image_width = X_train.shape [2]

print("Shape: " + str(X_train.shape))
print("Training images: " + str(num_train_images))
print("Image height: " + str(image_height))
print("Image width: " + str(image_width))

plt.imshow(X_train[2])

fig, axs = plt.subplots(1,12, figsize=(17,6))
for i in range(12):
    axs[i].imshow(X_train[i])
    axs[i].axis('off')
```

```
Shape: (60000, 28, 28)
Training images: 60000
Image height: 28
Image width: 28
```

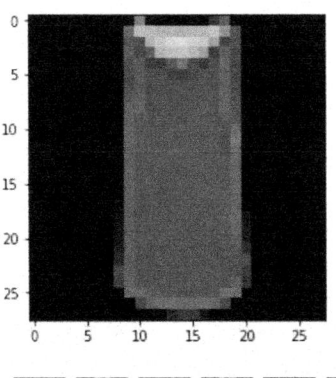

El siguiente script es idéntico a su análogo en el ejemplo anterior. Podemos comprobar como se realiza la preparación de los datos de entrada a la red neuronal y la preparación de los datos categóricos de salida para que la red pueda aprender.

```
from keras.utils import np_utils

X_train = X_train.reshape(num_train_images, image_height * image_width).
astype('float32')
X_test = X_test.reshape(num_test_images, image_height *
                        image_width).astype('float32')
print("X_train.shape: " + str(X_train.shape))
print("X_test.shape: " + str(X_test.shape))
print("y_train.shape: " + str(y_train.shape))
print("y_test.shape: " + str(y_test.shape))
print("y_train sample 5 value: " + str(y_train[5]))
print("y_train sample 2 value: " + str(y_train[2]))

X_train = X_train / 255    # values [0..1] improve results
X_test = X_test / 255

y_train = np_utils.to_categorical(y_train)
y_test = np_utils.to_categorical(y_test)
```

```
print("categorical y_train shape: " + str(y_train.shape))
print("categorical y_train sample 5 value: " + str(y_train[5]))
print("categorical y_train sample 2 value: " + str(y_train[2]))
num_classes = y_test.shape[1]
print(num_classes)
```

```
X_train.shape: (60000, 784)
X_test.shape: (10000, 784)
y_train.shape: (60000,)
y_test.shape: (10000,)
y_train sample 5 value: 2
y_train sample 2 value: 4
categorical y_train shape: (60000, 10)
categorical y_train sample 5 value: [0. 0. 1. 0. 0. 0. 0. 0. 0. 0.]
categorical y_train sample 2 value: [0. 0. 0. 0. 1. 0. 0. 0. 0. 0.]
10
```

Para poder comparar resultados con el ejemplo anterior, creamos una red neuronal con su mismo diseño: capa de entrada con 500 neuronas y capa de salida con 10 neuronas. Seguimos usando activación de tipo *softmax*, función de coste *categorical_crossentropy*, optimización *adam* y *accuracy* como métrica de calidad. El resultado obtenido nos muestra que, en este caso, también existe overfitting. Observamos así mismo un menor accuracy en la clasificación de las muestras del conjunto de test, comparado con el accuracy obtenido en la sección anterior.

```
from keras.models import Sequential
from keras.layers import Dense

model = Sequential()
model.add(Dense(500,input_dim=image_height*image_width,activation='relu'))
model.add(Dense(10,  activation='softmax'))
print(model.summary())
EPOCHS = 50
model.compile(loss='categorical_crossentropy', optimizer='adam',
metrics=['accuracy'])
history = model.fit(X_train, y_train, validation_data=(X_test, y_test),
epochs=EPOCHS, batch_size=256, verbose=0)

plot(history)
```

```
Layer (type)                    Output Shape                Param #
=================================================================
dense_10 (Dense)                (None, 500)                 392500

dense_11 (Dense)                (None, 10)                  5010
=================================================================
Total params: 397,510
Trainable params: 397,510
Non-trainable params: 0
```

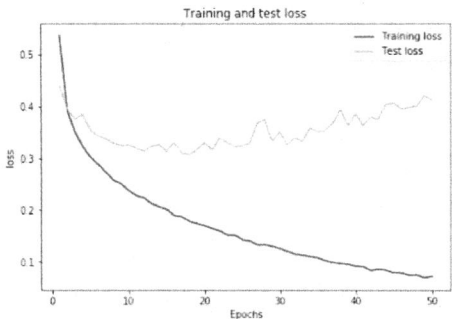
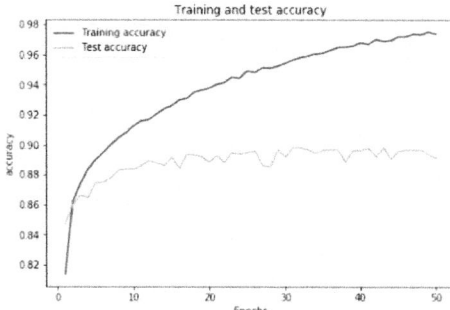

Como podemos ver en las gráficas siguientes, simplificando el modelo (pasamos de 500 neuronas de entrada a 50) reducimos el overfitting, a la vez que mejoramos el accuracy: conseguimos una mejor generalización. Es la misma pauta que habíamos observado en la sección anterior.

```
model = Sequential()
model.add(Dense(50,input_dim=image_height*image_width,activation='relu'))
model.add(Dense(10,activation='softmax'))
print(model.summary())

model.compile(loss='categorical_crossentropy', optimizer='adam',
metrics=['accuracy'])
history = model.fit(X_train, y_train, validation_data=(X_test, y_test),
epochs=EPOCHS, batch_size=512, verbose=0)
plot(history)
```

Layer (type)	Output Shape	Param #
dense_23 (Dense)	(None, 50)	39250
dense_24 (Dense)	(None, 10)	510

Total params: 39,760
Trainable params: 39,760
Non-trainable params: 0

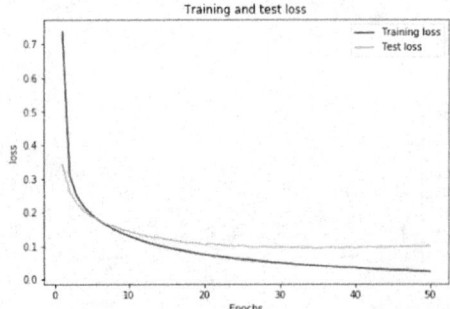
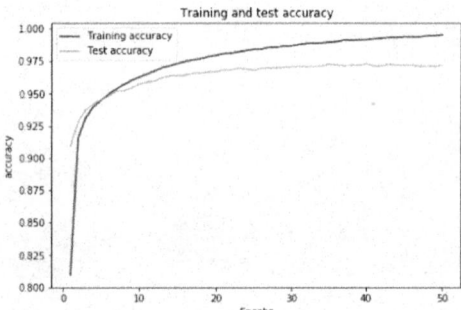

Para reducir el overfitting existente, introducimos una capa que realiza *Dropout* de 0.4. El resultado obtenido muestra mejores valores en el conjunto de test que en el conjunto de entrenamiento: se ha eliminado el overfitting. También comprobamos que existe una calidad de resultados de clasificación similar al caso anterior.

```python
from keras.layers import Dropout

model = Sequential()
model.add(Dense(50,input_dim=image_height*image_width,activation='relu'))
model.add(Dropout(0.4))
model.add(Dense(10,activation='softmax'))
print(model.summary())

model.compile(loss='categorical_crossentropy', optimizer='adam',
metrics=['accuracy'])
history = model.fit(X_train, y_train, validation_data=(X_test, y_test),
epochs=EPOCHS, batch_size=512, verbose=0)
plot(history)
```

Layer (type)	Output Shape	Param #
dense_25 (Dense)	(None, 50)	39250
dropout_6 (Dropout)	(None, 50)	0
dense_26 (Dense)	(None, 10)	510

Total params: 39,760
Trainable params: 39,760
Non-trainable params: 0

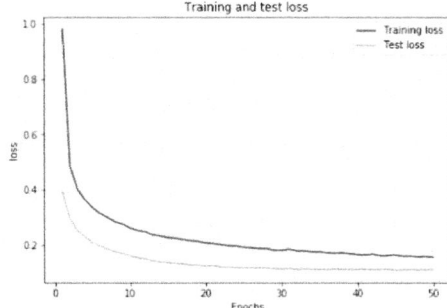 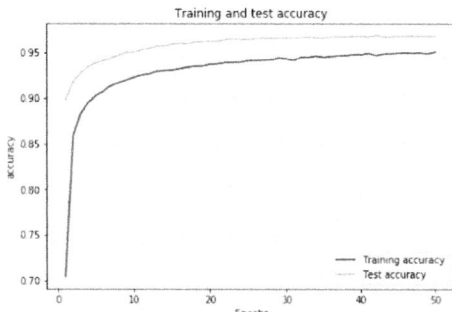

Finalmente diseñamos una red neuronal con una capa oculta y un *Dropout* de 0.4. La calidad del resultado obtenido es similar a la del caso precedente, mientras que la cantidad de pesos que debe entrenar la red es del doble. Por lo tanto parece razonable escoger nuestro diseño más favorable sin capa oculta.

```
model = Sequential()
model.add(Dense(100,input_dim=image_height*image_width,activation='relu'))
model.add(Dense(20,input_dim=image_height*image_width,activation='relu'))
model.add(Dropout(0.4))
model.add(Dense(10,activation='softmax'))
print(model.summary())

model.compile(loss='categorical_crossentropy', optimizer='adam',
metrics=['accuracy'])
history = model.fit(X_train, y_train, validation_data=(X_test, y_test),
epochs=EPOCHS, batch_size=256, verbose=0)
plot(history)
```

```
Layer (type)                Output Shape            Param #
=================================================================
dense_27 (Dense)            (None, 100)             78500

dense_28 (Dense)            (None, 20)              2020

dropout_7 (Dropout)         (None, 20)              0

dense_29 (Dense)            (None, 10)              210
=================================================================
Total params: 80,730
Trainable params: 80,730
Non-trainable params: 0
```

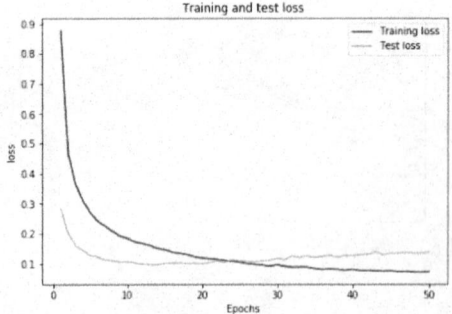

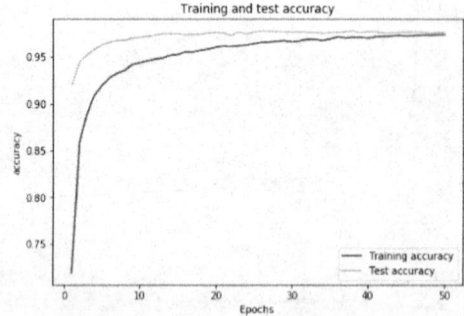

8.3 CLASIFICACIÓN DEL DATASET CIFAR 100

El dataset *Cifar100* presenta similitudes con el fashion MNIST, tales como el tamaño de las imágenes, que son de 32 x 32, similar a las dimensiones 28 x 28 de MNIST. También el número de imágenes es similar al existente en fashion MNIST. Las dos principales diferencias son: a) Cifar contiene 100 clases, frente a las 10 clases de ambos datasets MNIST, y b) Cifar codifica las imágenes en 3 canales: R, G, B. Debido, sobre todo, a la mayor cantidad de clases a clasificar, siendo el número de muestras disponibles similar, Cifar presenta más dificultades que MNIST. El código siguiente, como en los casos anteriores, nos muestra las principales características del dataset, así como una representación gráfica de diversas muestras. Nótese la diferencia entre la dimensionalidad de MNIST: (num_muestras, 28, 28) y la dimensionalidad de Cifar: (num_muestras, 32, 32, 3).

```python
from keras.datasets import cifar100
import matplotlib.pyplot as plt
import numpy as np

(X_train, y_train), (X_test, y_test) = cifar100.load_data(label_mode='fine')

num_train_images = X_train.shape[0]
num_test_images = X_test.shape[0]
image_height = X_train.shape[1]
image_width = X_train.shape [2]

print("Shape: " + str(X_train.shape))
print("Training images: " + str(num_train_images))
print("Image height: " + str(image_height))
print("Image width: " + str(image_width))

plt.imshow(X_train[2])

fig, axs = plt.subplots(1,12, figsize=(17,6))
for i in range(12):
    axs[i].imshow(X_train[i])
    axs[i].axis('off')
plt.show()
```

```
Shape: (50000, 32, 32, 3)
Training images: 50000
Image height: 32
Image width: 32
```

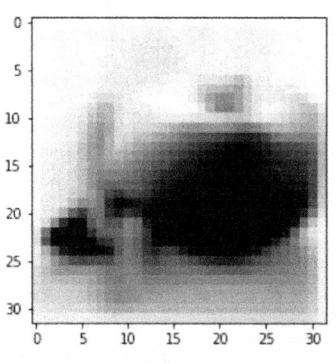

El siguiente script prepara los datos de entrada y los datos de salida para la red neuronal. En este caso es necesario realizar una redimensión que incluya los tres canales que codifican los colores. Por eso, en lugar de realizarse la redimensión de MNIST: *reshape(num_train_images, image_height x image_width)*, se triplica esa cantidad de datos de entrada: *reshape(num_train_images, image_height x image_width x 3)*. Como en los ejemplos anteriores, los datos de salida se preparan en modo categórico: *np_utils.to_categorical(y_train)*; en este caso, los vectores de valores categóricos contienen 100 elementos en lugar de 10, puesto que Cifar proporciona 100 clases en lugar de 10.

```python
from keras.utils import np_utils

X_train = X_train.reshape(num_train_images, image_height *
                          image_width *3).astype('float32')
X_test = X_test.reshape(num_test_images, image_height * image_width *
                        3).astype('float32')
print("X_train.shape: " + str(X_train.shape))
print("X_test.shape: " + str(X_test.shape))
print("y_train.shape: " + str(y_train.shape))
print("y_test.shape: " + str(y_test.shape))

print("y_train sample 5 value: " + str(y_train[5]))
print("y_train sample 2 value: " + str(y_train[2]))

X_train = X_train / 255    # values [0..1] improve results
X_test = X_test / 255

y_train = np_utils.to_categorical(y_train)
y_test = np_utils.to_categorical(y_test)
print("categorical y_train shape: " + str(y_train.shape))
print("categorical y_train sample 5 value: " + str(y_train[5]))
print("categorical y_train sample 2 value: " + str(y_train[2]))
print("Número de clases: " +str (y_test.shape[1]))
```

```
X_train.shape: (50000, 3072)
X_test.shape: (10000, 3072)
y_train.shape: (50000, 1)
y_test.shape: (10000, 1)
y_train sample 5 value: [86]
y_train sample 2 value: [0]
categorical y_train shape: (50000, 100)
categorical y_train sample 5 value:
[0. 0. 0. 0. 0. 0. 0. 0. 0. 0. 0. 0. 0. 0. 0. 0. 0. 0. 0. 0. 0. 0. 0. 0. 0.
```

```
0. 0. 0. 0. 0. 0. 0. 0. 0. 0. 0. 0. 0. 0. 0. 0. 0. 0. 0. 0. 0. 0. 0. 0.
0. 0. 0. 0. 0. 0. 0. 0. 0. 0. 0. 0. 0. 0. 0. 0. 0. 0. 0. 0. 0. 0. 0. 0.
0. 0. 0. 0. 0. 0. 0. 0. 0. 0. 0. 0. 0. 1. 0. 0. 0. 0. 0. 0. 0. 0. 0. 0.
0. 0. 0. 0.]
categorical y_train sample 2 value:
[1. 0. 0. 0. 0. 0. 0. 0. 0. 0. 0. 0. 0. 0. 0. 0. 0. 0. 0. 0. 0. 0. 0. 0.
0. 0. 0. 0. 0. 0. 0. 0. 0. 0. 0. 0. 0. 0. 0. 0. 0. 0. 0. 0. 0. 0. 0. 0.
0. 0. 0. 0. 0. 0. 0. 0. 0. 0. 0. 0. 0. 0. 0. 0. 0. 0. 0. 0. 0. 0. 0. 0.
0. 0. 0. 0. 0. 0. 0. 0. 0. 0. 0. 0. 0. 0. 0. 0. 0. 0. 0. 0. 0. 0. 0. 0.
0. 0. 0. 0.]
Número de clases: 100
```

Una vez preparados los datos de entrada y de salida, diseñamos la red neuronal que los procese. Como Cifar presenta mayor dificultad de clasificación que MNIST, incluimos una capa de entrada con el doble de neuronas que en los casos anteriores (1000 en lugar de 500). La capa de salida contiene 100 neuronas en lugar de 10 neuronas, debido a que el número de clases en Cifar es 100. También hemos añadido regularización incorporando un *Dropout* de 0.3. El resto de parámetros no varía: activación en la capa de entrada: *relu*; activación en la capa de salida: *softmax*; modelo compilado con loss: *categorical_crossentropy*, optimizador: *adam* y medida de calidad: *accuracy*. El número de pesos de la capa de entrada que la red debe entrenar es mucho más alto que en los ejemplos anteriores: (32 x 32 x 3 + 1) x 1000 = 3.073.000.

Los gráficos de resultados nos muestran una buena evolución del aprendizaje y ausencia de overfitting; sin embargo, el nivel de calidad de las clasificaciones no se puede considerar suficiente. Aunque la probabilidad de acierto es proporcionalmente muy alta respecto al azar (0.23 frente a 0.01), en términos absolutos solo se clasifica correctamente la cuarta parte de las muestras de test. Esto puede ser debido a que los propios datos imposibilitan alcanzar una mayor calidad en la clasificación (poca cantidad de datos, datos con bias, etc.), o bien el diseño de la red neuronal es inadecuado (insuficiente número de capas, insuficiente número de neuronas en cada capa), o es necesario utilizar modelos más adecuados de redes neuronales (por ejemplo: redes neuronales convolucionales).

```
from keras.models import Sequential
from keras.layers import Dense, Dropout

model = Sequential()
model.add(Dense(1000, input_dim=image_height*image_width*3, activation='relu'))
model.add(Dropout(0.3))
model.add(Dense(100, activation='softmax'))
print(model.summary())
```

```
EPOCHS = 40
model.compile(loss='categorical_crossentropy', optimizer='adam',
              metrics=['accuracy'])
history = model.fit(X_train, y_train, validation_data=(X_test, y_test),
epochs=EPOCHS, batch_size=256, verbose=0)
```

```
Layer (type)                     Output Shape               Param #
=================================================================
dense_31 (Dense)                 (None, 1000)               3073000

dropout_8 (Dropout)              (None, 1000)               0

dense_32 (Dense)                 (None, 100)                100100
=================================================================
Total params: 3,173,100
Trainable params: 3,173,100
Non-trainable params: 0

plot(history)
```

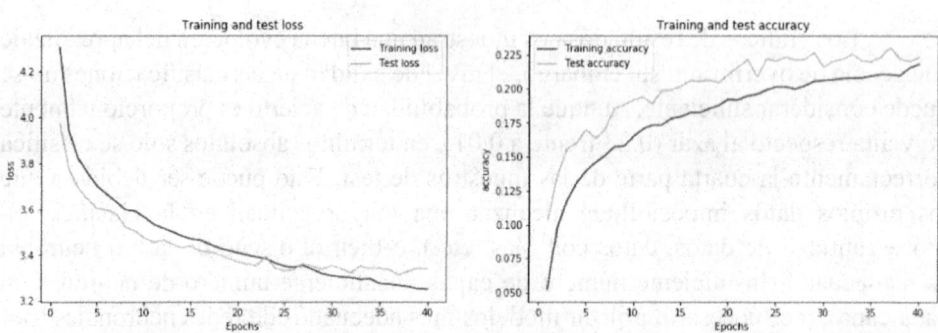

Con el objetivo de mejorar los resultados de clasificación, diseñamos una nueva red que incorpore una capa oculta de 200 neuronas. En teoría, esta disposición aumenta la capacidad de la red para clasificar, aunque la capa oculta también podría hacer de cuello de botella en la codificación de las características discriminantes de los datos de entrada. Nótese como el número de pesos extra que la red debe aprender no es proporcionalmente alto respecto al caso anterior: $(1000 + 1) \times 200 = 200.200$. Los resultados obtenidos no muestran mejoras significativas respecto a la red sin capa oculta.

```
model = Sequential()
model.add(Dense(1000,input_dim=image_height*image_width*3,
                activation='relu'))
model.add(Dense(200,activation='relu'))
model.add(Dropout(0.4))
model.add(Dense(100,activation='softmax'))
print(model.summary())

model.compile(loss='categorical_crossentropy', optimizer='adam',
metrics=['accuracy'])
history = model.fit(X_train, y_train, validation_data=(X_test, y_test),
epochs=EPOCHS, batch_size=256, verbose=0)
plot(history)
```

Layer (type)	Output Shape	Param #
dense_33 (Dense)	(None, 1000)	3073000
dense_34 (Dense)	(None, 200)	200200
dropout_9 (Dropout)	(None, 200)	0
dense_35 (Dense)	(None, 100)	20100

```
Total params: 3,293,300
Trainable params: 3,293,300
Non-trainable params: 0
```

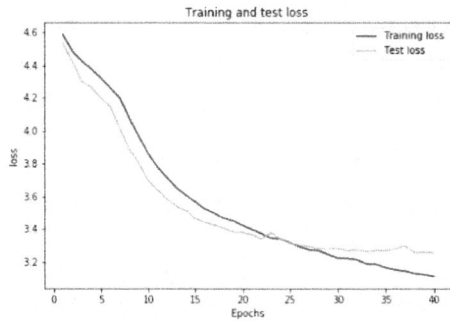

9

REDES CONVOLUCIONALES. CONCEPTOS BÁSICOS

Las redes convolucionales *Convolutional Neural Networks* (*CNN*) están diseñadas para operar en datos que presentan algún tipo de secuencialidad; por ejemplo: la secuencialidad temporal de las muestras de voz, o la secuencialidad espacial en los píxeles de las imágenes. Otro aspecto clave en el diseño de las CNN es el concepto de que la información relevante se puede encontrar en diferentes posiciones de los valores de cada muestra; en el caso de las imágenes, si se busca una característica representativa de un animal, por ejemplo los ojos, estos pueden encontrarse en diversas posiciones de la imagen: central, lateral, superior, etc. Finalmente, las CNN también son capaces de detectar características significativas cambiadas de escala; en el ejemplo de los ojos de los animales, una CNN podría reconocerlos tanto si aparecen en un primer plano como si se encuentran a una mayor distancia visual.

El funcionamiento de las redes convolucionales se centra en el concepto de *convolución*. Las CNN realizan la convolución haciendo uso de un *filtro* o *kernel*, que se va desplazando por los valores de las muestras. En el caso de las imágenes, el filtro es bidimensional y se va desplazando por las dos dimensiones de la imagen. La siguiente figura muestra, a modo de ejemplo, un filtro 'Sovel' que detecta bordes verticales. El resultado de aplicar el filtro sobre la porción de imagen señalada nos proporciona un pixel de *activación* que muestra la presencia o ausencia de borde vertical en esa porción de imagen. En la figura, desplazando la ventana del filtro horizontalmente, pixel a pixel, hasta alcanzar el extremo derecho de la imagen, obtenemos un total de 4 píxeles de activación. Posteriormente realizamos el mismo proceso desplazando verticalmente la ventana del filtro un pixel hacia abajo, con lo que obtenemos otra fila de 4 píxeles de activación, y así sucesivamente hasta procesar toda la imagen. En la figura, el resultado final de la convolución es un *mapa de activación* de tamaño 4 x 4, proveniente de una imagen de 6 x 6 pixels.

El tamaño del kernel (filtro) nos condiciona la granularidad del procesamiento y el tamaño del mapa de activación. En muestras de gráficos, el tamaño típico de un kernel es de 3 x 3, o de 5 x 5. Cuanto menor sea el tamaño del filtro más capacidad tiene la etapa convolucional de la red CNN para detectar características de la imagen que ocupan poco espacio: un ojo, una esquina, una oreja, etc. También es mayor la definición del mapa de características encontradas (mapa de activación). Si la ventana del filtro es demasiado grande, las características de poco tamaño pasarán desapercibidas; además la información de su ubicación exacta se pierde, por lo que resulta más complicado relacionar unas características con otras en sucesivas etapas convolucionales de la red CNN.

En el caso de que los bordes de la muestra puedan contener información relevante se aplicaría la técnica de *padding*, que consiste en añadir valores cero a los extremos de la muestra. La siguiente figura ilustra el concepto. Nótese que, en este caso, el mapa de activación tendría la misma dimensión que la muestra (la imagen): 6 x 6. Cuando los bordes de la imagen no presentan una información particularmente valiosa, como por ejemplo en el dataset MNIST, resulta preferible no aplicar 'padding', con el fin de reducir la dimensionalidad del resultado (de 26 x 26 en lugar del original 28 x 28, usando un filtro 3 x 3) y para disminuir la cantidad de procesamiento necesaria para obtener el mapa de activación.

Estamos asumiendo que la ventana del filtro se está desplazando una posición cada movimiento. Al salto en el desplazamiento se le denomina *stride*; por lo tanto, en los ejemplos comentados estamos aplicando un 'stride'=1. Podemos aplicar strides con valores mayores. Por ejemplo, en el siguiente gráfico, aplicando 'stride'=2 obtenemos un mapa de activación de 3x3 valores, y sin usar 'padding'=1 obtendríamos un mapa de activación de 2x2 valores. Normalmente se usa 'stride'=1; si hacemos uso de strides más grandes (p.e.: 'stride'=3) con filtros pequeños (p.e.: 3x3), se podría dar la circunstancia de que la característica que realza el filtro no se detecte, porque queda demasiado a la derecha del primer filtro y demasiado a la izquierda del segundo filtro (idem. respecto al desplazamiento vertical). En el ejemplo de la detección de bordes verticales, si los bordes pueden ser finos, como ocurre normalmente, se debería utilizar 'stride'=1; si sabemos que los bordes siempre son gruesos y ocupan una anchura de 4 o 5 píxeles, entonces nos podemos permitir un stride mayor.

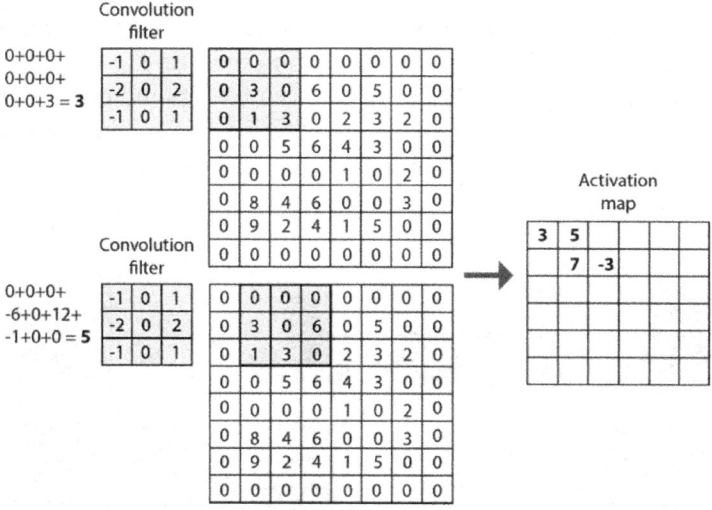

Es probable que alguno de los filtros de una CNN realice una función similar al filtro 'Sovel' que hemos puesto como ejemplo. En ese caso, el mapa de activación del filtro se visualizaría como muestra la siguiente figura cuando se le presenta la imagen. Tradicionalmente, en el área del tratamiento de las imágenes se han desarrollado una gran cantidad de filtros que realzan muy diversas características de las imágenes, tales como el filtro Sovel que hemos usado como ejemplo. Las CNN no hacen uso explícito de ninguno de esos filtros: las CNN generan filtros en el proceso de aprendizaje. Es importante saber que el proceso de aprendizaje de las CNN es por completo independiente del conocimiento existente acerca de filtros digitales de imagen.

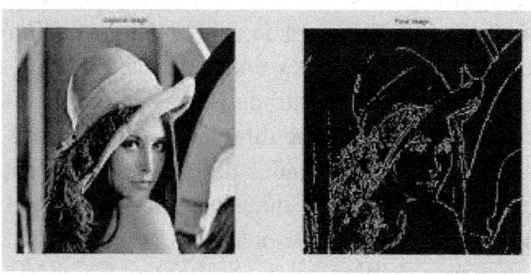

Las redes CNN se diseñan de manera que la red pueda aprender los filtros de imagen más apropiados para el dataset utilizado. Este aprendizaje se realiza minimizando las diferencias existentes entre los resultados obtenidos y los resultados (etiquetas) esperados. Para que la red CNN tenga la capacidad de aprender hay que hacer posible que codifique las muestras (imágenes) mediante un conjunto diverso de filtros. Es habitual que las CNN codifiquen (aprendan) filtros para detectar bordes, texturas, luminosidades, colores, curvas, formas, etc. Esta es la razón por la que cada etapa convolucional de una CNN se diseñe con un número amplio de filtros, habitualmente entre 16 y 128. La siguiente figura muestra la activación de los 32 filtros de una capa convolucional, que veremos en un capítulo posterior, cuando se le presenta la imagen de un perro en concreto. Como puede apreciarse, la CNN ha aprendido una serie de filtros de bordes que realizan una función similar al filtro visto en nuestro ejemplo.

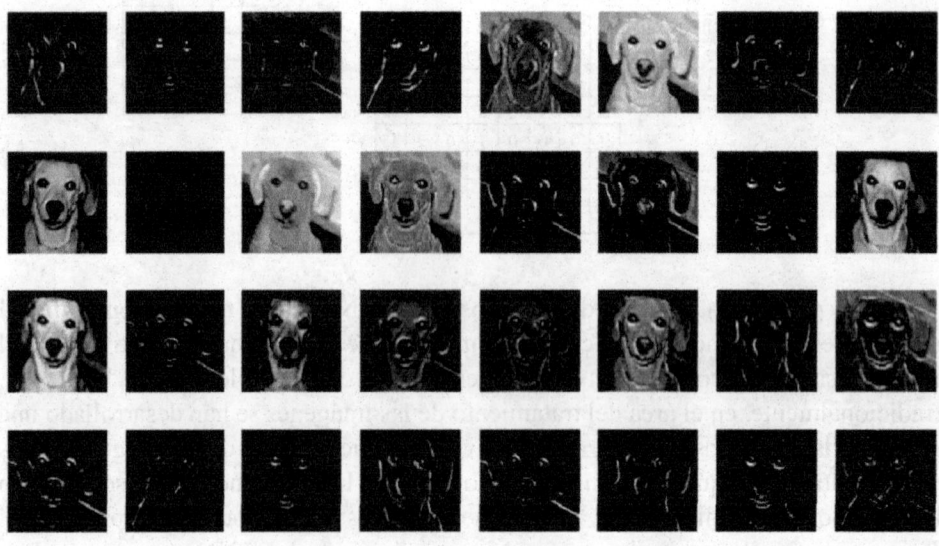

La siguiente figura resume la manera en la que se conecta una imagen de entrada a la primera etapa convolucional de una CNN. En el ejemplo asumimos una resolución de imagen de 150x150 pixels y una codificación RGB, por lo que diremos que la imagen tiene tres canales de entrada (Red, Green y Blue). Vamos a hacer uso de filtros de tamaño 3x3, por lo que dibujamos una ventana superior izquierda de 9 pixels en cada uno de los tres canales de la muestra de entrada. Asumiremos padding=0 y stride=1, por lo que los mapas de activación resultantes tienen un tamaño de 148x148. Esta etapa convolucional estará compuesta por 16 filtros, por lo que dibujamos los 16 mapas de activación resultantes. En cada mapa de activación dibujamos una nueva ventana de 3x3 para indicar que el proceso que estamos explicando se puede replicar desde esta capa convolucional hacia la siguiente etapa de la CNN.

La parte de la derecha de la figura detalla la manera en la que se procesan los filtros: en cada ventana de procesamiento se realiza la multiplicación/adición de los pesos del filtro, representados mediante líneas moradas, por los valores de la imagen en esa ventana. Los resultados parciales de los tres canales de la imagen se combinan y se almacena el resultado total en la posición correspondiente del mapa de activación. Este proceso se realiza repetidamente moviendo (convolucionando) la ventana por toda la imagen, obteniéndose así el mapa de activación completo de un filtro (compuesto por 148 x 148 valores). A su vez, esta acción se repite por cada uno de los 15 filtros restantes, obteniéndose los 16 mapas de activación. Este es el proceso *forward* de la red, que se utiliza en dos situaciones: 1) Proporcionar al proceso de aprendizaje, por cada muestra de entrada, el resultado obtenido; de esta manera se puede minimizar la función de coste: resultado obtenido - resultado esperado, y 2) Una vez entrenada la CNN, predecir el resultado que se obtiene al presentarse una muestra de entrada.

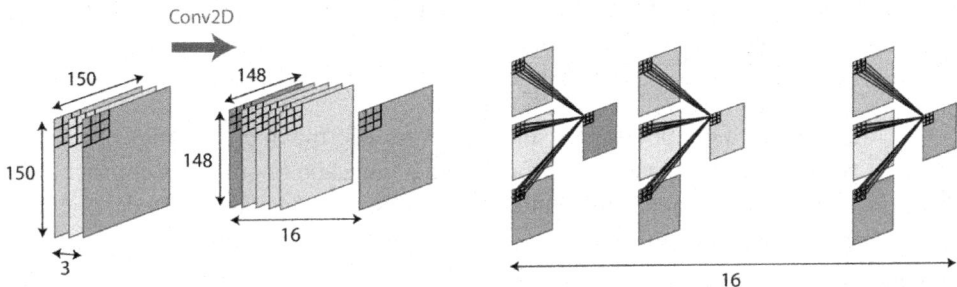

Los pesos de los filtros se han representado con líneas que parten de una capa hacia la siguiente. Estos pesos son los que se van variando en el proceso de aprendizaje para que la red neuronal aprenda. Es importante destacar que los pesos que determinan un valor del mapa de activación; p.e.: el (1,1) en la figura, se compartan igual para todos los demás valores del mismo mapa de activación. En la parte derecha de la figura eso se traduce en que los 27 pesos que confluyen en el valor (1,1) del primer mapa de activación son los mismos que los 27 pesos que confluyen en el valor (1,2) del mismo mapa de activación, y así sucesivamente hasta el último valor (148,148). Esto es lógico, puesto que deseamos que esos 9 pesos codifiquen un filtro específico que se aplique a toda la imagen y que detecte la característica buscada en cualquier posición de la imagen. Nótese que, en la figura, cada filtro 3x3 genera un mapa de activación 148x148: existen 16 filtros y 16 mapas de activación.

Cada uno de los 16 filtros, en nuestro ejemplo, estará constituido por 27 pesos, al que añadiremos uno más, como bías, que permitirá un grado adicional de libertad para poder trasladar en el hiperespacio al hiperplano de separación. De esta manera, la etapa convolucional descrita requerirá de $(27+1)$ x $16 = 448$ parámetros (pesos) de entrenamiento. Si la imagen hubiera tenido un solo canal (como ocurre en MNIST), el número de parámetros necesarios habría sido 160. Nótese que un mayor tamaño de las muestras (resolución de las imágenes) no afecta al número de parámetros de aprendizaje de la capa convolucional, pero sí que afecta al tamaño de los mapas de activación, al tiempo de procesamiento y al propio diseño de la CNN, que probablemente requerirá ser más profunda.

El método de convolución que hemos explicado se complementa con el de *pooling*, que pasamos a detallar ahora. El método 'pooling' tiene como objetivo disminuir la dimensionalidad de los mapas de activación entre diversas etapas convolucionales. Este objetivo está en la línea de la filosofía de diseño de las redes CNN, donde se suelen apilar secuencialmente diversos grupos de capas convolucionales. A medida que los grupos convolucionales se hacen más internos (más lejanos de la capa de entrada), su resolución es menor (mapas de activación más pequeños), su nivel de abstracción es mayor (representan conceptos más elaborados) y, a menudo, el número de filtros utilizado es mayor. En la última figura de este apartado se esquematiza una red CNN compuesta de tres grupos convolucionales.

La operativa del pooling es seleccionar la información más relevante de un mapa de activación y traspasar esa información a una capa pooling. En el proceso se descarta la información menos relevante. La implementación más común del pooling, cuando las muestras son imágenes, es el uso de ventanas cuadradas deslizantes. Las ventanas se utilizan como en el caso de los filtros: tienen un tamaño (comunmente 2x2), un stride (habitualmente stride=2) y se desplazan por todo el mapa de activación. La clave de su funcionamiento reside en seleccionar la información más relevante de la porción del mapa de activación cubierto por la ventana. Los dos enfoques más utilizados para seleccionar la información relevante son: 1) Promedio: se traspasa a la capa de salida la media de los valores de la ventana, y 2) Máximo: se traspasa a la capa de salida el mayor de los valores de la ventana (*maxpooling*). De estos dos enfoques, el más utilizado es 'maxpooling': su lógica es que tomamos la característica más marcada del mapa de activación en la ventana; en el ejemplo de filtro de bordes verticales, si existe un valor que indica claramente borde, traspasamos ese valor. En el enfoque 'promedio', el valor marcado podría diluirse demasiado al promediarse con los otros tres valores existentes en una ventana de 2x2.

La siguiente figura nos muestra un ejemplo de 'maxpooling' que se aplica en un mapa de activación de tamaño 4x4, utilizando ventanas de tamaño 2x2 y stride=2. Como se puede observar, la nueva capa 'maxpooling' tiene un tamaño

2x2, y sus valores son los más representativos (máximos) de los existentes en el mapa de activación en cada una de las posiciones por las que se desliza la ventana. Es importante destacar que los mapas de activación son sensibles a la posición de las características (p.e.: bordes horizontales) en las imágenes. Una posibilidad para afrontar esta sensibilidad es disminuir su resolución (downsampling), con lo que se consigue una detección más robusta de las características. A esto se le denomina 'invarianza local a los desplazamientos' (*local traslation invariance*). Básicamente estamos creando una nueva capa (pooling) que contiene la mayor parte de la información de las características codificadas en el mapa de activación, pero en una cuarta parte de su tamaño (downsampling). Si incrementamos el tamaño de la ventana conseguimos un downsampling mucho mayor, pero a costa de arriesgarnos a perder información relevante: seleccionar un solo valor entre 9 o entre 16 puede enmascarar otros valores con importancia; por eso, normalmente, las capas pooling se implementan con filtros 2 x 2.

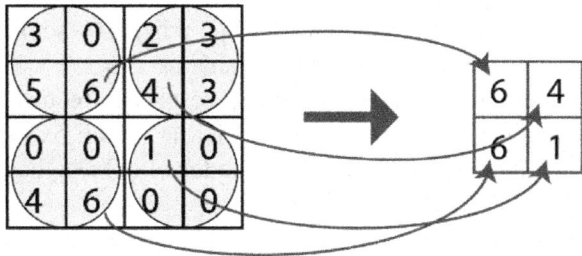

Los conceptos explicados muestran el funcionamiento aislado de las capas convolucionales y de las capas pooling. Una red neuronal convolucional contiene grupos de capas convolucionales seguidos de capas pooling. El método de convolución que hemos explicado toma como entrada la muestra (imagen) y genera un mapa de activación. En una CNN, la mayoría de las convoluciones son internas: toman un mapa de activación como entrada y generan otro mapa de activación como salida. El mecanismo de funcionamiento de las capas de convolución internas es el mismo que el explicado para la muestra de entrada.

La siguiente figura ilustra un caso de red neuronal convolucional compuesta por tres grupos. En el ejemplo, las imágenes tienen un tamaño de 28x28 y tres canales: R, G, B. La primera capa de convolución usa ventanas de tamaño 3x3, stride=1 y padding=0; el número de filtros seleccionado es 16. Tal y como hemos explicado, cada uno de los 16 mapas de activación (uno por filtro) tendrá un tamaño 26x26 (por la ausencia de padding) y existirán nueve parámetros (pesos) por cada combinación de filtro y canal (3 x 9 x 16 pesos), a lo que sumamos un peso 'bias' por cada filtro (3 x 9 x 16) + 16. A esta capa convolucional le sigue otra capa maxpooling con tamaño de ventana 2x2 y stride=2. El resultado es que cada uno de los 16 mapas de activación existentes, de tamaño 26x26, se convierte en un mapa de activación de tamaño 13x13 que contiene la información más relevante del mapa de activación de origen. Hemos dibujado una ventana 3x3 en los mapas de activación de tamaño 13x13 para indicar que estos mapas de activación van a ser el origen de una nueva etapa de convolución.

El siguiente grupo de la CNN también se compone de una capa de convolución seguida de una capa maxpooling. Ambas capas están configuradas como sus predecesoras en cuanto a tamaño de ventana, padding y stride; el número de filtros aumenta a 32. Las CNN suelen configurarse con un número creciente de filtros que permitan combinar con riqueza la información de los filtros anteriores. El funcionamiento de la capa convolucional de este grupo es igual al de la anterior capa convolucional, que tomaba los valores de las muestras: basta con que supongamos que su entrada es una imagen de resolución 13x13 y que tiene 16 canales. Por la ausencia de padding, la resolución de los 32 mapas de activación de salida de la capa se reduce a 11x11. El número de parámetros de aprendizaje (pesos) es: 'num_canales x size_ventana x num_filtros + num_filtros', es decir: (16 x 9 x 32) + 32. La capa maxpooling no requiere de pesos de aprendizaje; esta capa reduce el tamaño de los 32 mapas de activación de su entrada de 11x11 a la mitad: 5x5. Finalmente, una última capa de convolución genera 64 filtros de tamaño 3x3 y hace uso de 18.496 parámetros.

En la CNN de la siguiente figura podemos repasar varios de los conceptos habituales en las redes convolucionales:

▼ Las CNN suelen estar diseñadas con varios grupos convolucionales dispuestos secuencialmente. Cada grupo consta de una o más capas convolucionales, seguidas de una capa pooling.

▼ El tamaño de los mapas de activación decrece a medida que las capas se alejan de la capa de entrada. Este efecto de downsampling permite codificar niveles de abstracción crecientes.

▼ El número de filtros empleados crece a medida que las capas se alejan de las muestras de entrada (a medida que las capas son más internas). Esto permite codificar multitud de relaciones entre los niveles de abstracción precedentes a cada capa.

▼ El número de parámetros de aprendizaje crece a medida que la CNN se hace más profunda. Esto es debido al incremento en el número de filtros. En el ejemplo de la figura, el número de parámetros necesarios en cada una de sus tres capas es de 448, 4.640 y 18.496 respectivamente.

- El número de valores numéricos que conforman cada grupo convolucional se va haciendo menor a medida que la CNN se hace más profunda. En nuestro ejemplo, el primer grupo presenta 10.816 (26x26x16) valores numéricos en el mapa de activación convolucional, y 2.704 (13x13x16) en el mapa de activación de la capa pooling. El segundo grupo convolucional tiene 3.872+800 valores, y el tercer grupo, que no incorpora capa pooling, tiene 576 valores.

Habitualmente, al final de una arquitectura CNN se incorpora una red densa que se encargue de realizar la clasificación deseada. Los últimos mapas de activación se disponen de una manera lineal haciendo uso de una capa *Flatten*, seguida de una capa densa con suficientes neuronas como para realizar las separaciones entre clases. Finalmente se incorpora una capa de salida con una neurona si la clasificación es binaria, o con tantas neuronas como clases si la clasificación es categórica.

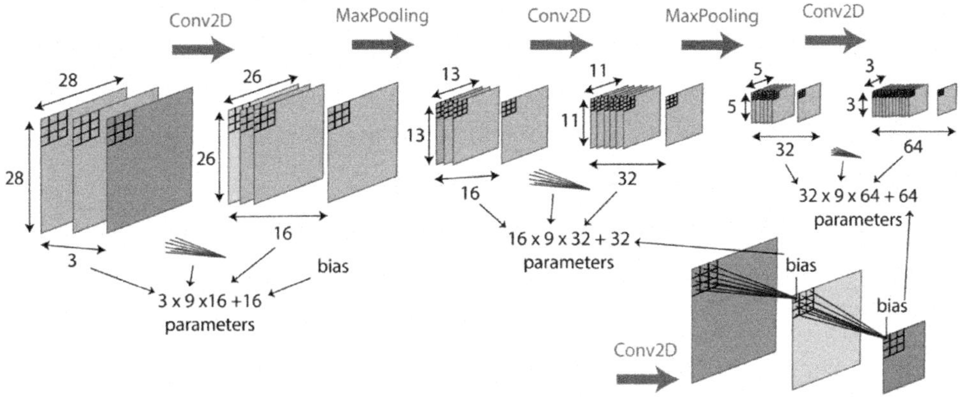

10

CLASIFICACIÓN USANDO REDES CONVOLUCIONALES EN DATASETS SENCILLOS

10.1 CLASIFICACIÓN DEL DATASET MNIST

La siguiente porción de código nos muestra las características fundamentales del dataset MNIST: 70.000 muestras, imágenes de 28x28 pixels, un solo canal y 10 clases. Así mismo prepara los datos para que adopten el formato que las redes neuronales convolucionales (CNN) admiten: *(num_samples,height,width,channels)*; para ello utilizamos el método *reshape*: *reshape(num_train_samples, image_height, image_width,1)*. Por eficiencia, los valores de cada pixel se traspasan al rango [0..1]: *X_train / 255*. Finalmente se preparan las salidas para que adquieran un formato categórico: por ejemplo, la etiqueta de salida 2 (de las 10 clases existentes) se convierte en el vector binario [0 0 1 0 0 0 0 0 0 0]. De esta manera se establece el valor numérico adecuado para que cada neurona de la capa de salida pueda procesar el error de predicción.

```
from keras.datasets import mnist
from keras.utils import np_utils


(X_train, y_train), (X_test, y_test) = mnist.load_data()


num_train_samples = X_train.shape[0]
num_test_samples = y_test.shape[0]
image_height = X_train.shape[1]
image_width = X_train.shape[2]
```

```
print("X_train.shape: " + str(X_train.shape))
print("X_test.shape: " + str(X_test.shape))
print("y_train.shape: " + str(y_train.shape))
print("y_test.shape: " + str(y_test.shape))
print("y_train sample 5 value: " + str(y_train[5]))
print("Train samples: " + str(num_train_samples))
print("Test samples: " + str(num_test_samples))
print("Image height: " + str(image_height))
print("Image width: " + str(image_width))


# Conv2D expects 4 dimmensions; the last one is the number of channels
num_channels = 1


X_train = X_train.reshape(num_train_samples,image_height,
                          image_width,num_channels)
X_test = X_test.reshape(num_test_samples,image_height,
                        image_width,num_channels)


X_train = X_train / 255   # values [0..1] improve results
X_test = X_test / 255


y_train = np_utils.to_categorical(y_train)
y_test = np_utils.to_categorical(y_test)


print("categorical y_train shape: " + str(y_train.shape))
print("categorical y_train sample 5 value: " + str(y_train[5]))
num_classes = y_test.shape[1]
print("Number of classes: " + str(num_classes))
```

```
X_train.shape: (60000, 28, 28)
X_test.shape: (10000, 28, 28)
y_train.shape: (60000,)
y_test.shape: (10000,)
y_train sample 5 value: 2
Train samples: 60000
Test samples: 10000
Image height: 28
Image width: 28
categorical y_train shape: (60000, 10)
categorical y_train sample 5 value: [0. 0. 1. 0. 0. 0. 0. 0. 0. 0.]
Number of classes: 10
```

A continuación diseñamos la red convolucional (CNN). Nuestra primera capa es del tipo *Conv2D*: *Conv2D(16, (3,3), activation='relu'...*; establecemos 16 canales de salida, a los que también podemos denominar "filtros". El siguiente parámetro: *(3,3)* es el tamaño del kernel: una ventana deslizante de tamaño 3x3; este es un tamaño muy utilizado, y en imágenes tan pequeñas no debería establecerse un kernel mayor. Puesto que no especificamos el tamaño de los strides, se asume el valor por defecto: (1,1). La función de activación es la clásica *Rectified Linear Unit (relu)*. Finalmente, proporcionamos al modelo la dimensión de los datos de entrada: *input_shape=(image_height,image_width,num_channels)*; en nuestro caso: (28,28,1). Este dato solo resulta necesario en la capa de entrada. No resulta necesario proporcionar valores iniciales de pesos o de bias; Keras realiza ese trabajo por nosotros. Como se puede ver en el resumen del modelo, la dimensionalidad de la red se reduce de (28,28) a (26,26) debido a la ausencia de strides

La siguiente capa que el modelo procesa es un *MaxPooling2D*, que realiza un *maxpooling*. Su parámetro (2,2), referido a *pool_size*, especifica el tamaño del pooling en las direcciones (x,y). Como no aportamos un tamaño de stride se asume el valor por defecto: *strides=pool_size* (en nuestro caso: 2x2) . Nótese como las capas *MaxPooling2D* proporcionan una reducción de dimensionalidad, y además no añaden parámetros de entrenamiento al sistema. El *MaxPooling2D* de (2,2), con *strides* 2x2 consigue reducir la dimensión de las imágenes a la mitad: de (26,26) a (13,13). Las siguientes capas de la CNN consiguen ir reduciendo la dimensión de los mapas de activación: de (13,13) a (11,11) en la siguiente *Conv2D*, debido a la ausencia de strides; de (11,11) a (5,5) debido al siguiente *MaxPooling2D* y, finalmente, de (5,5) a (3,3) en el último *Conv2D*.

Como se ha explicado en el párrafo anterior, una CNN típica va reduciendo la dimensionalidad que inicialmente tienen las imágenes (muestras); de esta manera se consiguen niveles cada vez más altos de abstracción. Las primeras capas codifican características básicas de las imágenes: bordes, texturas, ángulos, elementos distintivos (como ojos o gafas), etc. Las últimas capas codifican mayores niveles de abstracción: patas, trompa, perro, elefante. Al mismo tiempo, un diseño típico de CNN proporciona números crecientes de filtros para codificar relaciones variadas de los filtros anteriores. En nuestro ejemplo, el número de filtros de las capas *Conv2D* aumenta de 16 a 32 y de 32 a 64.

Una vez que se agota el diseño de las capas CNN de la red se hace uso de una última red neuronal densa (perceptrón o perceptrón multicapa) para realizar la clasificación de las clases. *layers.Flatten()* convierte la dimensionalidad (3,3,64) en su equivalente unidimensional (3x3x64) = 576. Esa será la entrada a una capa oculta de 32 neuronas: *layers.Dense(32, activation='relu')* y esta, a su vez, proporcionará las entradas a una capa de salida de tantas neuronas como clases existen en el dataset:

layers.Dense(num_classes,activation='softmax'). En nuestro caso, *num_classes* es 10. La función de transferencia *softmax* proporciona valores cercanos a 1 y a 0 para facilitar la decisión de la clase a la que pertenece cada muestra de test.

El modelo se compila utilizando una función de coste categórica (puesto que nuestras etiquetas son categóricas). La función *crossentropy* es la que normalmente se utiliza en estos casos. El modelo se entrena de la manera habitual: usando los conjuntos de entrenamiento y de validación, los epochs deseados y un tamaño *batch_size* equilibrado.

```python
from keras.models import Sequential
from keras import layers

model = Sequential()
model.add(layers.Conv2D(16, (3,3), activation='relu', input_shape=(image_
height,image_width,num_channels)))
model.add(layers.MaxPooling2D((2,2)))
model.add(layers.Conv2D(32, (3,3), activation='relu'))
model.add(layers.MaxPooling2D((2,2)))
model.add(layers.Conv2D(64, (3,3), activation='relu'))
model.add(layers.Flatten())
model.add(layers.Dense(32, activation='relu'))
model.add(layers.Dense(num_classes, activation='softmax'))

print(model.summary())

EPOCHS = 20
model.compile(loss='categorical_crossentropy', optimizer='rmsprop',
metrics=['accuracy'])
history = model.fit(X_train, y_train, validation_data=(X_test, y_test),
                    epochs=EPOCHS, batch_size=128, verbose=0)
```

```
Layer (type)                    Output Shape               Param #
=================================================================
conv2d_4 (Conv2D)               (None, 26, 26, 16)         160

max_pooling2d_3 (MaxPooling2    (None, 13, 13, 16)         0

conv2d_5 (Conv2D)               (None, 11, 11, 32)         4640

max_pooling2d_4 (MaxPooling2    (None, 5, 5, 32)           0

conv2d_6 (Conv2D)               (None, 3, 3, 64)           18496
```

flatten_2 (Flatten)	(None, 576)	0
dense_3 (Dense)	(None, 32)	18464
dense_4 (Dense)	(None, 10)	330

```
=================================================================
Total params: 42,090
Trainable params: 42,090
Non-trainable params: 0
```

El siguiente script visualiza los resultados, tal y como se ha explicado en capítulos anteriores. Aquí hemos añadido los mejores valores obtenidos: el menor "loss" y el mayor "accuracy", calculados usando el método *evaluate* del modelo: *model. evaluate(X_test, y_test, verbose=0)*, por supuesto aplicado al conjunto de testeo. Los resultados obtenidos muestran la superioridad de las redes convolucionales sobre las redes neuronales básicas para la clasificación de imágenes: en nuestro ejemplo se supera el 99% de exactitud (*accuracy*).

```python
import matplotlib.pyplot as plt
import numpy as np

def plot(h):
    LOSS = 0; ACCURACY = 1
    training = np.zeros((2,EPOCHS)); testing = np.zeros((2,EPOCHS))
    training[LOSS] = h.history['loss']
    testing[LOSS] = h.history['val_loss']    # validation loss
    training[ACCURACY] = h.history['acc']
    testing[ACCURACY] = h.history['val_acc']  # validation accuracy

    epochs = range(1,EPOCHS+1)
    fig, axs = plt.subplots(1,2, figsize=(17,5))
    for i, label in zip((LOSS, ACCURACY),('loss', 'accuracy')):
        axs[i].plot(epochs, training[i], 'b-', label='Training ' + label)
        axs[i].plot(epochs, testing[i], 'y-', label='Test ' + label)
        axs[i].set_title('Training and test ' + label)
        axs[i].set_xlabel('Epochs')
        axs[i].set_ylabel(label)
        axs[i].legend()
    plt.show()
    loss, accuracy = model.evaluate(X_test,y_test,verbose=0)
    print("Loss: " + str(loss))
    print("Accuracy: " + str(accuracy))

plot(history)
```

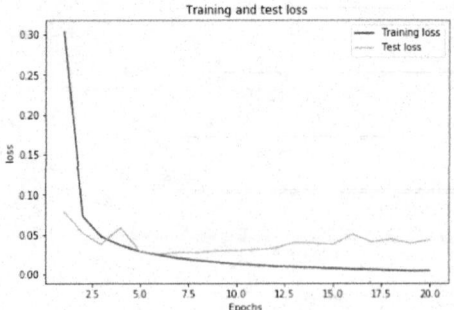 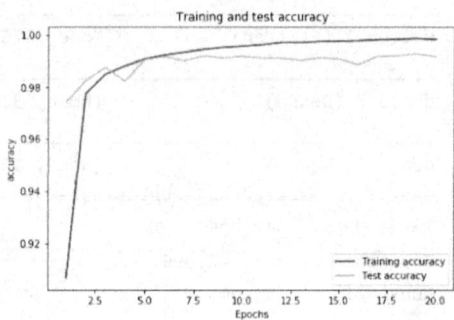

```
Loss: 0.04353987581000893
Accuracy: 0.9918
```

Para complementar este ejemplo se proporciona un segundo diseño de CNN más sencillo, pero con un número de parámetros de entrenamiento similar al anterior. También se añade una capa *Dropout* para reducir el overfitting. Los resultados obtenidos se acercan al caso anterior, aunque no alcanzan su calidad. Esto nos muestra que un diseño CNN profundo, en general, proporcionará mejores resultados en el procesamiento de imágenes. También podría ocurrir que las 16 neuronas del perceptrón posterior a la CNN constituyan un cuello de botella *"bottelneck"*, comparado con las 32 neuronas utilizadas en el ejemplo anterior.

```python
model = Sequential()
model.add(layers.Conv2D(16, (3,3), activation='relu', input_shape=(28,28,1)))
model.add(layers.MaxPooling2D((2,2)))
model.add(layers.Conv2D(32, (3,3), activation='relu'))
model.add(layers.Dropout(0.2))
model.add(layers.Flatten())
model.add(layers.Dense(16, activation='relu'))
model.add(layers.Dense(num_classes, activation='softmax'))

print(model.summary())

EPOCHS = 20
model.compile(loss='categorical_crossentropy', optimizer='rmsprop',
metrics=['accuracy'])
history = model.fit(X_train, y_train, validation_data=(X_test, y_test),
                    epochs=EPOCHS, batch_size=512, verbose=0)
plot(history)
```

```
Layer (type)                 Output Shape              Param #
=================================================================
conv2d_7 (Conv2D)            (None, 26, 26, 16)        160

max_pooling2d_5 (MaxPooling2 (None, 13, 13, 16)        0

conv2d_8 (Conv2D)            (None, 11, 11, 32)        4640

dropout_1 (Dropout)          (None, 11, 11, 32)        0

flatten_3 (Flatten)          (None, 3872)              0

dense_5 (Dense)              (None, 16)                61968

dense_6 (Dense)              (None, 10)                170
=================================================================
Total params: 66,938
Trainable params: 66,938
Non-trainable params: 0
```

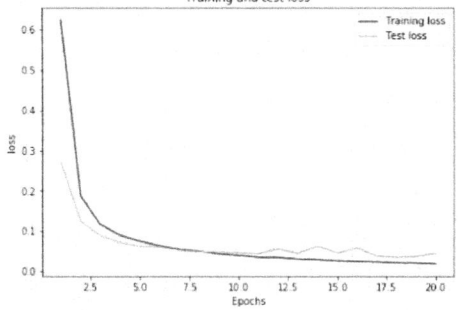
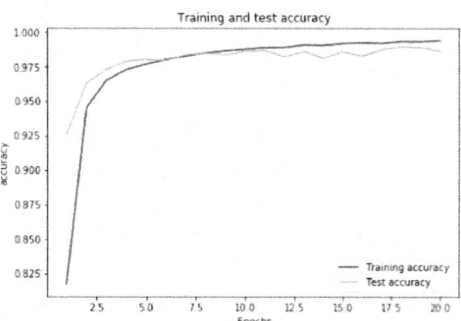

10.2 CLASIFICACIÓN DEL DATASET CIFAR 100

Como hemos visto en capítulos anteriores, *Cifar100* es un dataset mucho más difícil de clasificar que MNIST. En este caso vamos a hacer uso de una red convolucional con varias capas ocultas. El siguiente script muestra las principales características del dataset y prepara los datos de entrada y validación para posibilitar el entrenamiento de la CNN.

```python
from keras.datasets import cifar100

from keras.utils import np_utils

(X_train, y_train), (X_test, y_test) = cifar100.load_data(label_mode='fine')

num_train_samples = X_train.shape[0]
num_test_samples = y_test.shape[0]
image_height = X_train.shape[1]
image_width = X_train.shape[2]
num_channels = X_train.shape[3]

print("X_train.shape: " + str(X_train.shape))
print("X_test.shape: " + str(X_test.shape))
print("y_train.shape: " + str(y_train.shape))
print("y_test.shape: " + str(y_test.shape))
print("y_train sample 5 value: " + str(y_train[5]))
print("Train samples: " + str(num_train_samples))
print("Test samples: " + str(num_test_samples))
print("Image height: " + str(image_height))
print("Image width: " + str(image_width))
print("Number of channels: " + str(num_channels))

X_train = X_train / 255    # values [0..1] improve results
X_test = X_test / 255

y_train = np_utils.to_categorical(y_train)
y_test = np_utils.to_categorical(y_test)

print("categorical y_train shape: " + str(y_train.shape))
print("categorical y_train sample 5 value: " + str(y_train[5]))
num_classes = y_test.shape[1]
print("Number of classes: " + str(num_classes))
```

```
X_train.shape: (50000, 32, 32, 3)
X_test.shape: (10000, 32, 32, 3)
y_train.shape: (50000, 1)
y_test.shape: (10000, 1)
y_train sample 5 value: [86]
Train samples: 50000
Test samples: 10000
Image height: 32
Image width: 32
```

```
Number of channels: 3
categorical y_train shape: (50000, 100)
categorical y_train sample 5 value:
[0. 0. 0. 0. 0. 0. 0. 0. 0. 0. 0. 0. 0. 0. 0. 0. 0. 0. 0. 0. 0. 0. 0. 0.
 0. 0. 0. 0. 0. 0. 0. 0. 0. 0. 0. 0. 0. 0. 0. 0. 0. 0. 0. 0. 0. 0. 0. 0.
 0. 0. 0. 0. 0. 0. 0. 0. 0. 0. 0. 0. 0. 0. 0. 0. 0. 0. 0. 0. 0. 0. 0. 0.
 0. 0. 0. 0. 0. 0. 0. 0. 0. 0. 0. 0. 0. 0. 1. 0. 0. 0. 0. 0. 0. 0. 0. 0.
 0. 0. 0. 0.]
Number of classes: 100
```

La siguiente red neuronal sigue el mismo diseño que la CNN explicada en la sección anterior: tres capas *Conv2D*, las primeras de ellas seguidas por sendas capas *MaxPooling2D((2,2)...* y número creciente de filtros: 16, 32 y 64. Tras la arquitectura convolucional se añade una red neuronal densa con una capa oculta de 64 nodos: *layers.Dense(64...* y una capa de salida con 100 nodos de activación *softmax*: *layers.Dense(num_classes, activation='softmax')*. El resultado nos muestra una mejora respecto a la clasificación realizada utilizando redes neuronales tradicionales. También existe algo de overfitting.

```python
from keras.models import Sequential
from keras import layers

model = Sequential()
model.add(layers.Conv2D(16, (3,3), activation='relu', input_shape=(image_
height,image_width,num_channels)))
model.add(layers.MaxPooling2D((2,2)))
model.add(layers.Conv2D(32, (3,3), activation='relu'))
model.add(layers.MaxPooling2D((2,2)))
model.add(layers.Conv2D(64, (3,3), activation='relu'))
model.add(layers.Flatten())
model.add(layers.Dense(64, activation='relu'))
model.add(layers.Dense(num_classes, activation='softmax'))

print(model.summary())

EPOCHS = 30
model.compile(loss='categorical_crossentropy', optimizer='rmsprop',
metrics=['accuracy'])
history = model.fit(X_train, y_train, validation_data=(X_test, y_test),
                    epochs=EPOCHS, batch_size=512, verbose=0)

plot(history)
```

Layer (type)	Output Shape	Param #
conv2d_27 (Conv2D)	(None, 30, 30, 16)	448
max_pooling2d_18 (MaxPooling	(None, 15, 15, 16)	0
conv2d_28 (Conv2D)	(None, 13, 13, 32)	4640
max_pooling2d_19 (MaxPooling	(None, 6, 6, 32)	0
conv2d_29 (Conv2D)	(None, 4, 4, 64)	18496
flatten_10 (Flatten)	(None, 1024)	0
dense_19 (Dense)	(None, 64)	65600
dense_20 (Dense)	(None, 100)	6500

```
Total params: 95,684
Trainable params: 95,684
Non-trainable params: 0
```

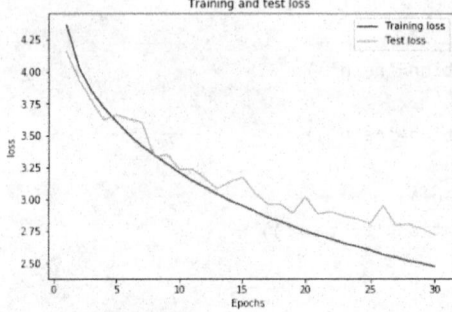
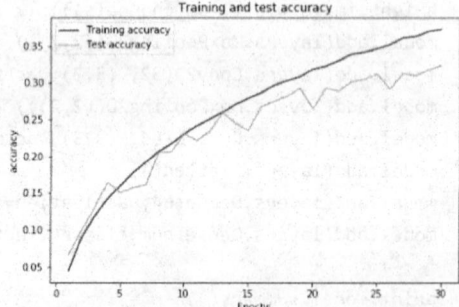

```
Loss: 2.7231913471221922
Accuracy: 0.3231
```

El siguiente diseño de CNN duplica la capacidad de la red anterior en cuanto número de filtros y también en cuanto a número de neuronas en la capa oculta de clasificación. Además, se ha añadido una capa de regularización *Dropout* para disminuir el overfitting que producirá el uso de una CNN con mayor capacidad de procesamiento. Los resultados muestran una mejora de la calidad de clasificación, disminución del overfitting y aumento en la capacidad de generalización de la red. La tendencia de la función de coste nos indica que probablemente los resultados mejorarán procesando un mayor número de epochs. Así mismo, se aprecia la conveniencia de añadir una segunda capa de regularización para disminuir el overfitting que se produce a partir del epoch 15.

```python
model = Sequential()
model.add(layers.Conv2D(32, (3,3), activation='relu', input_shape=(image_
height,image_width,num_channels)))
model.add(layers.MaxPooling2D((2,2)))
model.add(layers.Conv2D(64, (3,3), activation='relu'))
model.add(layers.MaxPooling2D((2,2)))
model.add(layers.Conv2D(96, (3,3), activation='relu'))
model.add(layers.Dropout(0.4))
model.add(layers.Flatten())
model.add(layers.Dense(128, activation='relu'))
model.add(layers.Dense(num_classes, activation='softmax'))

print(model.summary())

EPOCHS = 30
model.compile(loss='categorical_crossentropy', optimizer='rmsprop',
metrics=['accuracy'])
history = model.fit(X_train, y_train, validation_data=(X_test, y_test),
                    epochs=EPOCHS, batch_size=512, verbose=0)
plot(history)
```

Layer (type)	Output Shape	Param #
conv2d_30 (Conv2D)	(None, 30, 30, 32)	896
max_pooling2d_20 (MaxPooling	(None, 15, 15, 32)	0
conv2d_31 (Conv2D)	(None, 13, 13, 64)	18496
max_pooling2d_21 (MaxPooling	(None, 6, 6, 64)	0
conv2d_32 (Conv2D)	(None, 4, 4, 96)	55392

```
dropout_4 (Dropout)              (None, 4, 4, 96)              0

flatten_11 (Flatten)             (None, 1536)                  0

dense_21 (Dense)                 (None, 128)                   196736

dense_22 (Dense)                 (None, 100)                   12900
=================================================================
Total params: 284,420
Trainable params: 284,420
Non-trainable params: 0
```

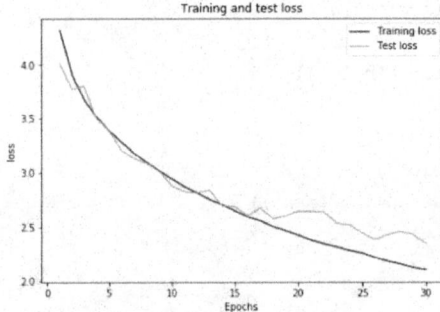 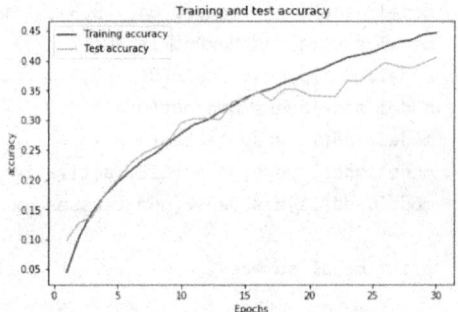

```
Loss: 2.3520259830474854
Accuracy: 0.4055
```

10.3 CLASIFICACIÓN DEL DATASET FASHION MNIST

A continuación, presentamos el último ejemplo de este apartado. En el siguiente script se visualizan algunas imágenes del dataset y también se muestra su tamaño y dimensionalidad. Con el fin de acelerar el entrenamiento de la red, haremos uso de un solo canal: *NUM_CHANNELS = 1.*

```python
from keras.datasets import fashion_mnist
import matplotlib.pyplot as plt

(X_train, y_train), (X_test, y_test) = fashion_mnist.load_data()

num_train_images = X_train.shape[0]
```

```
num_test_images = X_test.shape[0]
image_height = X_train.shape[1]
image_width = X_train.shape [2]


print("Shape: " + str(X_train.shape))
print("Training images: " + str(num_train_images))
print("Image height: " + str(image_height))
print("Image width: " + str(image_width))

plt.imshow(X_train[2])
fig, axs = plt.subplots(1,12, figsize=(17,6))
for i in range(12):
    axs[i].imshow(X_train[i])
    axs[i].axis('off')


NUM_CHANNELS = 1
```

```
Shape: (60000, 28, 28)
Training images: 60000
Image height: 28
Image width: 28
```

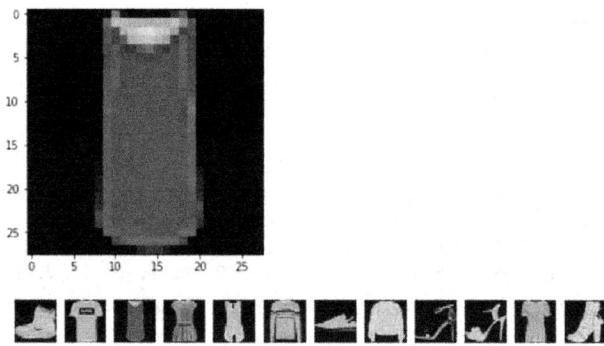

La siguiente porción de código prepara los datos de entrenamiento de la red: entradas y sus salidas esperadas en formato categórico. También prepara los datos de testeo: entradas y salidas esperadas.

```
from keras.utils import np_utils

print("X_train.shape: " + str(X_train.shape))
print("X_test.shape: " + str(X_test.shape))
print("y_train.shape: " + str(y_train.shape))
print("y_test.shape: " + str(y_test.shape))

print("y_train sample 5 value: " + str(y_train[5]))
print("y_train sample 2 value: " + str(y_train[2]))

# Conv2D expects 4 dimmensions; the last one is the number of channels
X_train = X_train.reshape(num_train_images,image_height,
                        image_width,NUM_CHANNELS)
X_test = X_test.reshape(num_test_images,image_height,
                        image_width,NUM_CHANNELS)

X_train = X_train / 255    # values [0..1] improve results
X_test = X_test / 255

y_train = np_utils.to_categorical(y_train)
y_test = np_utils.to_categorical(y_test)
print("categorical y_train shape: " + str(y_train.shape))
print("categorical y_train sample 5 value: " + str(y_train[5]))
print("categorical y_train sample 2 value: " + str(y_train[2]))
num_classes = y_test.shape[1]
```

```
X_train.shape: (60000, 28, 28)
X_test.shape: (10000, 28, 28)
y_train.shape: (60000,)
y_test.shape: (10000,)
y_train sample 5 value: 2
y_train sample 2 value: 0
categorical y_train shape: (60000, 10)
categorical y_train sample 5 value: [0. 0. 1. 0. 0. 0. 0. 0. 0. 0.]
categorical y_train sample 2 value: [1. 0. 0. 0. 0. 0. 0. 0. 0. 0.]
```

Como en los ejemplos anteriores, diseñamos una red CNN que contiene tres capas *Conv2D*, dos capas *MaxPooling2D* y finalmente una red neuronal densa de clasificación, compuesta por 32 neuronas en su capa oculta y 10 neuronas (tantas como clases) en su capa de salida. Entre la última etapa convolucional y la primera capa densa hacemos uso de la capa *Flatten* para pasar de la disposición multidimensional a la disposición unidimensional.

En este ejemplo se proporciona un método *set_model(dropout)* que permite diseñar la red convolucional con o sin regularización *Dropout*. De esta manera podremos medir el impacto de la regularización comparando los resultados obtenidos. Se puede observar un nivel aceptable de calidad en la clasificación: 90% de aciertos en ambos casos. También en ambos casos se aprecia overfitting, aunque, como es de esperar, en el modelo que incluye *Dropout* el overfitting disminuye.

```python
from keras.models import Sequential
from keras import layers

def set_model(dropout):
    model = Sequential()
    model.add(layers.Conv2D(16, (3,3), activation='relu', input_shape=
                            (image_height,image_width,NUM_CHANNELS)))
    if (dropout):
        model.add(layers.Dropout(0.3))
    model.add(layers.MaxPooling2D((2,2)))
    model.add(layers.Conv2D(32, (3,3), activation='relu'))
    if (dropout):
        model.add(layers.Dropout(0.3))
    model.add(layers.MaxPooling2D((2,2)))
    model.add(layers.Conv2D(64, (3,3), activation='relu'))
    model.add(layers.Flatten())
    model.add(layers.Dense(32, activation='relu'))
    model.add(layers.Dense(num_classes, activation='softmax'))

    if (dropout):
        print(model.summary())


    return model

EPOCHS = 20
for dropout in [True,False]:
    model = set_model(dropout)
    model.compile(loss='categorical_crossentropy', optimizer='rmsprop',
                  metrics=['accuracy'])
    history = model.fit(X_train, y_train, validation_data=(X_test,
                        y_test), epochs=EPOCHS, batch_size=128, verbose=0)
    print("Dropout: " + str(dropout))
    plot(history)
```

```
Layer (type)                    Output Shape              Param #
=================================================================
conv2d_51 (Conv2D)              (None, 26, 26, 16)        160

dropout_6 (Dropout)             (None, 26, 26, 16)        0

max_pooling2d_34 (MaxPooling    (None, 13, 13, 16)        0

conv2d_52 (Conv2D)              (None, 11, 11, 32)        4640

dropout_7 (Dropout)             (None, 11, 11, 32)        0

max_pooling2d_35 (MaxPooling    (None, 5, 5, 32)          0

conv2d_53 (Conv2D)              (None, 3, 3, 64)          18496

flatten_18 (Flatten)            (None, 576)               0

dense_35 (Dense)                (None, 32)                18464

dense_36 (Dense)                (None, 10)                330
=================================================================
Total params: 42,090
Trainable params: 42,090
Non-trainable params: 0
```

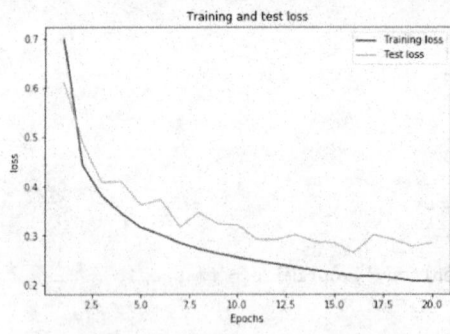

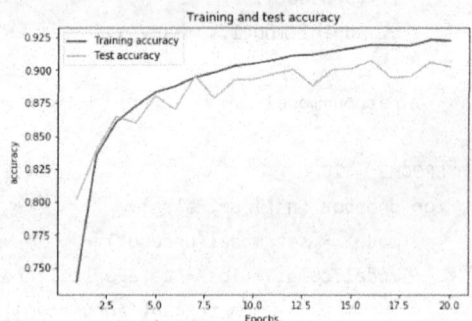

```
Loss: 0.28419926743507384
Accuracy: 0.9026
Dropout: True
```

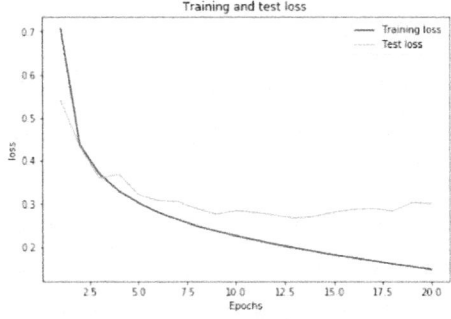
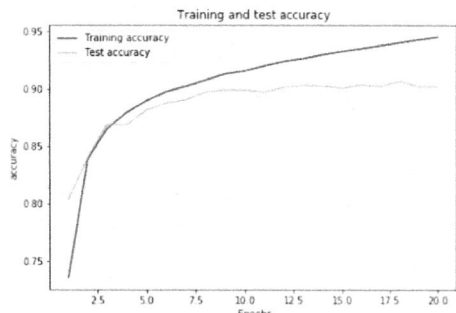

```
Loss: 0.3006453014194965
Accuracy: 0.9021
Dropout: False
```

A continuación, replicamos el diseño de la red anterior, pero en este caso aumentamos el número de filtros y el número de neuronas de la capa oculta densa. Este diseño tiene una mayor capacidad de aprendizaje, pero también presenta un mayor peligro de generar overfitting. El resultado nos muestra una leve mejora en la calidad de la clasificación (91%) respecto a las redes CNN anteriores. También se aprecia un nivel adecuado de generalización.

```python
from keras import layers

model = Sequential()
model.add(layers.Conv2D(32, (3,3), activation='relu', input_shape=(image_
height,image_width,NUM_CHANNELS)))
model.add(layers.MaxPooling2D((2,2)))
model.add(layers.Conv2D(48, (3,3), activation='relu'))
model.add(layers.MaxPooling2D((2,2)))
model.add(layers.Dropout(0.4))
model.add(layers.Conv2D(64, (3,3), activation='relu'))
model.add(layers.Flatten())
model.add(layers.Dense(64, activation='relu'))
model.add(layers.Dense(num_classes, activation='softmax'))

print(model.summary())

EPOCHS = 20
model.compile(loss='categorical_crossentropy', optimizer='rmsprop',
metrics=['accuracy'])
history = model.fit(X_train, y_train, validation_data=(X_test, y_test),
                    epochs=EPOCHS, batch_size=128, verbose=0)

plot(history)
```

Layer (type)	Output Shape	Param #
conv2d_7 (Conv2D)	(None, 26, 26, 32)	320
max_pooling2d_5 (MaxPooling2	(None, 13, 13, 32)	0
conv2d_8 (Conv2D)	(None, 11, 11, 48)	13872
max_pooling2d_6 (MaxPooling2	(None, 5, 5, 48)	0
dropout_2 (Dropout)	(None, 5, 5, 48)	0
conv2d_9 (Conv2D)	(None, 3, 3, 64)	27712
flatten_3 (Flatten)	(None, 576)	0
dense_5 (Dense)	(None, 64)	36928
dense_6 (Dense)	(None, 10)	650

```
Total params: 79,482
Trainable params: 79,482
Non-trainable params: 0
```

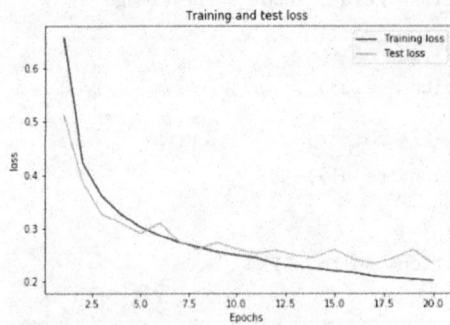
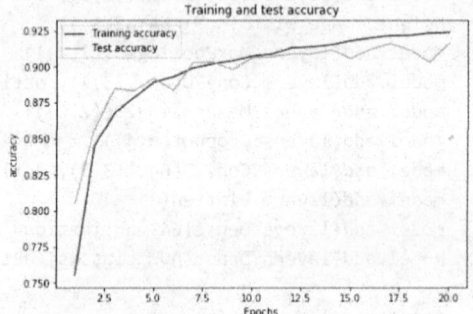

```
Loss: 0.23260164246559142
Accuracy: 0.916
```

11

GENERADORES DE DATOS

11.1 CLASIFICACIÓN USANDO EL DATASET: DOGS AND CATS

Para ilustrar las ventajas del uso de los generadores de datos (*data generators*) vamos a mostrar, en esta sección, una clasificación que no hace uso de los mismos, mientras que en la sección siguiente se explicará la manera de utilizarlos. En esta sección vamos a emplear de un dataset que contiene fotos etiquetadas de perros y de gatos. El objetivo es diseñar una arquitectura deep learning que sea capaz de clasificar las clases: *perro / gato* a partir de sus fotos. Este dataset no se caracteriza por contener un número masivo de imágenes: contiene 5.000 fotos de perros y otras 5.000 fotos de gatos. El reto principal estriba en las características de las imágenes: son fotos tomadas desde diversos ángulos, distintas distancias, diferentes luminosidades, posiciones muy variadas de los animales, distintos fondos, persona y animal juntos en algunas fotos, con vallas metálicas o jaulas delante del animal, etc. En definitiva, nos encontramos ante un dataset con muchísima variedad en las fotos y con un número limitado de imágenes de aprendizaje. El dataset puede descargarse del website *www.kaggle.com*.

El siguiente script recoge *TRAINING_SAMPLES* imágenes de entrenamiento y las almacena en la propiedad *X_train*. La propiedad *y_train* se utiliza para almacenar las etiquetas necesarias para el aprendizaje supervisado: 1 = perro, 0 = gato. De la misma manera se almacenan las imágenes de testeo en la propiedad *X_test* y las etiquetas de testeo en la propiedad *y_test*. Para reducir los tiempos de entrenamiento hemos limitado los valores de *TRAINING_SAMPLES* y de *TESTING_SAMPLES*. El lector podrá comprobar como incorporando un mayor número de imágenes en el proceso de aprendizaje se consiguen mejores resultados de clasificación.

El código mostrado asume que las imágenes se encuentran en el directorio '. *Datasets/DogsCats/'*, que a su vez se divide en: a) *train/cats* y *validation/cats*, b) *train/ dogs* y *validation/dogs*. Los nombres de los ficheros contienen un identificador numérico de cada imagen; ejemplos: *cat.3962.jpg, cat.3997.jpg, dog.18.jpg*. Para unificar el formato de las imágenes y facilitar el aprendizaje de la red neuronal, las imágenes se redimensionan a un tamaño de 150x150 pixels: *resize(image,(IMAGE_ WIDTH, IMAGE_HEIGHT))* y cada valor de pixel se pasa a la escala [0..1]: *X_train / 255*. Obsérvese como los tensores resultantes de las imágenes tienen la dimensión que se espera para procesar una CNN: *(samples, height, width, channels)*.

```python
from skimage import io
import cv2
import matplotlib.pyplot as plt
import numpy as np

TRAINING_SAMPLES = 2000
TESTING_SAMPLES  = 800
IMAGE_WIDTH = 150
IMAGE_HEIGHT = 150

X_train = []; X_test = []
y_train = []; y_test = []

dir_base = 'Datasets/DogsCats/'

for i in range(1,TRAINING_SAMPLES // 2):
    for label in ('dog','cat'):
        name = dir_base+'train/'+label+'s/'+label+'.{}'.format(i)+'.jpg'
        try:
            image = cv2.imread(name,cv2.IMREAD_COLOR)
            img2 = cv2.resize(image,(IMAGE_WIDTH,IMAGE_HEIGHT))
            X_train.append(img2)
            if label == 'dog':
                y_train.append(1)
            else:
                y_train.append(0)
        except:
            continue

for i in range(4001, 4001 + TESTING_SAMPLES // 2):
    for label in ('dog','cat'):
        name = dir_base+'validation/'+label+'s/'+label+'.{}'.format(i)+'.jpg'
```

```
        try:
            image = cv2.imread(name,cv2.IMREAD_COLOR)
            img2 = cv2.resize(image,(IMAGE_WIDTH,IMAGE_HEIGHT))
            X_test.append(img2)
            if label == 'dog':
                y_test.append(1)
            else:
                y_test.append(0)
        except:
            continue

X_train = np.array(X_train); y_train = np.array(y_train)
X_test = np.array(X_test); y_test = np.array(y_test)
print(X_train.shape)
print(X_test.shape)
print(y_train.shape)
print(y_test.shape)

X_train = X_train / 255   # values [0..1] improve results
X_test = X_test / 255
```

```
(1998, 150, 150, 3)
(800, 150, 150, 3)
(1998,)
(800,)
```

A continuación, se muestra una serie de las imágenes de entrenamiento para comprobar el resultado del código anterior y para apreciar la dificultad que tiene realizar un aprendizaje empleando este tipo de fotos.

```
import matplotlib.pyplot as plt

fig, axs = plt.subplots(8,8, figsize=(18,18))
for i in range(8):
    for j in range(8):
        axs[i,j].imshow(X_train[i*8+j])
        axs[i,j].axis('off')
plt.show()
```

En el siguiente código se diseña una red CNN similar a la que hemos venido utilizando en el capítulo anterior: tres capas convolucionales, 3 capas maxpooling y una red neuronal densa para clasificar consistente en una capa oculta y una capa de salida. En este caso, la capa de salida solo contiene una neurona y su activación es *sigmoid*. De esta manera el resultado será binario: 1 = perro, 0 = gato. Al compilar el modelo ya no utilizaremos la función de coste 'categorical'; en su lugar hacemos uso de 'binary': *loss='binary_crossentropy'*.

```
from keras.models import Sequential
from keras.layers import Conv2D, MaxPooling2D
from keras.layers import Flatten, Dense, Dropout

def classification (batch_size = 20, epochs = 20, img_width = 150,
                    img_height = 150, num_train_samples = 2000,
                    num_validation_samples = 800):

    model = Sequential()
    model.add(Conv2D(32, (3, 3), activation='relu',
              input_shape=(img_width, img_height, 3)))
    model.add(MaxPooling2D(pool_size=(2, 2)))
    model.add(Conv2D(48, (3, 3), activation='relu'))
    model.add(Dropout(0.4))
    model.add(MaxPooling2D(pool_size=(2, 2)))
    model.add(Conv2D(64, (3, 3), activation='relu'))
    model.add(MaxPooling2D(pool_size=(2, 2)))
    model.add(Flatten())
    model.add(Dense(64, activation='relu'))
    model.add(Dense(1, activation='sigmoid'))

    model.compile(loss='binary_crossentropy',
              optimizer='rmsprop',
              metrics=['accuracy'])

    print(model.summary())

    history = model.fit(X_train, y_train, validation_data=(X_test,
                        y_test), epochs=epochs, batch_size=batch_size,
                        verbose=0)

    return history
```

Como se puede observar, la CNN diseñada contiene más de un millón de parámetros de aprendizaje. El resultado muestra overfitting a partir del epoch 11, a pesar de la capa de *Dropout* que se le ha incluido. Lo más relevante es el prometedor valor de accuracy, de alrededor del 70%, que resulta una base adecuada para ir mejorando y afinando la CNN, tal y como veremos en los siguientes apartados.

```
Layer (type)                     Output Shape              Param #
=================================================================
conv2d_10 (Conv2D)               (None, 148, 148, 32)      896

max_pooling2d_10 (MaxPooling     (None, 74, 74, 32)        0

conv2d_11 (Conv2D)               (None, 72, 72, 48)        13872

dropout_3 (Dropout)              (None, 72, 72, 48)        0

max_pooling2d_11 (MaxPooling     (None, 36, 36, 48)        0

conv2d_12 (Conv2D)               (None, 34, 34, 64)        27712

max_pooling2d_12 (MaxPooling     (None, 17, 17, 64)        0

flatten_4 (Flatten)              (None, 18496)             0

dense_7 (Dense)                  (None, 64)                1183808

dense_8 (Dense)                  (None, 1)                 65
=================================================================
Total params: 1,226,353
Trainable params: 1,226,353
Non-trainable params: 0
```

```
plot(classification(batch_size = 256), epochs = 20)
```

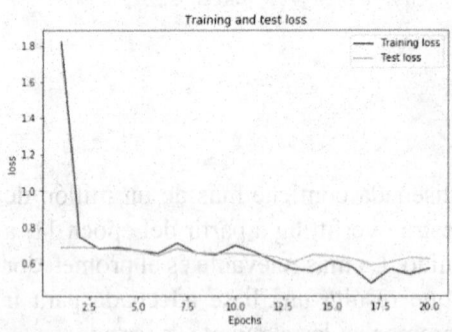

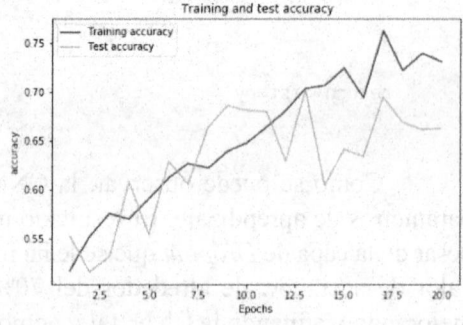

11.2 DATA GENERATORS

A continuación, se presenta un script que clasifica el dataset *dogs and cats* haciendo uso de la clase *ImageDataGenerator*. Como veremos, esta clase facilita la preparación de los datos de entrada a la red neuronal y además hace posible su procesamiento sin la necesidad de cargar simultáneamente todas las imágenes en memoria. Hemos encapsulado la funcionalidad de clasificación en la función *classification*, que contiene una variedad de parámetros con valores por defecto: *batch_size, epochs, img_width, img_height, num_train_samples, num_validation_samples*. La función *classification* establece una CNN muy similar a la diseñada en el apartado anterior; la única diferencia se encuentra en la estrategia de regularización: ahora se incluye una regularización *L2* en la capa oculta del perceptrón: *kernel_regularizer=regularizers.l2(0.01))*. También vamos a testear el impacto de incluir una capa *Dropout* justo al final de la última etapa convolucional de la arquitectura: *model.add(Dropout(0.4))*.

La porción de código más relevante de este ejemplo es la que hace uso de la clase *ImageDataGenerator*. Un *ImageDataGenerator* permite operar en flujos de imágenes, por ejemplo para realizar un escalado hacia el intervalo [0..1]: *ImageDataGenerator(rescale=1. / 255)*. Entre los métodos de esta clase se encuentra *flow_from_directory*, que utilizaremos en nuestro ejemplo para cargar las imágenes de un directorio, procesarlas y presentarlas a la CNN en el formato adecuado (tensor de 4 dimensiones).

Haremos uso del método *flow_from_directory* para preparar las imágenes de entrenamiento: *train_datagen.flow_from_directory* y las imágenes de testeo: *test_datagen.flow_from_directory*.

En cada uno de los casos se establece el directorio origen de las imágenes: *train_data_dir* y *validation_data_dir*. Podemos establecer una variedad de procesamientos sobre las imágenes; en este ejemplo únicamente modificaremos sus tamaños: *target_size=(img_width, img_height)*. Además establecemos el tamaño de los batchs e indicamos que la clasificación involucra dos clases únicamente: *class_mode='binary'*.

Otros parámetros admitidos por *flow_from_directory* son: *color_mode*: blanco y negro, escala de grises o RGB en tres canales. *shuffle* para desordenar las imágenes del directorio. *seed*: semilla para los procesos 'shuffle' y/o 'enriquecimiento de datos (data augmentation)', que se explicará en los próximos apartados.

Una vez preparados los datos, entrenamos la red haciendo uso del método *fit_generator* de la clase *Model*. Nótese que este método sustituye a la combinación de los métodos *compile* y *fit* que hemos utilizado hasta ahora. Al método *fit_generator* le proporcionamos el flujo de imágenes de entrenamiento cargadas del directorio y procesadas: *train_generator*. Igualmente le proporcionamos el flujo de imágenes de test cargadas y procesadas: *validation_data =validation_generator* (en nuestro ejemplo no haremos distinción entre validación y test).

Los parámetros *steps_per_epoch* (en entrenamiento) y *validation_steps* (en validación) merecen una explicación individualizada. El método *fit_generator* asume que se está haciendo uso de un *Generator*. Los generators proporcionan imágenes de manera indefinida, habitualmente generadas sintéticamente para enriquecer los datos de entrada (*data augmentation*). Los parámetros *steps_per_epoch* y *validation_steps* proporcionan al proceso de aprendizaje la información necesaria para saber cuándo terminar un epoch y comenzar el siguiente. Normalmente deseamos que cada epoch procese todas las imágenes (de entrenamiento o de test) y para ello en cada epoch hay que proporcionar el número necesario de *steps*, teniendo en cuenta que en cada step se procesan *batch_size* imágenes. En definitiva, los valores que normalmente se asignan a los steps son: *num_train_samples // batch_size* y *num_validation_samples // batch_size*.

```python
from keras.preprocessing.image import ImageDataGenerator
from keras.models import Sequential
from keras.layers import Conv2D, MaxPooling2D, Dropout
from keras.layers import Flatten, Dense
from keras import regularizers

def classification (batch_size = 20, epochs = 20, img_width = 150,
                    img_height = 150,
                    num_train_samples = 2000, num_validation_samples=800):
    train_data_dir = 'Datasets/DogsCats/train'
    validation_data_dir = 'Datasets/DogsCats/validation'

    model = Sequential()
    model.add(Conv2D(32, (3, 3), activation='relu',
            input_shape=(img_width, img_height, 3)))
    model.add(MaxPooling2D(pool_size=(2, 2)))
    model.add(Conv2D(48, (3, 3), activation='relu'))
    model.add(MaxPooling2D(pool_size=(2, 2)))
    model.add(Conv2D(64, (3, 3), activation='relu'))
    model.add(MaxPooling2D(pool_size=(2, 2)))
    #model.add(Dropout(0.4))      # Dropout
    model.add(Flatten())
    model.add(Dense(64, activation='relu',
            kernel_regularizer=regularizers.l2(0.01)))
    model.add(Dense(1, activation='sigmoid', ))
```

```
model.compile(loss='binary_crossentropy',
        optimizer='rmsprop',
        metrics=['accuracy'])

train_datagen = ImageDataGenerator(rescale=1. / 255)
test_datagen = ImageDataGenerator(rescale=1. / 255)

train_generator = train_datagen.flow_from_directory(
    train_data_dir,
    target_size=(img_width, img_height),
    batch_size=batch_size,
    class_mode='binary')

validation_generator = test_datagen.flow_from_directory(
    validation_data_dir,
    target_size=(img_width, img_height),
    batch_size=batch_size,
    class_mode='binary')

history = model.fit_generator(
    train_generator,
    steps_per_epoch=num_train_samples // batch_size,
    epochs=epochs,
    validation_data=validation_generator,
    validation_steps=num_validation_samples // batch_size,
    verbose =0)

return history

history = classification(num_train_samples = 4000)
plot(history)
```

Las siguientes imágenes muestran los resultados obtenidos sin la capa *Dropout* (fila superior) y los resultados obtenidos con la capa *Dropout* (fila inferior). Se puede apreciar que la regularización *L2* realizada no es suficiente para evitar el efecto de overfitting. La capa *Dropout* consigue reducir la mayor cantidad del overfitting existente. La calidad de la clasificación ha aumentado aproximadamente diez puntos porcentuales, pasando de un 70% de aciertos a un 80% de aciertos. Gran parte de esta mejora de resultados se debe al uso de 4000 imágenes de entrenamiento frente a las 2000 imágenes del ejemplo anterior.

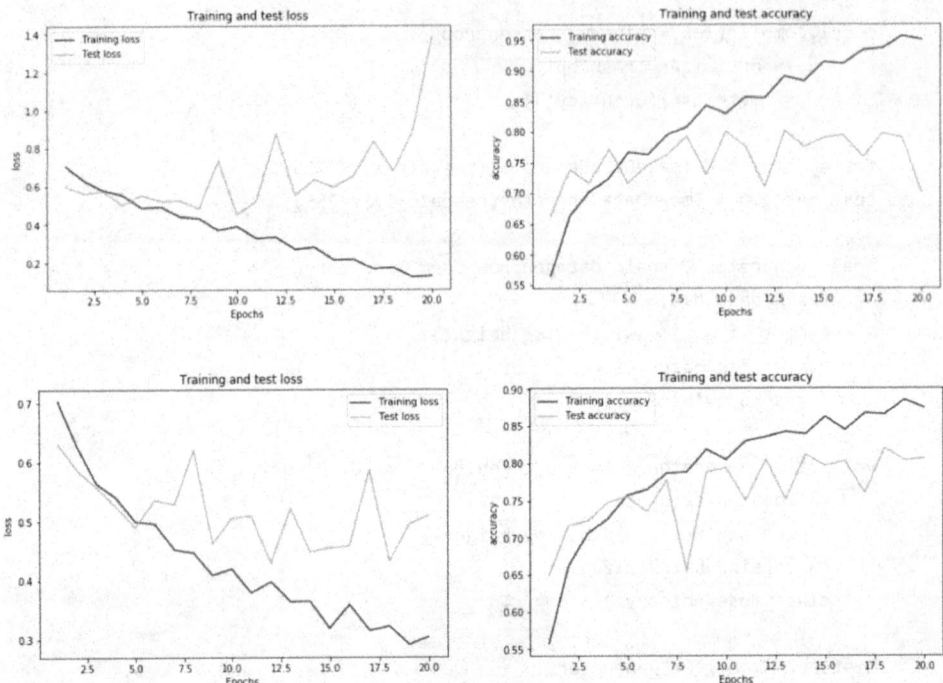

12

ENRIQUECIMIENTO DE DATOS (DATA AUGMENTATION)

En este capítulo se presentan dos enfoques para abordar la carga y el enriquecimiento de los datos. El primero de ellos hace un uso más extensivo de Python y de sus bibliotecas asociadas, mientras que en el segundo modelo se emplea toda la potencia de Keras, simplificando la implementación de los programas. Emplearemos el primer enfoque para explicar el concepto de enriquecimiento de datos (*data augmentation*), mientras que en el segundo enfoque se mostrará la solución más elegante para llevarlo a cabo.

12.1 ENRIQUECIMIENTO DE DATOS. ENFOQUE I

El siguiente script almacena 9.200 imágenes en memoria: 8.000 imágenes de entrenamiento y 1.200 imágenes de testeo. Su funcionamiento se describe en el capítulo anterior. Básicamente carga las imágenes desde unos directorios fijados, las dimensiona a 150x150 pixels y prepara las etiquetas de salida: perro o gato. El script imprime las dimensiones de los tensores de entrada a la red y de salida esperada.

```
from skimage import io
import cv2
import matplotlib.pyplot as plt
import numpy as np

TRAINING_SAMPLES = 8000
TESTING_SAMPLES  = 1200
IMAGE_WIDTH = 150
IMAGE_HEIGHT = 150
```

```python
X_train = []; X_test = []
y_train = []; y_test = []


dir_base = 'Datasets/DogsCats/'


for i in range(1,TRAINING_SAMPLES // 2):
    for label in ('dog','cat'):
        name = dir_base+'train/'+label+'s/'+label+'.{}'.format(i)+'.jpg'
        try:
            image = cv2.imread(name,cv2.IMREAD_COLOR)
            img2 = cv2.resize(image,(IMAGE_WIDTH,IMAGE_HEIGHT))
            X_train.append(img2)
            if label == 'dog':
                y_train.append(1)
            else:
                y_train.append(0)
        except:
            continue


for i in range(4001, 4001 + TESTING_SAMPLES // 2):
    for label in ('dog','cat'):
        name = dir_base+'validation/'+label+'s/'+
            label+'.{}'.format(i)+'.jpg'
        try:
            image = cv2.imread(name,cv2.IMREAD_COLOR)
            img2 = cv2.resize(image,(IMAGE_WIDTH,IMAGE_HEIGHT))
            X_test.append(img2)
            if label == 'dog':
                y_test.append(1)
            else:
                y_test.append(0)
        except:
            continue

X_train = np.array(X_train); y_train = np.array(y_train)
X_test = np.array(X_test); y_test = np.array(y_test)
print(X_train.shape)
print(X_test.shape)
print(y_train.shape)
print(y_test.shape)
```

```
(7998, 150, 150, 3)
(1200, 150, 150, 3)
(7998,)
(1200,)
```

Las imágenes cargadas en memoria tienen el aspecto que se muestra a continuación. Para explicar el funcionamiento del enriquecimiento de datos vamos a hacer uso de la septima imagen en la fila (el primer perro empezando por la derecha).

```
import matplotlib.pyplot as plt

fig, axs = plt.subplots(1,8, figsize=(17,6))
for i in range(8):
    axs[i].imshow(X_train[i])
    axs[i].axis('off')
plt.show()
```

Tal y como vimos en el capítulo anterior, la clase *ImageDataGenerator* nos permite realizar procesamiento sobre imágenes; en concreto hicimos uso de ella para reescalar las imágenes: *ImageDataGenerator(rescale=1./ 255)*. En la siguiente porción de código mostramos la manera de definir un *ImageDataGenerator* capaz de realizar un conjunto de transformaciones en cada imagen que se le proporcione: *rescale, rotation_range, zoom_range, width_shift_range, etc.* De esta manera, partiendo de cada imagen del conjunto de entrenamiento podremos obtener un gran número de imágenes de entrenamiento similares a la original. Este es el concepto de enriquecimiento de datos (data augmentation): generar nuevas imágenes partiendo de las imágenes de entrenamiento disponibles. Las imágenes creadas deben parecerse a la imagen fuente y diferenciarse de las imágenes de las demás clases que se pretenden clasificar.

Las imágenes que mostramos son ejemplos de resultados de enriquecimiento de datos. Para obtenerlas, primero hemos definido una secuencia de transformaciones que realizará la instancia *train_image_generator* de la clase *ImageDataGenerator*: reescalado, rotación (hasta 40 grados), desplazamiento en anchura y en altura (hasta el 20%), zoom (hasta el 20%) y reflexión horizontal. Posteriormente preparamos la imagen fuente: *X_train[6].reshape(1,150,150,3)* y se la suministramos a la instancia *train_image_generator* a través de su método *flow*. El método *flow* admite un parámetro *batch_size* (cuyo tamaño por defecto es 32) para indicar el número de imágenes enriquecidas que se desea recoger en cada iteración. Este método devuelve un *Iterator* para ir recogiendo imágenes de manera indefinida. En nuestro ejemplo indicamos que se produzca una sola imagen por iteración *batch_size = 1* y establecemos un bucle que recoge las 8 primeras imágenes antes de salir del *Iterator*: *if i == 7: break*.

```python
from keras.preprocessing import image

# augmentation processes for the train set
train_image_generator = image.ImageDataGenerator (
        rescale = 1./255.,
        rotation_range = 40,
        width_shift_range = 0.2,
        height_shift_range = 0.2,
        zoom_range = 0.2,
        horizontal_flip = True,
        fill_mode = 'nearest'
    )

image_source = X_train[6].reshape(1,150,150,3)

fig, axs = plt.subplots(1,8, figsize=(17,6))
i=-1
for batch in train_image_generator.flow(image_source, batch_size = 1):
    i = i + 1
    axs[i].imshow(batch[0]);
    axs[i].axis('off')
    if i == 7:
        break

plt.show()
```

Siguiendo el esquema de los ejemplos anteriores diseñamos una CNN con 3 capas *Conv2D + MaxPooling2D*, seguida de un perceptrón multicapa para clasificar los resultados: capa oculta de 128 neuronas y capa de salida de 1 neurona: "perro o gato", *activation='sigmoid'*. Finalmente compilamos la red neuronal estableciendo una función de coste basada en resultados binarios: *loss='binary_crossentropy'*.

El *ImageDataGenerator* establecido es el mismo que hemos explicado en el script anterior. La instrucción *fit(X_train)* prepara los valores estadísticos relacionados con el conjunto de imágenes que se van a tomar como fuentes para el enriquecimiento de datos. Es importante resaltar que el enriquecimiento de datos solo se puede aplicar a las imágenes de entrenamiento: *train_image_generator*; las imágenes de testeo: *validation_image_generator* no deben variar más allá de un cambio de escala, para no adulterar el proceso de validación.

Establecemos un número de imágenes enriquecidas por cada iteración del *Iterator*: *batch_size = 32* y ejecutamos el método flow para generar las imágenes de entrenamiento transformadas: *train_image_generator.flow* y las imágenes de testeo reescaladas: *validation_image_generator.flow*. El método *flow* proporciona un conjunto de pares: *<imágen transformada, etiqueta>* a partir de las muestras y de las etiquetas de entrenamiento: *flow(X_train, y_train...*

Finalmente, el método *model.fit_generator* entrena la red neuronal *model* a partir de las imagenes de entrenamiento originales más las imágenes de entrenamiento enriquecidas: *train_generator* y valida el resultado con el flujo de imágenes de testeo reescaladas: *validation_data = validation_generator*. El número de *steps_per_epoch = num_train_samples // batch_size* proporciona la información necesaria para que el método *fit_generator* utilice el conjunto de imagenes adecuado en cada epoch.

```python
from keras.models import Sequential
from keras.layers import Conv2D, MaxPooling2D
from keras.layers import Flatten, Dense, Dropout
from keras.preprocessing.image import ImageDataGenerator

def classification (batch_size = 20, epochs = 20, img_width = 150,
                    img_height = 150, num_train_samples = 2000,
                    num_validation_samples = 800):

    model = Sequential()
    model.add(Conv2D(32, (3, 3), activation='relu',
              input_shape=(img_width, img_height, 3)))
    model.add(MaxPooling2D(pool_size=(2, 2)))
    model.add(Conv2D(48, (3, 3), activation='relu'))
    model.add(MaxPooling2D(pool_size=(2, 2)))
    model.add(Conv2D(64, (3, 3), activation='relu'))
    model.add(MaxPooling2D(pool_size=(2, 2)))
```

```python
model.add(Dropout(0.4))        # Dropout
model.add(Flatten())
model.add(Dense(128, activation='relu'))
model.add(Dense(1, activation='sigmoid'))

model.compile(loss='binary_crossentropy',
        optimizer='rmsprop',
        metrics=['accuracy'])

print(model.summary())

# augmentation processes for the train set
train_image_generator = ImageDataGenerator (
    rescale = 1./255.,
    rotation_range = 25,
    width_shift_range = 0.2,
    height_shift_range = 0.2,
    zoom_range = 0.3,
    horizontal_flip = True,
    fill_mode = 'nearest'
)

train_image_generator.fit(X_train)

# test images are not augmented
validation_image_generator = ImageDataGenerator (
    rescale = 1./255.
)

batch_size = 32
train_generator = train_image_generator.flow(X_train, y_train,
                                        batch_size = batch_size)
validation_generator  = validation_image_generator.flow(X_test,
                                y_test, batch_size = batch_size)

history = model.fit_generator(
    train_generator,
    # 8000 training images in groups of batch_size
    steps_per_epoch = num_train_samples // batch_size,
    epochs = 20,
    validation_data = validation_generator,
```

```
        # 1200 testing images in groups of batch_size
        validation_steps = num_validation_samples // batch_size,
        verbose = 0)


    return history
```

El siguiente es el código que estamos empleando en los ejemplos anteriores para visualizar los resultados. La última línea del script llama al método *classification* para que realice el entrenamiento haciendo uso de enriquecimiento de datos. Los resultados obtenidos muestran ausencia de overfitting y una mejora en el accuracy de la clasificación respecto a los resultados obtenidos en el capítulo anterior, donde no se hacía uso de data augmentation. Un 85% de aciertos en la clasificación puede considerarse como un buen resultado teniendo en cuenta la enorme variedad de las imágenes del dataset y el reducido número de muestras para abordar una clasificación automática de imágenes. La otra cara de la moneda es que partimos de una probabilidad de acierto al azar del 50%, al tratarse de clasificación binaria.

```python
import matplotlib.pyplot as plt
import numpy as np

def plot(h, epochs):
    LOSS = 0; ACCURACY = 1
    training = np.zeros((2,epochs)); testing = np.zeros((2,epochs))
    training[LOSS] = h.history['loss']
    testing[LOSS] = h.history['val_loss']     # validation loss
    training[ACCURACY] = h.history['acc']
    testing[ACCURACY] = h.history['val_acc']  # validation accuracy

    epochs = range(1,epochs+1)
    fig, axs = plt.subplots(1,2, figsize=(17,5))
    for i, label in zip((LOSS, ACCURACY),('loss', 'accuracy')):
        axs[i].plot(epochs, training[i], 'b-', label='Training ' + label)
        axs[i].plot(epochs, testing[i], 'y-', label='Test ' + label)
        axs[i].set_title('Training and test ' + label)
        axs[i].set_xlabel('Epochs')
        axs[i].set_ylabel(label)
        axs[i].legend()
    plt.show()

plot(classification(batch_size = 512, num_train_samples = 8000,
    num_validation_samples = 1200), epochs = 20)
```

```
Layer (type)                  Output Shape              Param #
=================================================================
conv2d_13 (Conv2D)            (None, 148, 148, 32)      896

max_pooling2d_13 (MaxPooling  (None, 74, 74, 32)        0

conv2d_14 (Conv2D)            (None, 72, 72, 48)        13872

max_pooling2d_14 (MaxPooling  (None, 36, 36, 48)        0

conv2d_15 (Conv2D)            (None, 34, 34, 64)        27712

max_pooling2d_15 (MaxPooling  (None, 17, 17, 64)        0

dropout_3 (Dropout)           (None, 17, 17, 64)        0

flatten_5 (Flatten)           (None, 18496)             0

dense_9 (Dense)               (None, 128)               2367616

dense_10 (Dense)              (None, 1)                 129
=================================================================
Total params: 2,410,225
Trainable params: 2,410,225
Non-trainable params: 0
```

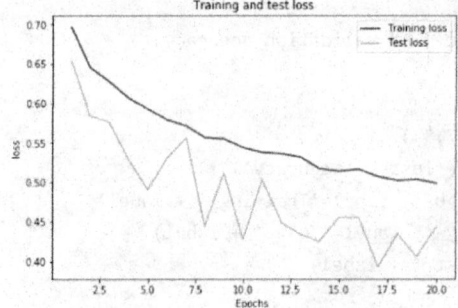

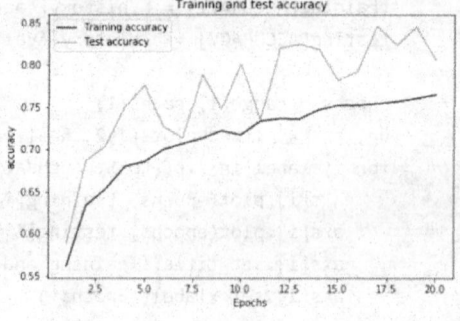

12.2 ENRIQUECIMIENTO DE DATOS. ENFOQUE II

El siguiente script realiza la misma función que el del apartado anterior. La diferencia se encuentra en la simplificación del programa que se consigue al hacer uso de Keras. Tal y como vimos anteriormente, haciendo uso del método *flow_from_directory*, perteneciente a la clase *ImageDataGenerator* conseguimos automatizar el proceso de carga de imágenes desde un directorio y su posterior procesamiento. Además, existe la ventaja de que las imágenes se van cargando, procesando y usando en la fase de entrenamiento en paquetes (batches), liberándose la memoria de cada batch en la carga del batch siguiente. Cuando los datasets tienen un tamaño importante esta característica resulta imprescindible.

En este caso usamos la misma CNN que en el caso anterior, pero sin la capa de regularización. Los resultados muestran una calidad en la clasificación similar a la del caso anterior. También indican ausencia de overfitting, a pesar de no haberse incluido la capa de *Dropout*: el uso de 8.000 imágenes de entrenamiento ha propiciado la consecución de un buen nivel de generalización, comparado con los experimentos que han utilizado 4.000 imágenes.

Nótese como finalmente realizamos una grabación del modelo aprendido: *model.save('cats_dogs.h5')*. El método *save* guarda el diseño del modelo y también todos los parámetros aprendidos. En siguientes ejercicios podremos usar la instrucción *load_model('cats_dogs.h5')* y disponer del modelo completo sin necesidad de entrenarlo de nuevo.

```python
from keras.preprocessing.image import ImageDataGenerator
from keras.models import Sequential
from keras.layers import Conv2D, MaxPooling2D
from keras.layers import Flatten, Dense

def classification (batch_size = 20, epochs = 20, img_width = 150,
                    img_height = 150, num_train_samples = 2000,
                    num_validation_samples = 800):
    train_data_dir = 'Datasets/DogsCats/train'
    validation_data_dir = 'Datasets/DogsCats/validation'

    model = Sequential()
    model.add(Conv2D(32, (3, 3), activation='relu',
            input_shape=(img_width, img_height, 3)))
    model.add(MaxPooling2D(pool_size=(2, 2)))
    model.add(Conv2D(48, (3, 3), activation='relu'))
    model.add(MaxPooling2D(pool_size=(2, 2)))
```

```python
model.add(Conv2D(64, (3, 3), activation='relu'))
model.add(MaxPooling2D(pool_size=(2, 2)))
model.add(Flatten())
model.add(Dense(64, activation='relu'))
model.add(Dense(1, activation='sigmoid'))

model.compile(loss='binary_crossentropy',
            optimizer='rmsprop',
            metrics=['accuracy'])

# augmentation processes for the train set
train_datagen = ImageDataGenerator (
    rescale = 1./255.,
    rotation_range = 25,
    width_shift_range = 0.2,
    height_shift_range = 0.2,
    zoom_range = 0.3,
    horizontal_flip = True,
    fill_mode = 'nearest'
)

test_datagen = ImageDataGenerator(rescale=1./255.)

train_generator = train_datagen.flow_from_directory(
    train_data_dir,
    target_size=(img_width, img_height),
    batch_size=batch_size,
    class_mode='binary')

validation_generator = test_datagen.flow_from_directory(
    validation_data_dir,
    target_size=(img_width, img_height),
    batch_size=batch_size,
    class_mode='binary')

history = model.fit_generator(
    train_generator,
    # 8000 training images in groups of batch_size
    steps_per_epoch = num_train_samples // batch_size,
    epochs = 20,
    validation_data = validation_generator,
```

```
        # 1200 testing images in groups of batch_size
        validation_steps = num_validation_samples // batch_size,
        verbose = 0)

    model.save('cats_dogs.h5')


    return history

history = classification(num_train_samples = 8000,
                         num_validation_samples = 1200)


plot(history,epochs=20)
```

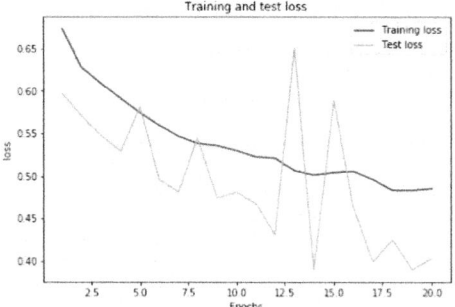 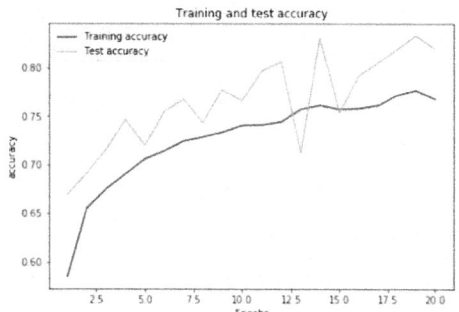

A continuación, entrenamos la CNN haciendo uso de 16.000 imágenes. El número total de imágenes de entrenamiento del dataset es de 8.000 (4.000 perros y 4.000 gatos). El resto de las imágenes provienen del enriquecimiento de datos realizado por la clase *ImageDataGenerator*. El entrenamiento de esta red resulta lento sin el uso de GPUs: contiene más de 2.300.000 parámetros de entrenamiento, 20 epochs e involucra un conjunto de entrenamiento de 16.000 imágenes, la mitad de ellas generadas sintéticamente. Los resultados obtenidos nos muestran la importancia de establecer algún tipo de regularización en el proceso de aprendizaje. Es importante resaltar que la tendencia en las curvas nos indica que aumentando el número de epochs probablemente se consiga mejorar la calidad de la clasificación. Los lectores que puedan acceder a sistemas de procesamiento basados en GPU podrán comprobar esta circunstancia.

```
history = classification(num_train_samples = 16000,
                         num_validation_samples = 2000, batch_size = 512)
plot(history,epochs=20)
```

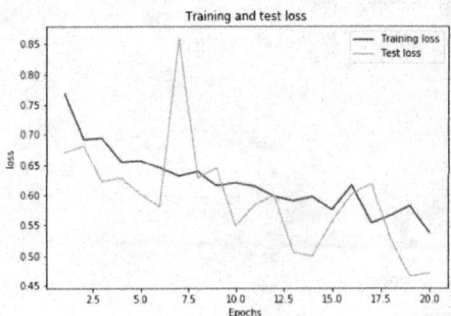
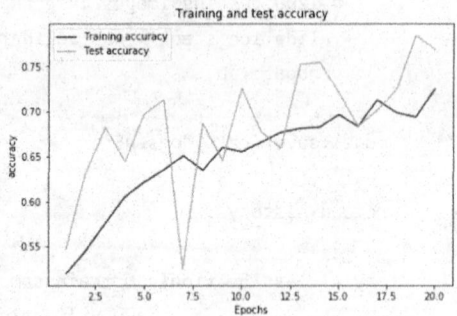

13

VISUALIZACIÓN DE LAS CAPAS OCULTAS

13.1 MAPAS DE ACTIVACIÓN EN EL DATASET 'DOGS AND CATS'

En este apartado se muestra la manera de visualizar lo que una CNN activa en cada una de sus capas cuando se le presenta una imagen de entrada. Esta práctica puede resultar útil para diversos objetivos, tales como: a) Entender lo que la CNN está aprendiendo, b) Comprobar el nivel de abstracción codificado en cada capa, c) Facilitar la comprensión de las aplicaciones profundas en las que se modifican imágenes atendiendo a los valores de las capas de aprendizaje.

Un concepto básico en el aprendizaje profundo (deep learning) es el nivel de abstracción codificado por cada capa. Las primeras capas del aprendizaje codifican características básicas y genéricas de las imágenes: bordes, texturas, detección de puntos aislados, etc. Estas son las características que típicamente se programan como filtros en el filtrado digital de imágenes. Desde este punto de vista, cuando establecemos un número de filtros en las primeras capas (p.e.: 32 o 48), podemos pensar en cada uno de ellos como detectores de bordes, texturas, etc. Por el contrario, las últimas capas de una CNN codifican características de más alto nivel de abstracción: detección de tamaños; en sçi partes de un cuerpo: patas, boca, ojos, hocico, trompa, gafas, etc. Los filtros de las últimas capas codifican combinaciones como: hocico y grandes orejas, patas largas, dientes y orejas caídas, etc. Normalmente existen más combinaciones posibles para agrupar las características básicas que características básicas en sí; esa es una explicación razonable de por qué habitualmente las CNN se diseñan con un mayor número de filtros en las últimas capas que en las primeras capas.

En el siguiente ejemplo visualizaremos las activaciones que se producen en varias capas de una CNN al presentarle una imagen de entrada. En lugar de volver a entrenar un modelo, optamos por cargar su representación y pesos aprendidos en una red neuronal empleada en los ejemplos anteriores: *load_model('cats_dogs.h5')*.

```
from keras.models import load_model

model_dogs_cats = load_model('cats_dogs.h5')
model_dogs_cats.summary()
```

Layer (type)	Output Shape	Param #
conv2d_22 (Conv2D)	(None, 148, 148, 32)	896
max_pooling2d_22 (MaxPooling	(None, 74, 74, 32)	0
conv2d_23 (Conv2D)	(None, 72, 72, 48)	13872
max_pooling2d_23 (MaxPooling	(None, 36, 36, 48)	0
conv2d_24 (Conv2D)	(None, 34, 34, 64)	27712
max_pooling2d_24 (MaxPooling	(None, 17, 17, 64)	0
flatten_8 (Flatten)	(None, 18496)	0
dense_15 (Dense)	(None, 64)	1183808
dense_16 (Dense)	(None, 1)	65

```
Total params: 1,226,353
Trainable params: 1,226,353
Non-trainable params: 0
```

A continuación, seleccionamos una imagen de ejemplo. Posteriormente presentaremos esta imagen a la CNN y visualizaremos las activaciones que produce en un conjunto de las capas entrenadas de la red neuronal.

```
from skimage import io
import cv2
import matplotlib.pyplot as plt

image = cv2.imread('Datasets/DogsCats/train/dogs/dog.582.jpg',cv2.IMREAD_COLOR)
```

```
input_dog = cv2.resize(image,(150,150))
plt.imshow(input_dog)
plt.axis('off')
plt.show()
```

La siguiente porción de código nos muestra los nombres y ordenación de las capas existentes en la CNN que utilizamos. Las capas "max_pooling2d_number" serán las seleccionadas en este ejemplo: capas 1, 3 y 5.

```
from keras import models

for layer in model_dogs_cats.layers:
    print(layer.name)
```

```
conv2d_22
max_pooling2d_22
conv2d_23
max_pooling2d_23
conv2d_24
max_pooling2d_24
flatten_8
dense_15
dense_16
```

El siguiente script visualiza la activación de las capas "max_pooling2d" de la red CNN cuando se le presenta una imagen de entrada: *input_dog*. Se proporciona un método *get_activation(layer)* al que se le pasa como argumento el índice de una capa y devuelve todos los filtros (mapas de activación) de esa capa. Posteriormente, haciendo uso del método *plot(activation)* se visualizan los filtros en forma matriz de imágenes.

El método *get_activation* es sencillo y forma el núcleo de este ejemplo. En primer lugar, establece la salida que deseamos visualizar, que es el mapa de activación de la capa (*layer*) suministrada: *model_dogs_cats.layers[layer].output*; después crea un modelo *models.Model* con entrada el input del modelo que hemos cargado: *model_dogs_cats.input* y la salida preparada (*output*). Una vez establecido el modelo, basta con hacerlo predecir con nuestra imagen de perro seleccionada:

activation_model.predict(input_dog). El modelo *activation_model* devuelve la salida con la que ha sido configurado: *model_dogs_cats.layers[layer].output*.

El método *plot(activation)* establece 8 columnas para visualizar todas las activaciones de los filtros de la capa de salida. Como se puede ver en los resultados, la primera capa *max_pooling2d* contiene 32 filtros, la segunda capa contiene 48 filtros y la tercera capa contiene 64 filtros: *activation.shape[-1]*. La instrucción más relevante del método *plot* es: *imshow(activation[0,:,:,filter],...* donde se aprecia que la primera dimensión del tensor que contiene las activaciones es 0, que la última dimensión es la que determina el número de filtros y que las dimensiones intermedias contienen los valores que se desean dibujar como imágenes de píxeles.

Los resultados gráficos muestran la tendencia explicada: cuanto más cercana está una capa a la entrada de la red neuronal menor es la abstracción de las características que codifica. La primera capa muestra diversos niveles de filtrado de bordes, detección de ojos y texturas, mientras que la tercera capa resulta más difícil de interpretar, debido a que codifica elementos menos visibles. Nótese que las primeras capas detectan características comunes a muchos tipos de clases: perros, gatos, barcos, aviones, casas; por ejemplo sus bordes o sus zonas de brillo, mientras que las últimas capas discriminan entre las clases específicas que reconoce la CNN: perros o gatos (y no barcos o casas).

```
import numpy as np

input_dog = input_dog.reshape(1,150,150,3).astype('float32')
input_dog = input_dog / 255

def get_activation(layer):
    output = model_dogs_cats.layers[layer].output  # layer output
    activation_model = models.Model(inputs=model_dogs_cats.input,
                                    outputs=output)
    activation = activation_model.predict(input_dog)
    return (activation)

def plot(activation):
    NUM_COLUMNS = 8   # number of images in a row
    num_filters = activation.shape[-1]
```

```
    # draw filter
    num_rows = num_filters//NUM_COLUMNS
    fig, axs = plt.subplots(num_rows, NUM_COLUMNS, figsize=(14,8))
    for r in range(num_rows):
        for c in range(NUM_COLUMNS):
            filter = r * NUM_COLUMNS + c
            axs[r,c].imshow(activation[0,:,:,filter],
                            cmap = plt.get_cmap('gray'))
            axs[r,c].axis('off')
    plt.show()

for layer in (1,3,5):  # max_pooling layers
    activation = get_activation(layer)
    print(model_dogs_cats.layers[layer].name + "  " +
        str(activation.shape)) #(1, height, width, num_filters)
    plot(activation)
```

```
max_pooling2d_22   (1, 74, 74, 32)
```

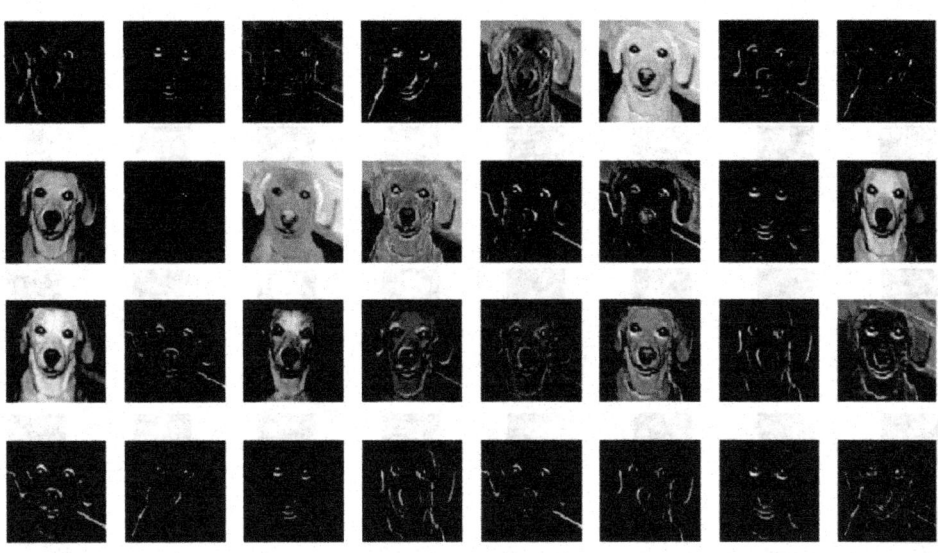

```
max_pooling2d_23   (1, 36, 36, 48)
```

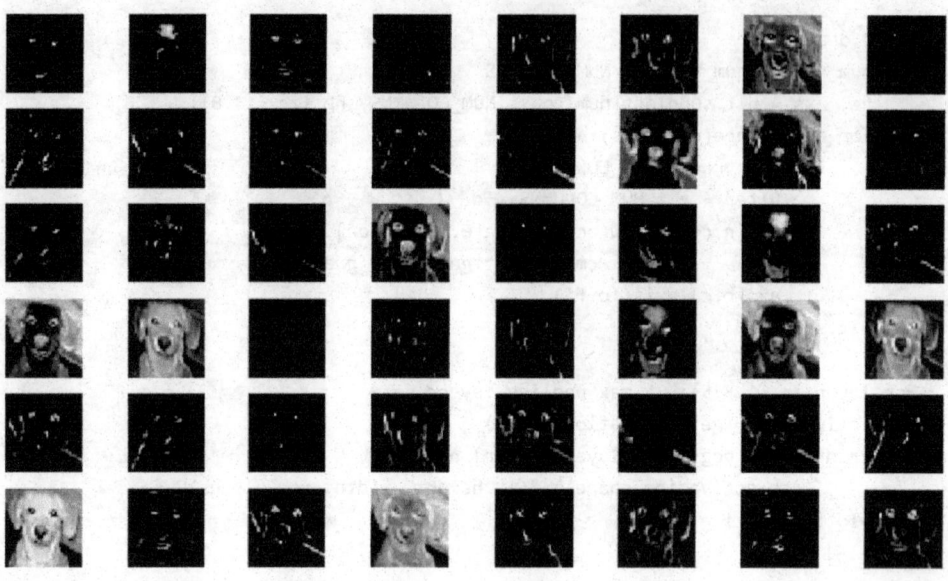

max_pooling2d_24 (1, 17, 17, 64)

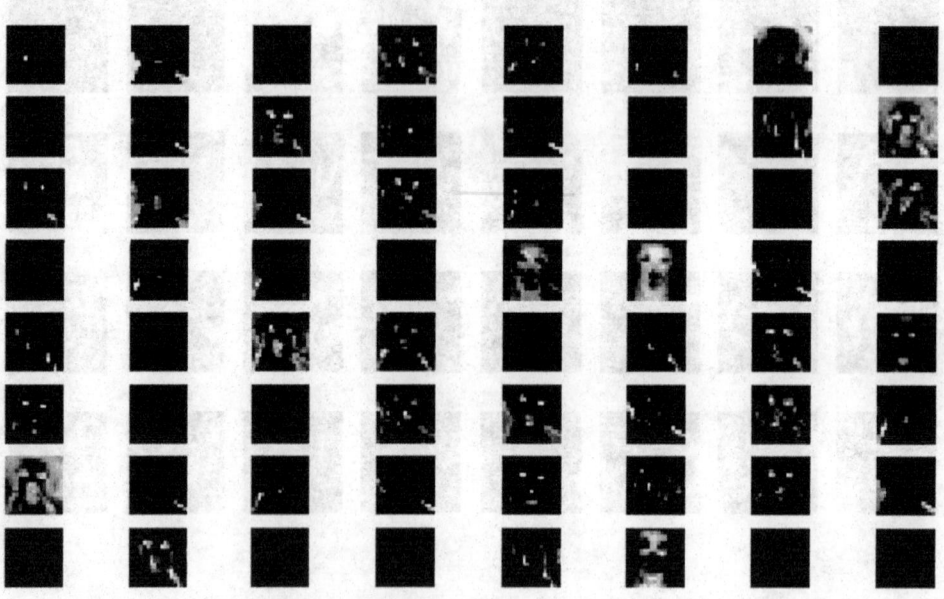

13.2 MAPAS DE ACTIVACIÓN EN EL DATASET MNIST

Para complementar el ejemplo anterior vamos a visualizar los filtros obtenidos al entrenar una CNN con el dataset de números MNIST. Para ello cargamos el dataset y entrenamos la CNN que usamos previamente. Finalmente, le presentamos a la red neuronal un número uno: *X_train[3]* e invocamos el método *predict* para obtener los mapas de activación. En este caso hemos seleccionado las tres capas *Conv2D*.

Los resultados muestran diversos filtros de bordes y luminosidad en los mapas de activación de la primera capa. La segunda capa contiene filtros en los que se activan zonas en las que hay ausencia de señal: eso también es información válida para clasificar las muestras. Finalmente, en los 64 filtros de la tercera capa *Conv2D* se codifican características difíciles de analizar visualmente, correspondientes a las activaciones de la segunda capa.

```
from keras.datasets import mnist
from keras.utils import np_utils
from keras.models import Sequential
from keras import layers

(X_train, y_train), (X_test, y_test) = mnist.load_data()
num_channels = 1

num_train_samples = X_train.shape[0]
num_test_samples = X_test.shape[0]
image_height = X_train.shape[1]
image_width = X_train.shape [2]

X_train = X_train.reshape(num_train_samples, image_height,
                          image_width,1).astype('float32')
X_test = X_test.reshape(num_test_samples, image_height,
                        image_width,1).astype('float32')

X_train = X_train / 255   # values [0..1] improve results
X_test = X_test / 255

y_train = np_utils.to_categorical(y_train)
y_test = np_utils.to_categorical(y_test)

model = Sequential()
model.add(layers.Conv2D(16, (3,3), activation='relu',
          input_shape=(image_height,image_width,num_channels)))
model.add(layers.MaxPooling2D((2,2)))
model.add(layers.Conv2D(32, (3,3), activation='relu'))
```

```
model.add(layers.MaxPooling2D((2,2)))
model.add(layers.Conv2D(64, (3,3), activation='relu'))
model.add(layers.Flatten())
model.add(layers.Dense(32, activation='relu'))
model.add(layers.Dense(10, activation='softmax'))


print(model.summary())


EPOCHS = 20
model.compile(loss='categorical_crossentropy', optimizer='rmsprop',
              metrics=['accuracy'])
history = model.fit(X_train, y_train, validation_data=(X_test, y_test),
                    epochs=EPOCHS, batch_size=128, verbose=0)
```

```
Layer (type)                    Output Shape              Param #
=================================================================
conv2d_19 (Conv2D)              (None, 26, 26, 16)        160

max_pooling2d_13 (MaxPooling    (None, 13, 13, 16)        0

conv2d_20 (Conv2D)              (None, 11, 11, 32)        4640

max_pooling2d_14 (MaxPooling    (None, 5, 5, 32)          0

conv2d_21 (Conv2D)              (None, 3, 3, 64)          18496

flatten_7 (Flatten)             (None, 576)               0

dense_12 (Dense)                (None, 32)                18464

dense_13 (Dense)                (None, 10)                330
=================================================================
Total params: 42,090
Trainable params: 42,090
Non-trainable params: 0
```

```
plt.imshow(X_train[3].reshape(28,28).astype('float32'))
number_1 = X_train[3].reshape(1,28,28,1).astype('float32')

def get_activation(layer):
    output = model.layers[layer].output  # layer output
    activation_model = models.Model(inputs=model.input, outputs=output)
```

```
    activation = activation_model.predict(number_1)
    return (activation)

for layer in (0,2,4):  # Conv2D layers
    activation = get_activation(layer)
    #(1, height, width, num_filters)
    print(model.layers[layer].name + "  " + str(activation.shape))
    plot(activation)
```

conv2d_19   (1, 26, 26, 16)

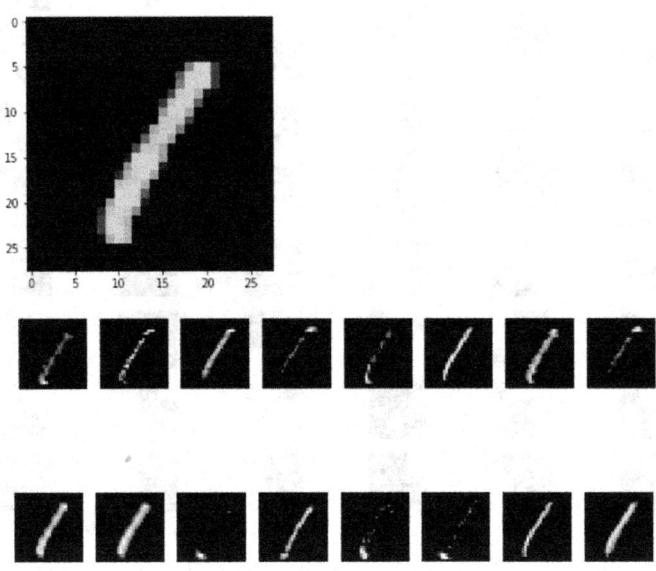

conv2d_20   (1, 11, 11, 32)

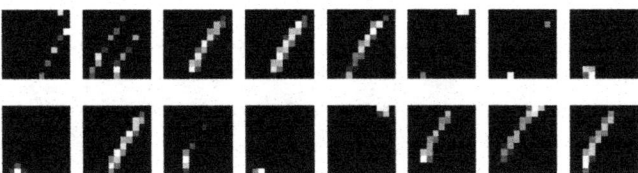

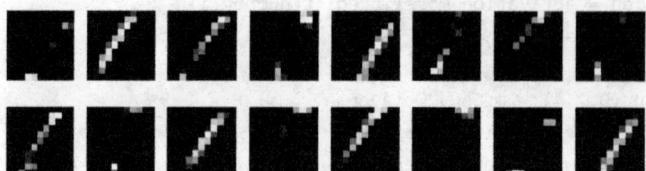

conv2d_21   (1, 3, 3, 64)

14

APRENDIZAJE POR TRANSFERENCIA (TRANSFER LEARNING)

14.1 REUTILIZACIÓN DEL MODELO VGG16

En esta sección vamos a hacer uso de la arquitectura *VGG16*. VGG16 es una red neuronal convolucional diseñada para clasificar un subconjunto del dataset *Imagenet*. Este dataset contiene unos 15 millones de imágenes etiquetadas, correspondientes a unas 22.000 categorías. El subconjunto de imágenes que clasifica VGG16 es de 1.2 millones de imágenes de entrenamiento, 50.000 imágenes de validación y 150.000 imágenes de testeo, correspondientes a 1.000 categorías. Aproximadamente cada categoría está representada por unas mil imágenes. VGG16 procesa imágenes reescaladas al tamaño 224 x 224 pixels.

El diseño de la CNN se basa en pilas de capas convolucionales con filtros formados por ventanas de convolución de tamaño 3 x 3, stride de 1 pixel y padding de 1 pixel. El pooling espacial es realizado por cinco capas max-pooling, que se encuentran tras algunas capas convolucionales (no todas las capas convolucionales están seguidas por una capa max-pooling). Los max-pooling se realizan en ventanas de tamaño 2 x 2, con stride 2. A la sección convolucional de la arquitectura le siguen tres capas densas: las dos primeras con 4.096 neuronas cada una y la tercera capa (de salida) con 1.000 neuronas (una por cada clase). La capa de salida tiene activación *soft-max*, mientras que las 2 capas ocultas tienen activación *ReLu*.

Las siguientes imágenes muestran, respectivamente, la arquitectura básica de la red VGG16 y los detalles de cada una de sus capas. Los valores numéricos están adaptados al tamaño de nuestras imágenes: 150 x 150; en la arquitectura original las imágenes tienen una dimensión de 224 x 224.

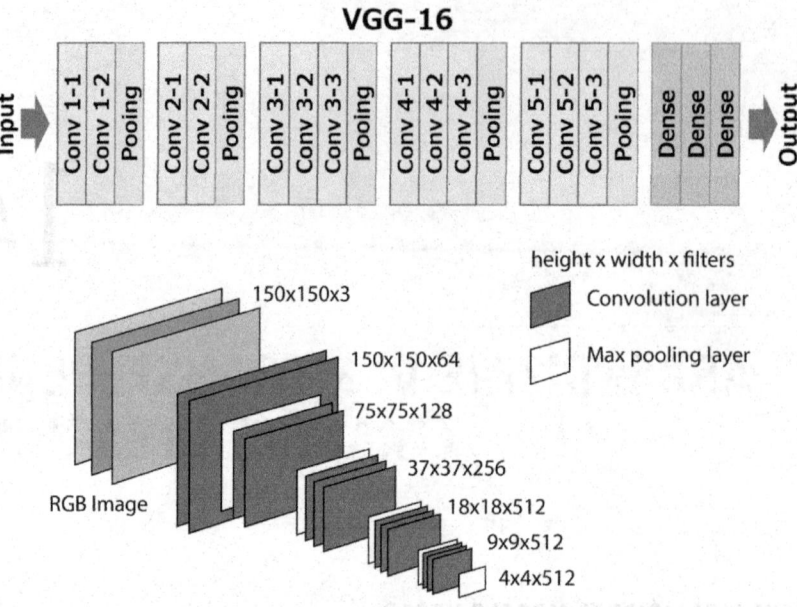

Keras proporciona una serie de modelos entre los que se encuentra VGG16. Cuando cargamos el modelo, además de su arquitectura recuperamos todos los pesos que se obtuvieron en su entrenamiento con el dataset *Imagenet*. Esto nos permite reutilizar modelos que han sido entrenados con medios de los que nosotros no disponemos. Los modelos que incorpora Keras son: *Xception, VGG16, VGG19, ResNet, ResNetV2, ResNeXt, InceptionV3, InceptionResNetV2, MobileNet, MobileNetV2, DenseNet, NASNet*. En los siguientes ejemplos haremos uso de los pesos y de la arquitectura del modelo VGG16.

El siguiente script carga el modelo VGG16, excepto sus capas densas: *include_ top = False*; es decir, cargamos la sección convolucional de la red VGG16. También indicamos que las imágenes que vamos a utilizar tendrán una dimensión 150 x 150 píxeles, en lugar de la resolución 224 x 224 que normalmente se usa con VGG16. El resumen del modelo nos confirma la arquitectura de la sección convolucional de VGG16 mostrada en los gráficos precedentes, aunque en nuestro caso partiendo de un tamaño de imagen de 150 x 150 píxeles en lugar de 224 x 224.

```
# ONLY IF GPU SUPPORT
from keras.applications import VGG16

vgg16 = VGG16(weights='imagenet',#'none' is random,'imagenet' is optimized
            include_top = False, #Only the convolutional section
            input_shape = (150,150,3))
vgg16.summary()
```

```
Layer (type)                 Output Shape              Param #
=================================================================
input_2 (InputLayer)         (None, 150, 150, 3)       0

block1_conv1 (Conv2D)        (None, 150, 150, 64)      1792

block1_conv2 (Conv2D)        (None, 150, 150, 64)      36928

block1_pool (MaxPooling2D)   (None, 75, 75, 64)        0

block2_conv1 (Conv2D)        (None, 75, 75, 128)       73856

block2_conv2 (Conv2D)        (None, 75, 75, 128)       147584

block2_pool (MaxPooling2D)   (None, 37, 37, 128)       0

block3_conv1 (Conv2D)        (None, 37, 37, 256)       295168

block3_conv2 (Conv2D)        (None, 37, 37, 256)       590080

block3_conv3 (Conv2D)        (None, 37, 37, 256)       590080

block3_pool (MaxPooling2D)   (None, 18, 18, 256)       0

block4_conv1 (Conv2D)        (None, 18, 18, 512)       1180160

block4_conv2 (Conv2D)        (None, 18, 18, 512)       2359808

block4_conv3 (Conv2D)        (None, 18, 18, 512)       2359808

block4_pool (MaxPooling2D)   (None, 9, 9, 512)         0

block5_conv1 (Conv2D)        (None, 9, 9, 512)         2359808

block5_conv2 (Conv2D)        (None, 9, 9, 512)         2359808

block5_conv3 (Conv2D)        (None, 9, 9, 512)         2359808

block5_pool (MaxPooling2D)   (None, 4, 4, 512)         0
=================================================================
Total params: 14,714,688
Trainable params: 14,714,688
Non-trainable params: 0
```

Los modelos de Keras permiten integrar a otros modelos como una capa más: *model.add(vgg16)*. De esta manera, el siguiente script incorpora, en un mismo modelo, la sección convolucional de la arquitectura VGG16 seguida de una capa oculta de 256 neuronas y una capa de salida *sigmoid* para realizar una clasificación binaria: perro o gato.

Para entender la técnica de aprendizaje por transferencia es necesario ser conscientes de que podemos congelar el aprendizaje del modelo que cargamos: *vgg16. trainable = False*. De esta manera, los pesos de la parte convolucional de nuestra arquitectura no van a variarse: vamos a hacer uso del aprendizaje que se realizó con el dataset *Imagenet*. Tiene sentido debido a que, como se explicó en el capítulo anterior, los filtros que se aprenden son a menudo genéricos: bordes, esquinas, brillos, texturas, etc. Esto es especialmente cierto en las primeras capas del modelo. En nuestro ejemplo usamos los filtros aprendidos con imágenes de imagenet: elefantes, perros, gatos, barcos, casas, vehículos, etc. pero no hacemos uso de su clasificador dimensionado para 1000 clases (2 capas densas de 4096 neuronas y una capa de salida de 1000 neuronas). Ese clasificador no lo cargamos (*include_top = False*) y en su lugar añadimos un clasificador mucho más sencillo: una capa oculta densa de 256 neuronas, una capa *Dropout* y una capa de salida de una neurona para la clasificación binaria.

Las ventajas principales de este enfoque son:

▶ Los filtros que utilizamos han aprendido con millones de imágenes que nosotros probablemente no tengamos accesibles.

▶ El tiempo de aprendizaje es razonable usando recursos limitados: si no congelásemos el aprendizaje de la arquitectura convolucional VGG16, el tiempo de ejecución nos resultaría inabordable. En definitiva, nos estamos beneficiando de la técnica de aprendizaje por transferencia para conseguir resultados de clasificación mejorados que no podríamos obtener sin emplear millones de imágenes y costosos recursos hardware.

```python
from keras.models import Sequential
from keras.layers import Flatten, Dense, Dropout

model = Sequential()
model.add(vgg16)
model.add(Flatten())
model.add(Dense(256, activation = 'relu'))
model.add(Dropout(0.5))
model.add(Dense(1, activation = 'sigmoid'))

vgg16.trainable = False

print(model.summary())
```

Layer (type)	Output Shape	Param #
vgg16 (Model)	(None, 4, 4, 512)	14714688
flatten_2 (Flatten)	(None, 8192)	0
dense_3 (Dense)	(None, 256)	2097408
dropout_2 (Dropout)	(None, 256)	0
dense_4 (Dense)	(None, 1)	257

Total params: 16,812,353
Trainable params: 2,097,665
Non-trainable params: 14,714,688

Para entrenar la red anterior hacemos uso del código visto en capítulos anteriores, con enriquecimiento de datos y carga de las imágenes desde directorios. Dataset: perros y gatos. Nótese que nos hemos restringido a solo 4.000 imágenes de entrenamiento y a 1.200 imágenes de test. Incluso aunque la red convolucional VGG16 está congelada para entrenamiento, el proceso de entrenamiento de nuestra red va a ser muy lento, debido al tiempo necesario para realizar las activaciones de todo nuestro modelo por cada imagen de entrada a la red.

```
from keras.preprocessing.image import ImageDataGenerator

def classification (batch_size = 20, epochs = 20, img_width = 150,
                    img_height = 150, num_train_samples = 2000,
                    num_validation_samples = 800):
    model.compile(loss='binary_crossentropy',
            optimizer='rmsprop',
            metrics=['accuracy'])


    # augmentation processes for the train set
    train_datagen = ImageDataGenerator (
        rescale = 1./255.,
        rotation_range = 25,
        width_shift_range = 0.2,
        height_shift_range = 0.2,
        zoom_range = 0.3,
        horizontal_flip = True,
        fill_mode = 'nearest'
```

```
    )

    test_datagen = ImageDataGenerator(rescale=1./255.)

    train_data_dir = 'Datasets/DogsCats/train'
    validation_data_dir = 'Datasets/DogsCats/validation'

    train_generator = train_datagen.flow_from_directory(
        train_data_dir,
        target_size=(img_width, img_height),
        batch_size=batch_size,
        class_mode='binary')

    validation_generator = test_datagen.flow_from_directory(
        validation_data_dir,
        target_size=(img_width, img_height),
        batch_size=batch_size,
        class_mode='binary')

    history = model.fit_generator(
        train_generator,
        steps_per_epoch = 4000 // batch_size,
        epochs = 20,
        validation_data = validation_generator,
        validation_steps = 1200 // batch_size,
        verbose = 1)

    return(history)
```

Aquí se emplea la porción de código que hemos escrito para visualizar los resultados de calidad de cada aprendizaje. Finalmente ponemos a aprender a nuestro modelo. Debido al coste del aprendizaje, grabamos los resultados para poder reutilizarlos en otros procesos de deep learning: *model.save ('with_vgg16_cats_dogs.h5')*. Los resultados obtenidos mejoran ampliamente a los conseguidos en ejemplos anteriores, a pesar de que utilizamos únicamente la mitad de las muestras (4.000 en lugar de 8.000): se supera el 90% de aciertos en la clasificación y no existe overfitting. La red generaliza adecuadamente.

```
history = classification(num_train_samples = 4000)
model.save('with_vgg16_cats_dogs.h5')
plot(history)
```

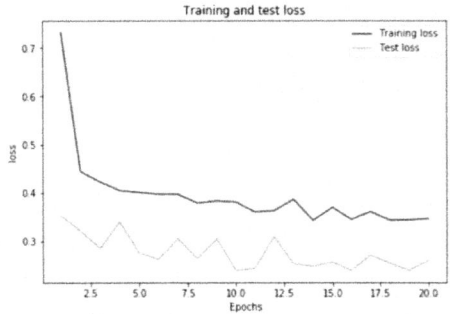 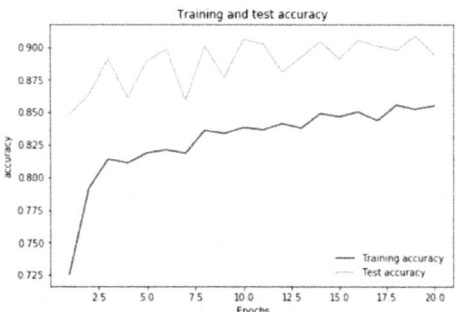

14.2 REFINADO DEL MODELO VGG16

Siguiendo el ejemplo de la sección anterior, vamos a realizar dos acciones de refinado tendentes a mejorar los resultados de accuracy: 1) Modificar el *learning_ rate* del optimizador *RMSprop* para tratar de encontrar un mínimo local más preciso y 2) Permitir que las últimas capas de la red neuronal VGG16 se entrenen. La siguiente porción de código muestra una pequeña variación en el método *classification* para que podamos elegir el paso de aprendizaje (*learning_rate*) con el que vamos a entrenar el modelo.

```
def classification (batch_size = 20, epochs = 20, img_width = 150,
                    img_height = 150, num_train_samples = 2000,
                    num_validation_samples = 800, learning_rate=0.001):
    model.compile(loss='binary_crossentropy',
                  optimizer=optimizers.RMSprop(learning_rate),
                  metrics=['accuracy'])
    etc.
```

Entrenamos el modelo con un *learning_rate = 0.001*, visualizamos sus resultados y almacenamos el modelo. El resultado obtenido muestra un accuracy que supera el 90% y hay ausencia de overfitting. No mejoramos los resultados precedentes, pero mostramos la manera de afinar el paso de aprendizaje. Hay que ser conscientes de que la variación del *learning_rate* puede evitar efectos rebote en el mínimo encontrado, pero normalmente esta situación no se produce. También hay que tener en cuenta que el tiempo de procesamiento puede aumentar considerablemente si el *learning_rate* es demasiado pequeño.

```
history, model  = classification(num_train_samples = 4000,
                                 learning_rate = 0.001)
plot(history)
model.save('fine_tunning_cats_dogs.h5')
```

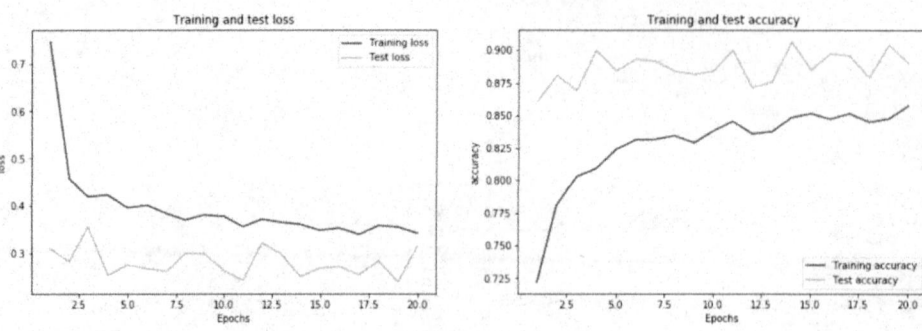

Como hemos venido comprobando, las primeras capas de una CNN tienden a codificar filtros genericos: bordes, esquina, texturas, etc. Las últimas capas tienden a codificar abstracciones de alto nivel: pared, tejado, cabeza, vela, pájaro, etc. Cuando realizamos *transfer learning* debemos tener este principio en cuenta. Puede ser que en lugar de inhabilitar el entrenamiento de toda la red neuronal que cargamos (p.e.: VGG16) decidamos inhabilitar el entrenamiento de únicamente la primera porción de esa red. Esto tiene sentido, puesto que las primeras capas van a codificar filtros de imagen que supuestamente nos servirán para prácticamente todas las situaciones a las que nos enfrentemos. Sin embargo, las últimas capas pueden ser demasiado específicas para las clases que queremos codificar. Por ejemplo, las últimas capas de VGG16 nos proporcionan abstracciones referentes a 1.000 clases, mientras que nuestra aplicación solo clasifica a perros y gatos.

La CNN VGG16 contiene cinco grupos de convolución; cada grupo consta de varias capas *Conv2D* y una capa final *MaxPooling2D*. En el siguiente ejemplo vamos a congelar el aprendizaje de la red: *vgg16.trainable = False*, excepto su último grupo (sus últimas cuatro capas: tres *Conv2D* y una *MaxPooling2D*): *layer. trainable = True*. De esta manera, ese último grupo convolucional aprenderá las características intrínsecas de la separación de perros y gatos, y no de las 1.000 clases de *ImageNet*. También afinaremos el paso de aprendizaje: *learning_rate = 0.00001*. El resultado obtenido muestra una mejor calidad de clasificación desde los primeros epochs, alcanzándose un accuracy del 92%, un valor superior al obtenido sin entrenar el último grupo convolucional de la red.

```
# fine-tuning the model
vgg16.trainable = False
for layer in vgg16.layers[-4:]:
    layer.trainable = True


history, model = classification(num_train_samples = 4000,
                                learning_rate = 0.00001)
plot(history)
```

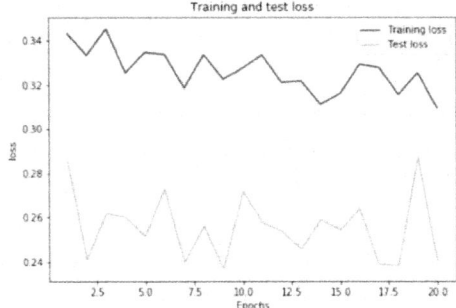 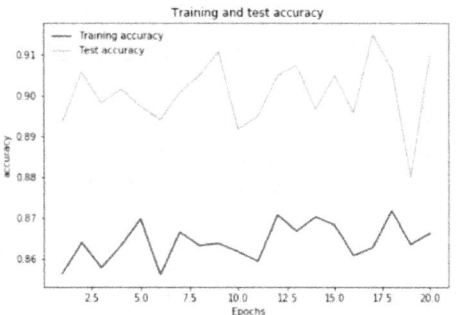

14.3 TRANSFER LEARNING EN DOS ETAPAS

La gran ventaja de la técnica de transfer learning que hemos visto es su capacidad para generar resultados de clasificación de gran calidad, haciendo uso de redes ya entrenadas. Las redes ya entrenadas a las que tenemos acceso han requerido del uso de datasets enormes (millones de imágenes y cientos o miles de clases), y se han entrenado empleando recursos hardware muy costosos. Aun así, para entrenar la capa de clasificación que nosotros añadimos es necesario realizar una gran cantidad de procesamiento hacia adelante (predicciones) en la capa de transferencia (VGG16 en nuestros ejemplos). Esta circunstancia hace que el entrenamiento resulte muy lento si no tenemos un soporte adecuado de GPUs.

La siguiente figura muestra el concepto expuesto; el modo de entrenamiento etiquetado como "1" es el que hemos implementado en los ejemplos anteriores: se realizan tantas predicciones en la red VGG16 como requiera el proceso de aprendizaje de la red de clasificación que hemos diseñado para nuestros propósitos. Esto puede suponer una gran cantidad de tiempo empleado en el modelo completo. El transfer learning en dos etapas que se explica en este apartado se sintetiza en el gráfico mediante el modelo etiquetado como "2": en una primera etapa se obtienen todos los valores de predicción de nuestras imágenes y se almacenan para su uso posterior. En una segunda etapa se realiza el aprendizaje de la red de clasificación, haciendo uso de los valores de predicción almacenados en la etapa uno. Este esquema, basado en dos redes neuronales separadas, resulta mucho más rápido en ejecución que el esquema basado en una sola red.

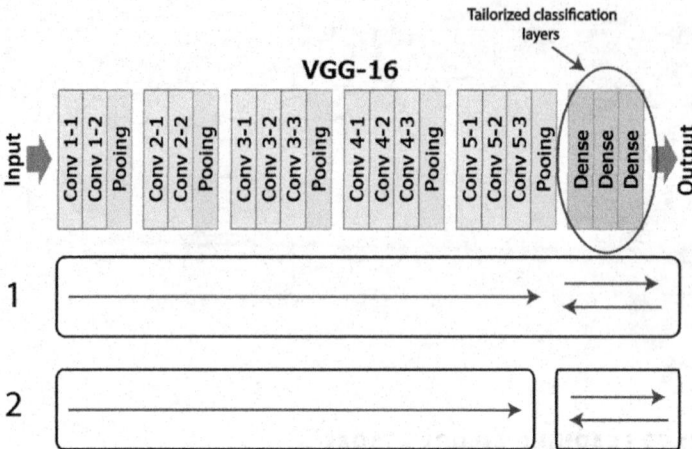

El siguiente script implementa la primera etapa del transfer learning en dos etapas. La porción de código que nos resulta novedosa se encuentra en el bucle *for input_batch, label_batch in generator:*. Dentro del bucle, en primer lugar realizamos las predicciones de un grupo de imágenes: *input_batch*, que el *ImageDataGenerator* nos va proporcionando; en nuestro caso en grupos de 32: *batch_size = 32*. Posteriormente, en el bucle, almacenamos las activaciones, ordenadamente, en la propiedad *activations*. También almacenamos ordenadamente las etiquetas necesarias para el aprendizaje en la propiedad: *labels*. Puesto que los generators iteran sin fin, utilizamos un contador 'i' para finalizar el bucle *for*. Finalmente, llamamos dos veces al método *get_dogsCats_activations_fromVGG16*: una para obtener las predicciones y las etiquetas de entrenamiento: *train_activations, train_labels*, y otra para obtener las predicciones y las etiquetas de testeo: *validation_ activations, validation_labels*. Estos cuatro conjuntos son los que vamos a utilizar para entrenar la red neuronal de la etapa dos.

```python
import numpy as np
from keras.preprocessing.image import ImageDataGenerator
from keras.applications import VGG16


vgg16 = VGG16(weights='imagenet',# 'none' is random'imagenet' is optimized
              include_top = False, # Only the convolutional section
              input_shape = (150,150,3))


train_data_dir = 'Datasets/DogsCats/train'
validation_data_dir = 'Datasets/DogsCats/validation'


def get_dogsCats_activations_fromVGG16(source_dir, num_features):
    activations = np.zeros((num_features, 4, 4, 512)) # block5_pool shape
```

```
    labels = np.zeros((num_features,))

    img_generator = ImageDataGenerator(rescale = 1./255.)
    batch_size = 32

    generator = img_generator.flow_from_directory(
        train_data_dir,
        target_size=(150, 150),
        batch_size=batch_size,
        class_mode='binary')

    i = num_features//batch_size - 1
    for input_batch, label_batch in generator:
        # each image enters in the vgg16 model
        output_batch = vgg16.predict(input_batch)
        # vgg16 exit activations
        activations[i*batch_size:(i+1)*batch_size] = output_batch
        labels[i*batch_size:(i+1)*batch_size] = label_batch # labels
        i -= 1
        if i == -1:
            break

    return activations, labels

train_activations, train_labels =
                get_dogsCats_activations_fromVGG16(train_data_dir,4096)
validation_activations, validation_labels =
            get_dogsCats_activations_fromVGG16(validation_data_dir,1024)
```

```
Found 8000 images belonging to 2 classes.
Found 8000 images belonging to 2 classes.
```

Una vez finalizada la primera etapa del transfer learning en dos etapas, pasamos a implementar la segunda etapa: simplemente establecemos una red neuronal densa con 256 neuronas en su capa oculta y una neurona con activación *sigmoid* en su capa de salida. Compilamos configurando una clasificación binaria: *loss='binary_crossentropy'* y realizamos el aprendizaje (*fit*) utilizando los conjuntos de entrenamiento y validación obtenidos en la etapa uno. Los resultados muestran unos niveles de calidad comparables a los que se han visto en el transfer learning de una sola etapa; la diferencia estriba en que los tiempos de aprendizaje son mucho menores.

```python
from keras.models import Sequential
from keras.layers import Flatten, Dense, Dropout

model = Sequential()
model.add(Flatten())
# block5_pool shape (input_dim = 4*4*512) using 150x150 pixels
model.add(Dense(256, activation = 'relu', input_dim = 4*4*512))
model.add(Dropout(0.5))
model.add(Dense(1, activation = 'sigmoid'))

model.compile(loss='binary_crossentropy',
              optimizer='rmsprop',
              metrics=['accuracy'])

EPOCHS = 20
history = model.fit(train_activations, train_labels, epochs = EPOCHS,
                    batch_size = 32, validation_data =
                    (validation_activations, validation_labels), verbose = 0)

plot(history)
```

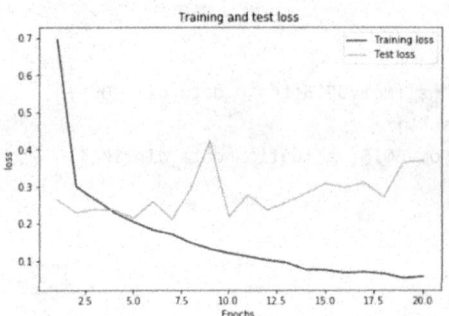 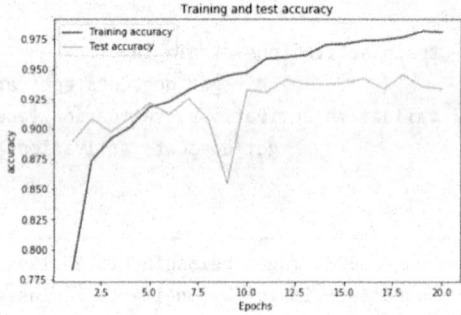

15

AUTOENCODERS

15.1 AUTOENCODER DE UNA SOLA CAPA

Las redes neuronales nos ofrecen la posibilidad de comprimir la información. Hasta ahora hemos desarrollado numerosos ejemplos en los que la información de las imágenes se va comprimiendo en sucesivas capas, a la vez que el nivel de abstracción semántico va subiendo: bordes, texturas, cabeza, patas, gato. El objetivo ha sido clasificar correctamente diversas clases. En este capítulo veremos la manera de reducir la información de las muestras de entrada con el objetivo principal de obtener una representación comprimida de las mismas. A la porción de la red neuronal que realiza esta función se le denomina *encoder*. A partir de la representación comprimida del conjunto de muestras se pueden obtener las muestras originales. A la porción de la red neuronal que realiza esta función se le denomina *decoder*.

El siguiente gráfico muestra la arquitectura de un *autoencoder* de una sola capa: consta de una capa de entrada, una capa oculta y una capa de salida. La capa de entrada recoge los valores de cada muestra; por ejemplo: los píxeles de cada imagen. La capa oculta procesa los valores de la capa de entrada; sus activaciones generan los valores que recibe la capa de salida, que tiene la misma dimensión que la capa de entrada. El autoencoder aprende minimizando las diferencias entre los valores que le llegan a la capa de entrada y los valores que recibe en la capa de salida: *loss='mean_squared_error'*. En nuestro ejemplo de imágenes, la capa de entrada recibe los valores de los píxeles de una imagen y la capa de salida recibe los valores del procesamiento de esa imagen. La función de coste, que guía el aprendizaje, trata de minimizar la diferencia entre unos valores y otros; es decir: se pretende obtener una imagen de salida lo más parecida posible a la imagen de entrada. Este es un concepto al que estamos muy acostumbrados por las aplicaciones de compresión de imágenes: muchas de ellas alcanzan altos grados de compresión de la información de las imágenes a costa de una leve disminución de la calidad resultante. Los autoencoders también pueden realizar esta función; además, en general, cuanto menor sea el número de neuronas de la capa oculta mayor será el grado de compresión y menor el de la calidad de las imágenes descomprimidas.

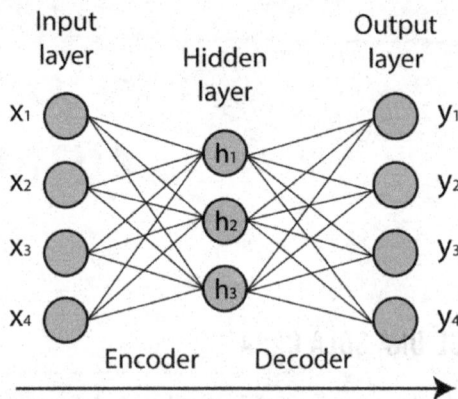

En la figura anterior se visualiza cada una de las capas de un típico autoencoder de una sola capa oculta. Los valores 'x' que llegan a la capa de entrada se procesan en la capa oculta; este es el proceso *encoder* de la red neuronal. La capa oculta contiene un número significativamente menor de neuronas que la capa de entrada: efecto cuello de botella (*bottleneck*), lo que posibilita la compresión de la información. El proceso que se realiza entre la capa oculta y la capa de salida: *decoder*, hace posible la regeneración de la información (la descompresión de la imagen, en nuestro ejemplo). Una vez que la red neuronal ha aprendido con las muestras del dataset, cuando se introduce una muestra en la capa de entrada los valores de activación de la capa oculta nos proporcionan la codificación de esa muestra. A su vez, si proporcionamos una muestra codificada a la entrada de la capa oculta obtenemos la muestra descomprimida en la capa de salida.

Los autoencoders sirven para comprimir información. Las muestras codificadas (comprimidas) pueden usarse en procesos de Machine Learning; por ejemplo: puede resultar más eficiente y preciso comparar dos imágenes diferentes codificadas que comparar esas dos imágenes sin codificar. Es más eficiente porque existen muchos menos valores que comparar (hay muchas menos neuronas en la capa oculta que en la capa de entrada), y es mas preciso porque la información codificada contiene la esencia de la imagen (la información más relevante) y por tanto la comparación (distancia métrica) se realizará con datos más representativos.

Los autoencoders se pueden clasificar como métodos de reducción de dimensionalidad, tales como PCA y factorización matricial. En ese sentido, los autoencoders realizan aprendizaje no supervisado. La cuestión clave es que no necesitamos muestras etiquetadas para que la red neuronal realice el aprendizaje. Mientras que en aprendizaje supervisado proporcionamos los pares de aprendizaje <muestra, etiqueta>: *X_train, y_train*, en los autoencoders solo utilizamos las muestras: *X_train, X_train*.

El siguiente script prepara los datos de entrada para un autoencoder. Haremos uso del dataset MNIST. Recordamos la dimensionalidad del dataset y de sus imágenes.

```python
from keras.datasets import mnist
import matplotlib.pyplot as plt


(X_train, y_train), (X_test, y_test) = mnist.load_data()

num_train_images = X_train.shape[0]
num_test_images = X_test.shape[0]
image_height = X_train.shape[1]
image_width = X_train.shape [2]

print("Shape: " + str(X_train.shape))
print("Training images: " + str(num_train_images))
print("Image height: " + str(image_height))
print("Image width: " + str(image_width))

def plot(X):
    fig, axs = plt.subplots(1,12, figsize=(17,6))
    for i in range(12):
        axs[i].imshow(X[i], cmap = plt.get_cmap('gray'))
        axs[i].axis('off')
    plt.show()

X = X_test[:12,:]
plot(X)
```

```
Shape: (60000, 28, 28)
Training images: 60000
Image height: 28
Image width: 28
```

A continuación, ejecutamos cuatro autoencoders de una sola capa: cada uno de estos autoencoders contendrá, respectivamente, en su capa oculta, 8, 24, 40 y 100 neuronas. Las imágenes contienen 28 x 28 = 784 píxeles, cada uno de ellos codificado con un byte: 784 bytes. Suponiendo que cada activación de una neurona se codifica con un número real de 4 bytes de tamaño, en el primer autoencoder una imagen codificada ocupará 8 x 4 = 32 bytes, en el segundo ocupará 24 x 4 = 96 bytes, en el tercero 160 bytes y en el cuarto 400 bytes. La información se comprime hasta alcanzar las siguientes proporciones del tamaño original (784 bytes): 4.08%, 12.24%, 20.4% y 51.02%.

Como es habitual, preparamos los datos para que puedan ser recogidos en la capa de entrada de la red neuronal:

X_train.reshape(num_train_images,image_height x image_width). También los traspasamos al intervalo [0..1]: *X_train/255*. Nótese que no preparamos las etiquetas (*y_train, y_test*), puesto que no intervienen en el proceso de aprendizaje ni en el proceso de testeo. Posteriormente proporcionamos un método *make_one_layer_model(num_hidden_neurons)* que devuelve un autoencoder cuya primera capa recoge tantos pixels como tienen las imágenes del dataset: *input_dim=image_height x image_width*, cuya capa oculta esta compuesta de *num_hidden_neurons* y cuya capa de salida contiene, al igual que la capa de entrada, una neurona por pixel: *image_height x image_width*. Nótese que tanto las activaciones de la capa oculta como las de la capa de salida son de tipo 'relu', debido a que pretendemos obtener valores contínuos de salida.

El método *one_layer_autoencoder(num_hidden_neurons)* crea el autoencoder con *num_hidden_neurons* en su capa oculta, compila la red con *loss='mean_squared_error'* (se busca igualar entradas y salidas), realiza el aprendizaje con las muestras de entrenamiento como entrada y, de nuevo, las muestras de entrenamiento como salida: *fit(X_train, X_train, ...)*; de igual manera, las muestras de testeo de entrada y de salida son las mismas: *validation_data=(X_test, X_test)*. Finalmente, se visualizan las 12 primeras muestras (después de su compresión y descompresión) para comprobar el grado de deterioro que se ha producido por la compresión realizada.

Las imágenes de números conseguidas con el primer autoencoder (las imágenes codificadas ocupan el 4% de su tamaño original) no son siempre interpretables visualmente, y además existen efectos de pixelación. Las imágenes

obtenidas con el segundo autoencoder (las imágenes codificadas ocupan el 12%
de su tamaño original) tienen calidad baja, pero los valores numéricos se pueden
identificar. Los dos autoencoders restantes (20% y 51% del tamaño original,
respectivamente) muestran una buena calidad de imagen y bajo nivel de pixelación;
el segundo de estos autoencoders, como era de esperar, proporciona la mayor calidad
de los testeados.

```python
from keras.models import Sequential
from keras.layers import Dense

# Dense layer shape
X_train = X_train.reshape(num_train_images,image_height*image_width)
X_test = X_test.reshape(num_test_images,image_height*image_width)
X_train = X_train/255
X_test = X_test/255

def make_one_layer_model(num_hidden_neurons):
    model = Sequential()
    model.add(Dense(num_hidden_neurons,input_dim=image_height*image_width,
                activation='relu'))    # 28 * 28 = 784
    model.add(Dense(image_height*image_width, activation='relu'))
    model.summary()
    return model

def one_layer_autoencoder(num_hidden_neurons):

    model = make_one_layer_model(num_hidden_neurons)

    model.compile(loss='mean_squared_error', optimizer='adam',
                metrics=['accuracy'])
    model.fit(X_train, X_train, validation_data=(X_test, X_test),
            epochs=10, batch_size=512, verbose=1)
    X = []
    for i in range(12):
        X.append(model.predict(X_test[i,:].
                reshape(1,image_height*image_width)).
                reshape(image_height,image_width))
    plot(X)

for num_hidden_neurons in [8,24,40,100]:
    one_layer_autoencoder(num_hidden_neurons)
```

```
Layer (type)                Output Shape              Param #
=================================================================
dense_1 (Dense)             (None, 8)                 6280

dense_2 (Dense)             (None, 784)               7056
=================================================================
Total params: 13,336
Trainable params: 13,336
Non-trainable params: 0
```

```
Layer (type)                Output Shape              Param #
=================================================================
dense_3 (Dense)             (None, 24)                18840

dense_4 (Dense)             (None, 784)               19600
=================================================================
Total params: 38,440
Trainable params: 38,440
Non-trainable params: 0
```

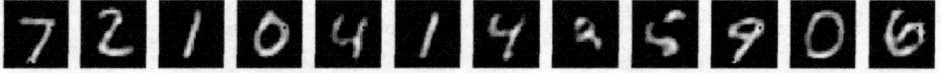

```
Layer (type)                Output Shape              Param #
=================================================================
dense_5 (Dense)             (None, 40)                31400

dense_6 (Dense)             (None, 784)               32144
=================================================================
Total params: 63,544
Trainable params: 63,544
Non-trainable params: 0
```

Layer (type)	Output Shape	Param #
dense_7 (Dense)	(None, 100)	78500
dense_8 (Dense)	(None, 784)	79184

Total params: 157,684
Trainable params: 157,684
Non-trainable params: 0

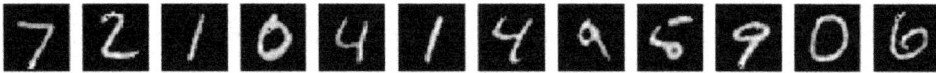

15.2 AUTOENCODER EN VARIAS CAPAS

Los autoencoders no están restringidos a poseer una sola capa oculta: pueden existir varias capas de procesamiento. Los autoencoders multicapa están compuestos por una serie de capas internas. El número de neuronas de cada capa suele disminuir a medida que la capa es más interna, tal y como se muestra en el siguiente gráfico. Las capas ocultas más internas albergan codificaciones de mayor nivel de abstracción que las capas ocultas menos internas. Hay que tener en cuenta el efecto "cuello de botella" que se produce en la capa más interna: si el número de neuronas de esta capa es demasiado bajo podría hacerse imposible codificar las imágenes de un dataset complejo.

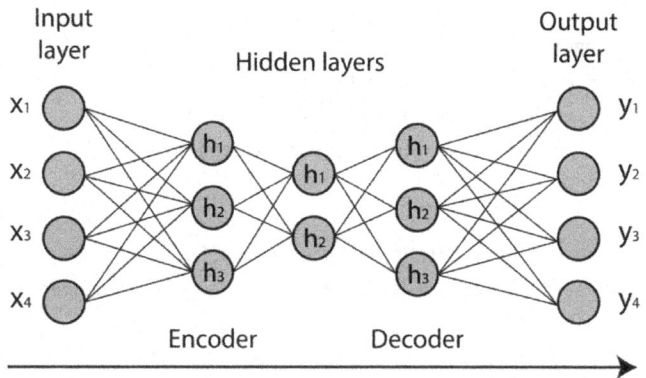

A continuación, se realiza la codificación del dataset MNIST haciendo uso de un autoencoder multicapa. El programa ofrecido sigue el mismo diseño que el del apartado anterior. En este caso necesitamos dos parámetros para definir el modelo: *num_inner_neurons* y *num_outers_neurons*.

El método *make_multi_layer_model* crea el modelo multicapa (de 3 capas ocultas) a partir de estos dos parámetros. El método *multi_layer_autoencoder* prepara la red, compila, realiza el aprendizaje y muestra algunos resultados. Testeamos tres autoencoders: 1) Capa oculta interna de 8 neuronas y capas ocultas adyacentes de 16 neuronas, 2) Interna de 24 neuronas y adyacentes de 40 neuronas, 3) Interna de 40 neuronas y adyacentes de 100 neuronas. Los resultados muestran una calidad comparable a sus equivalentes autoencoders de una sola capa, atendiendo al número de parámetros de aprendizaje de unos y otros modelos.

```python
def make_multi_layer_model(num_inner_neurons, num_outers_neurons):
    model = Sequential()
    model.add(Dense(num_outers_neurons,input_dim=image_height*image_width,
                    activation='relu'))
    model.add(Dense(num_inner_neurons,activation='relu'))
    model.add(Dense(num_outers_neurons,activation='relu'))
    model.add(Dense(image_height*image_width, activation='relu'))
    model.summary()
    return model

def multi_layer_autoencoder(num_inner_neurons, num_outers_neurons):
    model = make_multi_layer_model(num_inner_neurons, num_outers_neurons)

    model.compile(loss='mean_squared_error', optimizer='adam',
                  metrics=['accuracy'])
    model.fit(X_train, X_train, validation_data=(X_test, X_test),
              epochs=20, batch_size=512, verbose=0)
    X = []
    for i in range(12):
        X.append(model.predict(X_test[i,:].
                    reshape(1,image_height*image_width)).
                    reshape(image_height,image_width))
    plot(X)

for num_inner_neurons, num_outers_neurons in zip([8,24,40],[16,40,100]):
    multi_layer_autoencoder(num_inner_neurons, num_outers_neurons)
```

Layer (type)	Output Shape	Param #
dense_9 (Dense)	(None, 16)	12560
dense_10 (Dense)	(None, 8)	136
dense_11 (Dense)	(None, 16)	144
dense_12 (Dense)	(None, 784)	13328

Total params: 26,168
Trainable params: 26,168
Non-trainable params: 0

Layer (type)	Output Shape	Param #
dense_13 (Dense)	(None, 40)	31400
dense_14 (Dense)	(None, 24)	984
dense_15 (Dense)	(None, 40)	1000
dense_16 (Dense)	(None, 784)	32144

Total params: 65,528
Trainable params: 65,528
Non-trainable params: 0

```
Layer (type)                  Output Shape              Param #
=================================================================
dense_17 (Dense)              (None, 100)               78500
_____
dense_18 (Dense)              (None, 40)                4040
_____
dense_19 (Dense)              (None, 100)               4100
_____
dense_20 (Dense)              (None, 784)               79184
=================================================================
Total params: 165,824
Trainable params: 165,824
Non-trainable params: 0
```

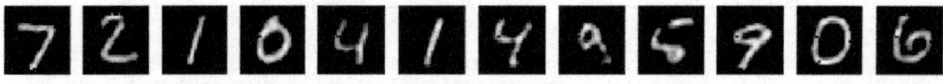

15.3 AUTOENCODERS CONVOLUCIONALES

Las redes convolucionales han demostrado obtener excelentes resultados en el tratamiento de imágenes: son capaces de crear diferentes niveles de abstracción que condensan adecuadamente las características principales de las muestras. Por lo tanto, tiene mucho sentido reducir la dimensionalidad de las imágenes utilizando autoencoders con diseño convolucional. La siguiente figura muestra el esquema de estos autoencoders: 1) Una etapa convolucional (encoder), 2) Una etapa, opcional, de autoencoder en red densa, y 3) Una etapa deconvolucional (decoder). La etapa densa puede omitirse cuando el encoder y el decoder terminan y empiezan, respectivamente, con un alto nivel de codificación.

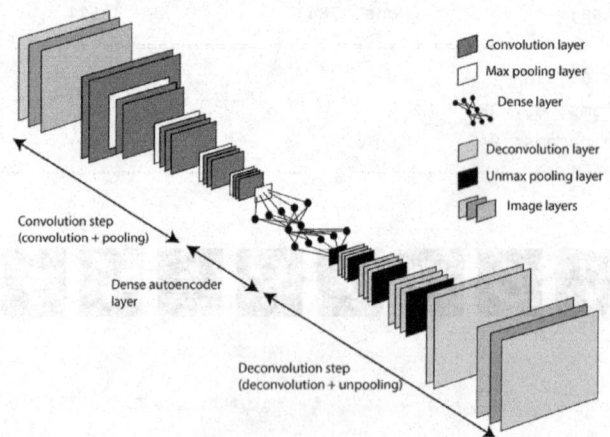

El siguiente ejemplo de autoencoder convolucional muestra un diseño simple y relativamente rápido en ejecución. Se ha prescindido del autoencoder denso y se ha diseñado un encoder en tres etapas convolucionales, cada una de las cuales aporta un mayor nivel de codificación. Se comienza con una imagen de 28 x 28 pixels; tras la primera etapa de convolución: *Conv2D* y *MaxPooling2D* obtenemos un mapa de 14 x 14 y 16 filtros; tras la segunda etapa de convolución obtenemos un mapa de 7 x 7 y 8 filtros; en la tercera etapa el mapa es de 3 x 3 con 4 filtros. Los 36 valores resultantes no justifican la inclusión de un autoencoder tradicional. El decoder está basado en las correspondientes tres *Conv2DTranspose*, que van aumentando el número de filtros y también el tamaño de los mapas mediante el parámetro *kernel_size*. Finalmente hacemos uso de una etapa convolucional: *Conv2D* con un solo filtro; esta etapa se emplea para unificar los valores de los 16 filtros en uno solo y poder así recuperar cada imagen en su formato inicial: 28 x 28 x 1. El resultado nos muestra unas imágenes más nítidas que las obtenidas con los autoencoders tradicionales usando un número de parámetros de aprendizaje similar.

```python
from keras.layers import Reshape, Conv2D, MaxPooling2D, Conv2DTranspose,
                          Flatten
from keras.datasets import mnist
from keras.models import Sequential

(X_train, y_train), (X_test, y_test) = mnist.load_data()
X_train = X_train.reshape(X_train.shape[0],
                          X_train.shape[1],X_train.shape[2],1)
X_test = X_test.reshape(X_test.shape[0],X_test.shape[1],X_test.shape[2],1)
X_train = X_train/255
X_test = X_test/255

model = Sequential()
model.add(Conv2D(16, (3,3), input_shape=(28, 28,1),
          activation='relu',padding='same'))
model.add(MaxPooling2D(pool_size=(2, 2),name='pool1'))
model.add(Conv2D(8, (3,3), activation='relu',padding='same'))
model.add(MaxPooling2D(pool_size=(2, 2),name='pool2'))
model.add(Conv2D(4, (3,3), activation='relu',padding='same'))
model.add(MaxPooling2D(pool_size=(2, 2),name='pool3'))
model.add(Flatten(name='flatten'))
model.add(Reshape((3,3,4)))
model.add(Conv2DTranspose(4, kernel_size = (5,5), activation='relu'))
model.add(Conv2DTranspose(8, kernel_size = (8,8), activation='relu'))
model.add(Conv2DTranspose(16, kernel_size = (15,15), activation='relu'))
model.add(Conv2D(1, (3, 3), activation='relu',padding='same'))
model.summary()
```

```python
model.compile(loss='mean_squared_error', optimizer='adam')
model.fit(X_train, X_train, validation_data=(X_test, X_test),epochs=10,
          batch_size=256, verbose=1)
X = []
for i in range(12):
    X.append(model.predict(X_test[i,:].reshape(1,28,28,1)).reshape(28,28))
plot(X)
```

Layer (type)	Output Shape	Param #
conv1 (Conv2D)	(None, 28, 28, 16)	160
pool1 (MaxPooling2D)	(None, 14, 14, 16)	0
conv2 (Conv2D)	(None, 14, 14, 8)	1160
pool2 (MaxPooling2D)	(None, 7, 7, 8)	0
conv3 (Conv2D)	(None, 7, 7, 4)	292
pool3 (MaxPooling2D)	(None, 3, 3, 4)	0
flatten (Flatten)	(None, 36)	0
reshape_6 (Reshape)	(None, 3, 3, 4)	0
conv2d_transpose_10 (Conv2DT	(None, 7, 7, 4)	404
conv2d_transpose_11 (Conv2DT	(None, 14, 14, 8)	2056
conv2d_transpose_12 (Conv2DT	(None, 28, 28, 16)	28816
conv2d_4 (Conv2D)	(None, 28, 28, 1)	145

```
Total params: 33,033
Trainable params: 33,033
Non-trainable params: 0
```

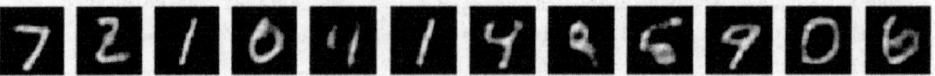

15.4 VISUALIZACIÓN DEL ESPACIO MULTIDIMENSIONAL

Los autoencoders a menudo se utilizan para realizar representaciones visuales de los datos. Diseñando una red con un cuello de botella de dos o tres neuronas, en su capa más interna, conseguimos representar las muestras en un gráfico bidimensional o tridimensional, respectivamente. El siguiente script introduce un autoencoder denso en la porción central del autoencoder convolucional del apartado anterior. En este caso empleamos únicamente dos neuronas en la capa central: 'Dense(2,...)'. Entrenamos el modelo y visualizamos la serie de 12 números empleada en los ejemplos anteriores. Podemos observar como la calidad no es buena; estamos ante un ejemplo de "cuello de botella": la red no puede codificar la complejidad de las muestras en solo dos neuronas, por lo que la etapa decoder del autoencoder convolucional parte de información muy restringida.

```python
model = Sequential()
model.add(Conv2D(16, (3,3), input_shape=(28, 28,1),
        activation='relu',padding='same'))
model.add(MaxPooling2D(pool_size=(2, 2),name='pool1'))
model.add(Conv2D(8, (3,3), activation='relu',padding='same'))
model.add(MaxPooling2D(pool_size=(2, 2),name='pool2'))
model.add(Conv2D(4, (3,3), activation='relu',padding='same'))
model.add(MaxPooling2D(pool_size=(2, 2),name='pool3'))
model.add(Flatten(name='flatten'))

model.add(Dense(2, input_dim=3*3*4, activation='relu'))
model.add(Dense(3*3*4, activation='relu'))

model.add(Reshape((3,3,4)))
model.add(Conv2DTranspose(4, kernel_size = (5,5), activation='relu'))
model.add(Conv2DTranspose(8, kernel_size = (8,8), activation='relu'))
model.add(Conv2DTranspose(16, kernel_size = (15,15), activation='relu'))
model.add(Conv2D(1, (3, 3), activation='relu',padding='same'))
model.summary()

model.compile(loss='mean_squared_error', optimizer='adam',metrics=['accuracy'])
model.fit(X_train, X_train, validation_data=(X_test, X_test),epochs=10,
        batch_size=512, verbose=1)

X = []
for i in range(12):
    X.append(model.predict(X_test[i,:].reshape(1,28,28,1)).reshape(28,28))
plot(X)
```

El modelo resultante es igual al anterior, salvo la inserción de la capa densa con 2 neuronas y su capa posterior de 36 neuronas:

pool3 (MaxPooling2D)	(None, 3, 3, 4)	0
flatten (Flatten)	(None, 36)	0
dense_29 (Dense)	(None, 2)	74
dense_30 (Dense)	(None, 36)	108
reshape_11 (Reshape)	(None, 3, 3, 4)	0

En el script anterior hemos diseñado una capa central densa de dos neuronas con la finalidad de dibujar un gráfico en dos dimensiones donde se sitúen las 10.000 muestras de test. Cada vez que introducimos una muestra de test en el autoencoder: *predict(X_test)* conseguimos resultados en los mapas de activación de la red neuronal. Cada muestra de entrada genera un mapa de activación en la capa oculta de 2 neuronas. Podemos dibujar un gráfico bidimensional de puntos donde cada una de sus dos dimensiones representa a una de las dos neuronas de la capa interna, y cada punto dibujado representa a una muestra (imagen numérica) del conjunto de test.

En el código siguiente se identifica la capa interna del autoencoder (su octava capa): *LAYER_2_NEURONS* y se crea un nuevo modelo: *model_to_draw2D = Model(...* cuya entrada es la entrada del autoencoder convolucional: *inputs = model.input,* y cuya salida es el mapa de activación de la capa interna: *outputs=model. layers[LAYER_2_NEURONS].output.* Como podemos observar, las predicciones del modelo (*model_to_draw2D*) tienen dimensión (10000,2): 10.000 muestras provenientes de la propiedad *X_test* que producen valores en el mapa de activación de la capa de dos neuronas. La propiedad *y_test* contiene el valor numérico [0..9] que etiqueta a cada imagen de *X_test*. Para visualizar los resultados hacemos uso del gráfico *scatter* perteneciente a *MatPlot*. En el resultado se observa como la red consigue agrupar las muestras de cada número. Obviamente, con un bottleneck tan estricto no existe una adecuada separación entre clases (valores numéricos [0..9]) del dataset.

```
import matplotlib.pyplot as plt
from keras.models import Model


LAYER_2_NEURONS = 7
model_to_draw2D =
    Model(inputs=model.input,outputs=model.layers[LAYER_2_NEURONS].output)
intermediate_output = model_to_draw2D.predict(X_test)
print(intermediate_output.shape)
print(y_test.shape)


plt.figure(figsize=(10,10))
for i in range(10):
    plt.scatter(intermediate_output[y_test==i,0],
            intermediate_output[y_test==i,1], marker='o', label= format(i))


plt.xlabel('Neuron 1', fontsize=15)
plt.ylabel('Neuron 2', fontsize=15)
plt.legend(prop={'size':14}); plt.grid();
plt.grid(True)
plt.show()
```

```
(10000, 2)
(10000,)
```

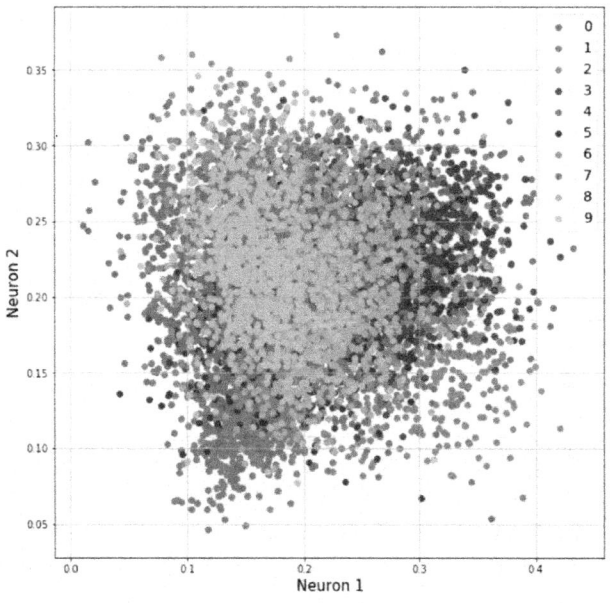

En el siguiente ejemplo vamos a utilizar un autoencoder denso de tres capas. La capa más interna contendrá tres neuronas y nos servirá para dibujar un gráfico tridimensional que sitúe cada una de las muestras de test. Las otras dos capas del autoencoder se han diseñado con 64 neuronas.

```
(X_train, y_train), (X_test, y_test) = mnist.load_data()
num_train_images = X_train.shape[0]
num_test_images = X_test.shape[0]
image_height = X_train.shape[1]
image_width = X_train.shape [2]

X_train = X_train.reshape(num_train_images,image_height*image_width)
X_test = X_test.reshape(num_test_images,image_height*image_width)
X_train = X_train/255
X_test = X_test/255

model3D = Sequential()
model3D.add(Dense(64, input_dim=image_height*image_width, activation='relu'))
model3D.add(Dense(3,activation='relu'))
model3D.add(Dense(64,activation='relu'))
model3D.add(Dense(image_height*image_width, activation='relu'))
model3D.summary()

model3D.compile(loss='mean_squared_error', optimizer='adam',metrics=['accura
cy'])
model3D.fit(X_train, X_train, validation_data=(X_test, X_test),epochs=20,
            batch_size=512, verbose=0)
```

Layer (type)	Output Shape	Param #
dense_61 (Dense)	(None, 64)	50240
dense_62 (Dense)	(None, 3)	195
dense_63 (Dense)	(None, 64)	256
dense_64 (Dense)	(None, 784)	50960

```
Total params: 101,651
Trainable params: 101,651
Non-trainable params: 0
```

Al igual que en el ejemplo anterior, creamos un nuevo modelo *model_to_draw3D* en el que la entrada es la misma que la del autoencoder *inputs=model3D.input* y la salida es el mapa de activación de la capa interna del autoencoder: *outputs=model3D.layers[LAYER_3_NEURONS].output*. Empleamos este modelo para obtener cada mapa de activación de cada muestra de test: *model_to_draw3D.predict(X_test)*. Como esperamos, la dimensionalidad de la salida es: *(10000, 3)*, correspondiente a 10.000 muestras de test, cada una generando un mapa de activación de 3 neuronas.

```python
import matplotlib.pyplot as plt
from mpl_toolkits.mplot3d import Axes3D


LAYER_3_NEURONS = 1
model_to_draw3D = Model(inputs=model3D.input,
                        outputs=model3D.layers[LAYER_3_NEURONS].output)
int_out = model_to_draw3D.predict(X_test)
print(int_out.shape)
```

```
(10000, 3)
```

Dibujamos el resultado en un gráfico tridimensional. Podemos observar que se mantiene el agrupamiento de las muestras de cada número. Además, se observa una mejor separación entre los diferentes grupos de muestras.

```python
fig = plt.figure(figsize=(7, 7))
axs = Axes3D(fig, elev=10, azim=-70)

for i in range(10):
    axs.scatter(int_out[y_test==i,0], int_out[y_test==i,1],
                int_out[y_test==i,2], marker='.')
axs.set_xlabel('Neuron 1', fontsize=18)
axs.set_ylabel('Neuron 2', fontsize=18)
axs.set_zlabel('Neuron 3', fontsize=18)
axs.grid();
plt.show()
```

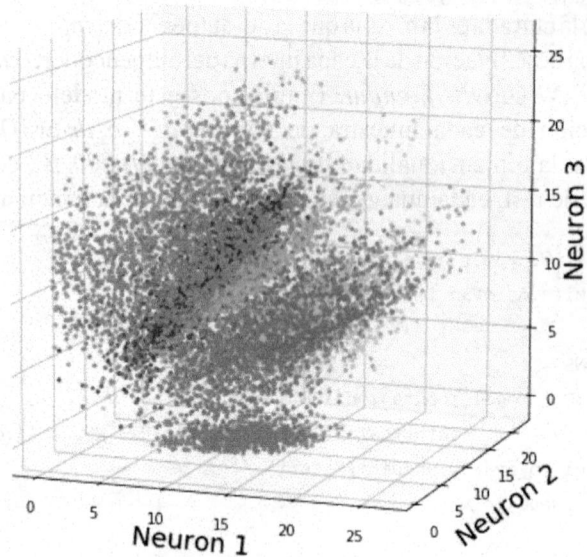

16

APRENDIZAJE GENERATIVO

Existe un campo de las redes neuronales que se centra en la creación de nuevas muestras a partir de las existentes: el *aprendizaje generativo*. Existen diversos enfoques para abordar el aprendizaje generativo, desde las *Generative Adversarial Networks (GAN)* hasta los *autoencoders variacionales*. En el ámbito de las imágenes, una aplicación muy popular del 'generative learning' es la modificación de imágenes para que tomen el estilo de otras imágenes. Por ejemplo: partiendo de una foto de la cara de un individuo y de uno o varios cuadros impresionistas, obtener esa misma cara con un efecto impresionista. Esto mismo puede extenderse a otros campos, como por ejemplo el sonido: tomando un sonido base, añadirle una serie de efectos provenientes de muestras de sonido.

El aprendizaje generativo profundo: *Deep Generative Learning* obtiene los resultados haciendo uso de lo que una red neuronal profunda ha aprendido en sus capas internas. Se pueden usar estas técnicas para realizar *morphings* (transiciones paulatinas de una muestra a otra muestra): por ejemplo, para realizar un vídeo en el que la cara de una persona se convierte gradualmente en la cara de otra. En la misma línea se pueden crear efectos diversos en las imágenes: envejecimiento, rejuvenecimiento, cambio de sexo, modificación de características parciales (labios, ojos, etc.). Una la aplicación popular del 'Deep Generative Learning' es la artística: mezclas de imágenes basadas en la representación interna de varias capas de la red neuronal profunda. En este capítulo vamos a explicar un ejemplo capaz de realizar este tipo de creaciones artísticas.

Con el fin de centrar las explicaciones del programa, mostramos desde el principio sus resultados. La siguiente figura nos muestra una imagen que tomaremos como base: el cuadro de la izquierda; una imagen que tomaremos como referencia de estilo: el cuadro cubista, y el resultado esperado: la imagen del niño con trama de estilo cubista.

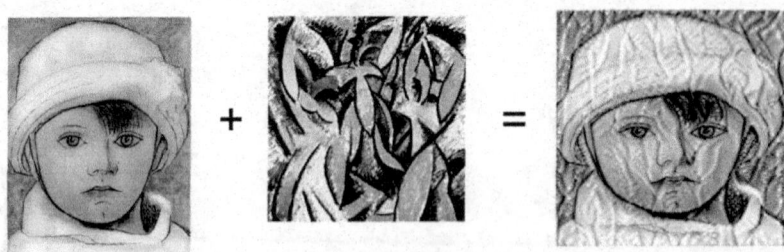

El siguiente programa, que mostramos, en sucesivas porciones, es el que ha realizado el efecto artístico mostrado. Como vemos en su primera línea, vamos a hacer uso de un modelo ya entrenado: VGG19 para acceder a los mapas de activación de sus capas internas. La imagen del niño la cargamos en la propiedad *base_img*, mientras que la imagen cubista que usamos como estilo la cargamos en la propiedad *style_img*. En ambas imágenes realizamos un resize 224 x 224, que es adecuado para la red VGG19.

```python
from keras.applications import vgg19
import numpy as np
from keras import backend as K
import cv2
import matplotlib.pyplot as plt
from keras.models import Model

base_img = cv2.imread('Pablo_Picasso_249.jpg')
base_img = cv2.cvtColor(base_img, cv2.COLOR_BGR2RGB)
base_img = cv2.resize(base_img,(224,224))
plt.imshow(base_img)
plt.axis('off')
```

(-0.5, 223.5, 223.5, -0.5)

```
style_img = cv2.imread('Pablo_Picasso_381.jpg')
style_img = cv2.cvtColor(style_img, cv2.COLOR_BGR2RGB)
style_img = cv2.resize(style_img,(224,224))
plt.imshow(style_img)
plt.axis('off')
```

```
(-0.5, 223.5, 223.5, -0.5)
```

Como hemos indicado, creamos nuestro modelo *model* haciendo uso del ya existente *VGG19*: *model=vgg19.VGG19*. No necesitamos la red densa de clasificación, situada en las últimas capas del modelo: *include_top=False*. Tampoco pretendemos entrenar este modelo: *model.trainable = False*. La arquitectura del modelo: *model.summary()* nos muestra que existen cinco bloques convolucionales. Como sabemos, los primeros bloques nos proporcionarán mapas de activación de características básicas: bordes, sombreados, esquinas, etc. mientras que los últimos bloques nos proporcionan características semánticamente más elaboradas: ojos, boca. Por lo tanto, el estilo de *style_img* se plasmará mejor en los bloques iniciales y/o intermedios. A modo de ejemplo, la imagen resultada que hemos mostrado anteriormente se ha obtenido usando las capas una a cuatro, mientras que la imagen que se muestra al final se ha obtenido usando las capas una y dos. Es un resultado esperado, debido a que las primeras capas captan texturas simples. Las texturas complejas: en nuestro caso los trazos cubistas, se codifican en capas de más alto nivel de abstracción. En la siguiente sección de código es importante señalar el reshape que se realiza en la figura: *reshape(1,WIDTH,HEIGHT,3)* para que pueda ser procesada posteriormente: *predict(base_img)* en el modelo convolucional.

```
model = vgg19.VGG19(include_top=False, weights='imagenet')
model.trainable = False
model.summary()
WIDTH, HEIGHT = 224, 224
base_img = base_img.reshape(1,WIDTH,HEIGHT,3).astype('float32')
base_img = base_img / 255
print(base_img.shape)
```

Layer (type)	Output Shape	Param #
input_1 (InputLayer)	(None, None, None, 3)	0
block1_conv1 (Conv2D)	(None, None, None, 64)	1792
block1_conv2 (Conv2D)	(None, None, None, 64)	36928
block1_pool (MaxPooling2D)	(None, None, None, 64)	0
block2_conv1 (Conv2D)	(None, None, None, 128)	73856
block2_conv2 (Conv2D)	(None, None, None, 128)	147584
block2_pool (MaxPooling2D)	(None, None, None, 128)	0
block3_conv1 (Conv2D)	(None, None, None, 256)	295168
block3_conv2 (Conv2D)	(None, None, None, 256)	590080
block3_conv3 (Conv2D)	(None, None, None, 256)	590080
block3_conv4 (Conv2D)	(None, None, None, 256)	590080
block3_pool (MaxPooling2D)	(None, None, None, 256)	0
block4_conv1 (Conv2D)	(None, None, None, 512)	1180160
block4_conv2 (Conv2D)	(None, None, None, 512)	2359808
block4_conv3 (Conv2D)	(None, None, None, 512)	2359808
block4_conv4 (Conv2D)	(None, None, None, 512)	2359808
block4_pool (MaxPooling2D)	(None, None, None, 512)	0
block5_conv1 (Conv2D)	(None, None, None, 512)	2359808
block5_conv2 (Conv2D)	(None, None, None, 512)	2359808
block5_conv3 (Conv2D)	(None, None, None, 512)	2359808
block5_conv4 (Conv2D)	(None, None, None, 512)	2359808
block5_pool (MaxPooling2D)	(None, None, None, 512)	0

```
Total params: 20,024,384
Trainable params: 0
Non-trainable params: 20,024,384

(1, 224, 224, 3)
```

La siguiente porción de código prepara y procesa la función de coste. El objetivo es que en la imagen resultante se reconozca la imagen base (el cuadro del niño), pero con el estilo de la imagen de referencia (de estilo: el cuadro cubista). Como hemos indicado, para procesar el estilo hacemos uso de los primeros bloques del modelo: *style_layers*. Si deseamos un resultado más cubista, utilizaremos capas más profundas: 'block3_pool' y 'block4_pool', o por ejemplo, las cuatro primeras capas *conv1*. Como queremos que se reconozca la cara del niño, en su caso utilizamos únicamente una capa profunda (menos dependiente de los estilos): *base_layer = 'block4_conv4'*.

Las funciones *gram_matrix* y *style_loss* implementan la función de coste. Las matrices *Gram* implementan algo similar a las matrices de covarianza: nos indican dónde se encuentran la información fundamental de cada característica (en su diagonal) y las relaciones entre características (en los elementos no diagonales de la matriz). Por ejemplo, algún elemento de la matriz podría codificar "rugoso" y "azul", mientras que otro elemento podría codificar "rugoso" y "amarillo"; estos elementos serían muy útiles para representar, y en otros casos diferenciar, las zonas del fondo del cuadro de las zonas de la ropa. La función *style_loss* trata de minimizar: *K.sum(K.square(S - C))*, la diferencia entre los mapas de activación en las capas de estilo del modelo y sus correspondientes mapas de activación cuando la imagen de estilo (cuadro cubista) se presenta al modelo.

El concepto básico de partida es que vamos a ir modificando, paso a paso, la imagen base (el niño) hasta convertirla en una imagen cuya función de coste sea lo más pequeña posible. Cada imagen modificada se introduce en el modelo para obtener la siguiente imagen. De esta manera, la función de coste deberá minimizar dos objetivos simultáneamente: 1) La diferencia entre la imagen base y la imagen modificada debe mantenerse pequeña (para que el resultado se parezca a la imagen de partida), y 2) La diferencia entre la imagen modificada y la imagen estilo debe mantenerse pequeña (para que el resultado presente el estilo requerido).

El primer objetivo se consigue mediante la ecuación: *K.sum(K.square (activation - activation_intermediate_layer))*. Ambos términos de la resta se refieren al mapa de activación de una capa representativa, en nuestro caso: *block4_conv4*. El término *activation* contiene el mapa de activación producido por la imagen modificada; el término *activation_intermediate_layer* contiene el mapa de activación de la imagen base (el niño). El segundo objetivo se implementa en la función *style_loss*. En esta función se resta *S - C*, donde S es la matriz *Gram* de los mapas de activación de las capas de estilo que se obtienen al procesar la imagen de estilo; C es la matriz *Gram* de los mapas de activación de las capas de estilo que se obtienen al procesar la imagen modificada.

```
base_layer = 'block4_conv4'
style_layers = ['block1_pool','block2_pool']

def gram_matrix(x):
    features = K.batch_flatten(K.permute_dimensions(x, (2, 0, 1)))
    gram = K.dot(features, K.transpose(features))
    return gram

def style_loss(style, combination):
    S = gram_matrix(style)
    C = gram_matrix(combination)
    channels = 3
    size = WIDTH * HEIGHT
    return K.sum(K.square(S - C))/(4. * (pow(channels,2)) * (pow(size,2)))

loss = K.variable(0.)
intermediate_layer= Model(model.input, model.get_layer(base_layer).output)
activation_intermediate_layer = intermediate_layer.predict(base_img)
activation = model.get_layer(base_layer).output
scaling = K.prod(K.cast(K.shape(activation), 'float32'))
loss = loss + K.sum(K.square(activation -
                            activation_intermediate_layer)) / scaling

for layer_name in style_layers:
    activation = model.get_layer(layer_name).output
    style_layer_output = K.function([model.input],
                                    [model.get_layer(layer_name).output])
    layer_output_style = style_layer_output([style_img.reshape(
                                            1,WIDTH,HEIGHT,3)/255])
    layer_output_style = layer_output_style[0][0] # (224,224,64) -> (64,)
    loss = loss + style_loss(layer_output_style, activation[0])
```

El siguiente script prepara la función *eval_loss_and_grads* para obtener el valor de la función de coste y los valores de los gradientes de cada imagen modificada que le pasamos como argumento. El método *gradients* de la clase *backend* nos proporciona los gradientes de la imagen que minimizan la función de coste. Con esta información, posteriormente, generaremos una imagen modificada que se acerca a nuestro objetivo respecto a la imagen actual. Nótese que el parámetro 'x' de la función se le pasa al *[model.input]* the *fetch_loss_and_grads*; lo que estamos haciendo, la primera vez, es pasar la imagen base y obtener los gradientes. Con esos gradientes se calcula la imagen modificada. Cada imagen modificada se pasa como argumento a *eval_loss_and_grads* y así vamos obteniendo sucesivas imágenes que cada vez cumplen más con nuestro objetivo (minimizan la función de coste): se parecen a la imagen base, pero con el estilo de la imagen de estilo.

```
grads = K.gradients(loss, model.input)[0]
grads /= K.maximum(K.mean(K.abs(grads)), 1e-7)
outputs = [loss, grads]
fetch_loss_and_grads = K.function([model.input], outputs)

def eval_loss_and_grads(x):
    outs = fetch_loss_and_grads([x])
    loss_value = outs[0]
    grad_values = outs[1]
    return loss_value, grad_values
```

El proceso iterativo explicado en el párrafo anterior se implementa en el siguiente script. La imagen modificada es *img*. Inicialmente *img* es simplemente la copia de la imagen base (el niño): *base_img*. En cada iteración del bucle se obtiene una nueva imagen modificada (mejorada hacia nuestro objetivo). Cada nueva imagen *img* se pasa como argumento a *eval_loss_and_grads*, y con los gradientes obtenidos modificamos levemente *step=0.001* la imagen actual: *img -= step * grad_values* en una minimización por gradiente descendente. El resultado, con las capas de estilo del ejemplo, queda tal y como muestra la imagen.

```
img = base_img.copy().reshape(1,WIDTH,HEIGHT,3).astype('float32')

step=0.001
for i in range(100):
    loss_value, grad_values = eval_loss_and_grads(img)
    img -= step * grad_values

img2 = img.copy().reshape(WIDTH,HEIGHT,3)
img2 = np.clip(img2*255, 0, 255).astype('uint8')
plt.imshow(img2)
plt.axis('off')
plt.show()
```

MATERIAL ADICIONAL

El material adicional de este libro puede descargarlo en nuestro portal web: *http://www.ra-ma.es*.

Debe dirigirse a la ficha correspondiente a esta obra, dentro de la ficha encontrará el enlace para poder realizar la descarga. Dicha descarga consiste en un fichero ZIP con una contraseña de este tipo: XXX-XX-XXXX-XXX-X la cual se corresponde con el ISBN de este libro.

Podrá localizar el número de ISBN en la página IV (página de créditos). Para su correcta descompresión deberá introducir los dígitos y los guiones.

Cuando descomprima el fichero obtendrá los archivos que complementan al libro para que pueda continuar con su aprendizaje.

INFORMACIÓN ADICIONAL Y GARANTÍA

- RA-MA EDITORIAL garantiza que estos contenidos han sido sometidos a un riguroso control de calidad.
- Los archivos están libres de virus, para comprobarlo se han utilizado las últimas versiones de los antivirus líderes en el mercado.
- RA-MA EDITORIAL no se hace responsable de cualquier pérdida, daño o costes provocados por el uso incorrecto del contenido descargable.
- Este material es gratuito y se distribuye como contenido complementario al libro que ha adquirido, por lo que queda terminantemente prohibida su venta o distribución.